MANUAL DO CAPELÃO

TEORIA E PRÁTICA

Publicações Pão Diário

Manual do capelão — teoria e prática
por Gisleno Gomes de Faria Alves (Organizador)
© Publicações Pão Diário, 2023
Todos os direitos reservados

Coordenação editorial: Adolfo A. Hickmann
Editor: Juan Carlos Martinez
Coordenador de produção: Mauro W. Terrengui
Revisão: Josemar de Souza Pinto, Raquel Fleischner
Diagramação: Felipe Marques
Fotos da capa: ©Shutterstock

Dados Internacionais de Catalogação na Publicação (CIP)

ALVES, Gisleno Gomes de Faria (Organizador)
Manual do capelão — teoria e prática, Curitiba/PR, Publicações Pão Diário, 2023.
Curitiba/PR, Publicações Pão Diário.
1. Capelania   2. Ministério cristão   3. Assistência religiosa   4. Espiritualidade

---

Proibida a reprodução total ou parcial sem prévia autorização por escrito da editora. Todos os direitos reservados e protegidos pela Lei 9.610, de 19/02/1998. Permissão para reprodução: permissao@paodiario.org

Exceto quando indicado o contrário, os trechos bíblicos mencionados são da edição Almeida Século 21 (A21) © 2008 Editora Vida Nova.

Publicações Pão Diário
Caixa Postal 9740,
82620-981 Curitiba/PR, Brasil
publicacoes@paodiario.org
www.publicacoespaodiario.com.br
Telefone: (41) 3257-4028

Código: B2683
ISBN: 978-65-5350-329-8

1.ª edição: 2023 • 2.ª impressão: 2024

Impresso na China

SUMÁRIO

Dedicatória   5
Prefácio   6
Apresentação   9

CAPÍTULO I
FUNDAMENTO BÍBLICO-TEOLÓGICO DA CAPELANIA   13
Walter Pereira de Mello, Edimilton Carvalho Pontes.
Gisleno Gomes de Faria Alves

CAPÍTULO II
FUNDAMENTO HISTÓRICO DA CAPELANIA   61
Aluísio Laurindo da Silva

CAPÍTULO III
FUNDAMENTO JURÍDICO DA CAPELANIA   93
Edmilson Alves Gouveia

CAPÍTULO IV
FUNDAMENTO CIENTÍFICO DA CAPELANIA   125
Gisleno Gomes de Faria Alves

CAPÍTULO V
FUNDAMENTO ESTRATÉGICO DA CAPELANIA   155
Gisleno Gomes de Faria Alves

CAPÍTULO VI
PRINCÍPIOS GERAIS DE CAPELANIA E ÁREAS DE ATUAÇÃO   189
Gisleno Gomes de Faria Alves, Aluísio Laurindo da Silva

CAPÍTULO VII
PERFIL DO CAPELÃO 219
Jorge Luís dos Santos Lacerda

CAPÍTULO VIII
AÇÃO E INTERAÇÃO NA CAPELANIA 231
Gisleno Gomes de Faria Alves

CAPÍTULO IX
PROJETOS BEM-SUCEDIDOS EM CAPELANIA 267
Gisleno Gomes de Faria Alves

CAPÍTULO X
COMPARTILHANDO EXPERIÊNCIAS 305
Gisleno Gomes de Faria Alves

Agradecimentos 331
Breve biografia dos autores 333

DEDICATÓRIA

Dedico esta obra aos meus antecessores, que pavimentaram o caminho que trilhei, facilitando a minha chegada até aqui, e aos meus sucessores, para que possam caminhar com passos mais largos e rápidos que os meus.

PREFÁCIO

"O *Manual do capelão: teoria e prática* é uma iniciativa *sui generis* e pioneira no Brasil. Trata-se de uma obra que pertence ao campo da teologia prática, voltada para uma área missiológica que, no Brasil, ainda apresenta muita carência de um balizamento doutrinário e prático. É permeada pela ideia da responsabilidade social da igreja e sua contribuição para o bem comum. O *Manual do capelão*, por ter sido escrito por capelães de diversas denominações e Forças, assume uma característica básica da assistência religiosa e espiritual prestada em ambiente pluralista e interdenominacional: a cooperação na diversidade. Discorre muito bem sobre as raízes da Capelania e seu potencial para atender ao chamado divino perante as demandas da nossa sociedade. É desejo da ACMEB que a presente obra sirva referência para todos que atuam ou que vierem a atuar nas diversas áreas de Capelania, tais como a militar, a prisional, a hospitalar, a estudantil, a empresarial e outras."

Rev. Aluíso Laurindo da Silva,
Presidente da Aliança Pró-Capelania Militar
Evangélica do Brasil – ACMEB

"Ao abordar a instituição das Capelanias sob vários ângulos, sem esquecer a sua importância pastoral, o *Manual*, inédito em seu gênero no Brasil, torna-se um fundamental instrumento para todos aqueles que se sentem chamados por Deus a prestar este serviço nos vários segmentos da sociedade. As Capelanias Militares de nossas Forças Armadas são reservadas exclusivamente àqueles padres e pastores que, cumpridas as exigências da Lei Federal 6.923 de 1981 e aprovados nos concursos públicos promovidos regularmente, são incorporados, como militares, à respectiva Força. Para estes, o *Manual do Capelão* será um importante texto de conhecimento, estudo e aprofundamento, tanto na formação militar inicial, como na atenção permanente à qualidade do serviço religioso e espiritual que o Senhor a eles confiou, através de suas igrejas ou denominações e do Estado. Mas este *Manual*, na intenção dos autores e pela riqueza de seu conteúdo, pode e deve servir também, com as necessárias adaptações, a todos os demais tipos de capelania, já existentes ou a serem criadas, chamadas a servir pastoralmente a todos os setores da sociedade brasileira, tão carentes de assistência religiosa e espiritual. A eles podem aplicar-se as palavras do Senhor: *a messe é grande, mas os operários são poucos* (Lc 10.2). Que o presente *Manual do Capelão* possa contribuir para a multiplicação dos operários em nossa Pátria!"

Dom Fernando Guimarães,
Arcebispo Ordinário Militar do Brasil

"Honra-me sobremaneira prefaciar esta importante obra que servirá de instrumento de pesquisa e orientação àqueles que exercem ou que querem conhecer a atividade de capelania militar. Aos capelães é incumbido a gratificante missão de levar à tropa fé, esperança e amor, proporcionando o apoio espiritual fundamental para que possamos cumprir a nossa missão de servir e proteger a sociedade. Tenho certeza de que este manual, será instrumento teórico essencial para a prática e reconhecimento da importância dessa atividade no seio militar. Portanto, em nome da nossa Polícia Militar do Distrito Federal, parabenizo ao TC Capelão Gisleno de Faria e a todos que contribuíram para esse brilhante trabalho".

Marcos Antônio Nunes de Oliveira,
Cel QOPM, Comandante-Geral da PMDF

"O lançamento desta obra chega num momento extremamente necessário e vem preencher uma lacuna há muito existente no contexto missiológico brasileiro. As forças armadas, as polícias civil e militar, bem como os corpos de bombeiros constituem um gigantesco campo missionário, de difícil acesso, que requer a perícia de homens e mulheres altamente qualificados para desempenhar uma missão humana e divina, que é a capelania. Esta obra, sem dúvida, oferece as ferramentas necessárias para esta capacitação".

Pastor Edmilson Vila Nova,
Presidente da Convenção Batista Nacional – CBN e pastor da
Igreja Batista Nova Vida em Valinhos – SP

"A Convenção Batista Brasileira tem o prazer de recomendar esta importante obra sobre Capelania Militar. Temos tido uma participação direta nesse ministério desde quando o Pastor João Filson Soren se apresentou ao Exército Brasileiro para atuar como Capelão na Segunda Guerra Mundial. Existe no exterior vasta literatura sobre Capelania Militar. Era necessário que surgisse no Brasil o presente Manual para atender aos anseios dos capelães militares brasileiros. Cremos que esta obra abençoará grandemente suas vidas e o trabalho que realizam em benefício da Família Militar Brasileira. Boa leitura!"

Pastor José Laurindo Filho,
1º Vice-Presidente da Convenção Batista Brasileira - CBB
e pastor da Primeira Igreja Batista de Niterói – RJ

A Igreja Presbiteriana do Brasil, sente-se honrada em fazer parte dessa história, quer por meio dos seus Capelães - Membros e Ministros do Evangelho, que prestam assistência religiosa e espiritual por meio de serviços de Capelania em instituições públicas ou privadas e em localidades onde a situação exija a atuação da IPB, como forma de expressão do amor de Deus, quer em poder participar, por meio destas palavras prefaciais, dessa admirável obra que visa orientar e preparar melhor todos aqueles que já se encontram no labor da Capelania ou que desejam ingressar nessa gloriosa missão.

Revº Roberto Brasileiro Silva,
Presidente do Supremo Concílio da Igreja Presbiteriana do Brasil

APRESENTAÇÃO

É cada vez maior o interesse de pessoas e instituições pelo trabalho de capelania. Várias pessoas se dispõem a realizá-lo, embora não tenham suficiente conhecimento desta área específica dentro do serviço cristão. Tal prática tem acarretado uma série de problemas para algumas instituições e pessoas envolvidas. Todavia, quando a assistência religiosa e espiritual é realizada com base nos princípios fundamentais adequados, certamente produz uma série de resultados que atendem aos interesses do reino de Deus e das instituições que lhe abrem suas portas.

Há hoje vários cursos de capelania oferecidos no Brasil. Todavia, muitos não possuem um projeto pedagógico adequado. Muitas pessoas entendem que fazer capelania é simplesmente reproduzir suas práticas eclesiásticas em determinado ambiente institucional. Tal erro conceitual é bastante prejudicial a despeito da boa intenção por parte de seus idealizadores. No entanto, é hora de dar um passo adiante e subsidiar o serviço de capelania no Brasil com conteúdo, métodos e técnicas mais bem fundamentadas, à luz dos diversos aspectos que integram essa área do ministério cristão.

Mesmo a capelania militar, a área mais estruturada no nosso país, carece de literatura específica. Em regra, os cursos de habilitação ou estágios de adaptação e instrução de capelães militares destinam-se somente à formação dos alunos como militares, não contemplando suficientemente a capacitação teológico-
-pastoral específica exigida no exercício das atividades pastorais

de uma capelania. Embora tais cursos e estágios sejam relevantes para o desenvolvimento da carreira de um capelão, sabemos que, para o sucesso nessa missão, não basta ser pastor e militar ou ser padre e militar. Ser capelão é diferente de ser um pastor militar ou um padre militar. Há algo mais que precisa ser aprendido no início da caminhada e não no decorrer dela, como aconteceu com muitos. Portanto, é necessário dar um passo adiante.

Em grande parte, esses fatos devem-se à ausência de literatura de referência em língua portuguesa. Existe algum material, mas muito esparso. Não há uma obra brasileira que concentre os conhecimentos básicos necessários a um capelão iniciante. A presente obra pretende contribuir para o preenchimento dessa lacuna.

O *Manual do capelão: teoria e prática* é uma obra realizada a várias mãos e muitos joelhos! Tentamos conjugar técnica e devoção, a sabedoria dos mais experientes e o vigor da juventude, a diversidade denominacional e a variedade de corporações, além de várias áreas de conhecimento e áreas de atuação. Tudo isso como expressão da multiforme graça de Deus e do pluralismo característico da capelania.

A escolha dos autores foi feita em observância a essa pluralidade bem como à relação entre formação acadêmica e experiência em capelania com a matéria para a qual foram convidados a escrever. Todos são capelães militares, alguns da reserva, outros da ativa, com bagagem suficiente para nos trazerem um conhecimento sólido e edificante.

Este *Manual* destina-se a capelães e simpatizantes do trabalho de assistência religiosa em instituições militares, de segurança pública, hospitais, escolas, presídios, empresas, casas legislativas, entidades esportivas, cemitérios, enfim, a todas as áreas de atuação em capelania. Apesar disso, o leitor perceberá que todos os temas são tratados da perspectiva da capelania militar. É possível prosseguir com esse viés, sem perder a finalidade de aplicação do conteúdo a todas as áreas, pelos seguintes motivos:

1. Reconhecidamente, a capelania militar é a mãe de todas as capelanias. Dessa forma, o estudo das demais áreas deve passar necessariamente por suas raízes na área castrense ou militar.
2. A amplitude de atuação da capelania militar engloba praticamente todas as outras áreas de capelania. Em decorrência disso, quando se fala da capelania castrense, necessariamente trata-se das demais áreas por se encontrarem dentro do escopo de suas atribuições.
3. A capelania militar é a mais estruturada no Brasil. Nesse quesito, serve de base e inspiração para as demais áreas de atuação.
4. Os fundamentos e princípios gerais de capelania são comuns a todas as áreas. Talvez seja possível afirmar que o aporte conceitual e prático comum a todas as áreas seja de 85%, restando apenas 15% relativos às peculiaridades de cada uma delas. Possivelmente, as melhores produções literárias brasileiras estejam voltadas para esses 15%, especialmente nas áreas hospitalar e escolar.

Em relação à perspectiva cristã, a obra demonstrará tanto no aspecto conceitual quanto na práxis, a contribuição do evangelho para o interesse público e para o desenvolvimento de pessoas e instituições. Essa é uma linha de raciocínio que este *Manual* buscará incentivar, haja vista que o serviço de capelania é extremamente benéfico para a instituição que o recebe. No campo missiológico, trata-se do cumprimento do papel social da igreja e de uma parcela de sua contribuição para o bem comum.

O *Manual do capelão* está organizado em duas partes: teoria e prática. Na primeira parte, são apresentados os fundamentos da capelania: no Capítulo I, o fundamento bíblico-teológico; no Capítulo II, o fundamento histórico; no Capítulo III, o fundamento jurídico; no Capítulo IV, o fundamento científico; no Capítulo V, o fundamento estratégico. A segunda parte está direcionada para elementos importantes da práxis de capelania: o Capítulo VI, trata dos princípios gerais e das áreas de atuação; o Capítulo VII, trata do perfil do capelão; o Capítulo VIII, trata da ação e da interação na capelania; o Capítulo IX, dos projetos bem-sucedidos em capelania; e finalmente o Capítulo X, do compartilhamento de experiências.

Boa leitura!

GISLENO GOMES DE FARIA ALVES
Organizador

CAPÍTULO I

FUNDAMENTO BÍBLICO-TEOLÓGICO DA CAPELANIA

Walter Pereira de Mello
Edimilton Carvalho Pontes
Gisleno Gomes de Faria Alves

O presente capítulo tem por objetivo abordar o fundamento bíblico-teológico da capelania. Utilizaremos o termo "bíblico-teológico" em vez de simplesmente "teológico", reconhecendo que, nesse sentido, capelães que professam religiões diferentes terão como referencial livros sagrados diferentes. Em respeito a essa diversidade e como forma de deixar clara a proposta seguida, definimos, logo de início, que o nosso fundamento teológico lança suas raízes na Bíblia Sagrada, que é, de alguma forma, o referencial para todas as religiões cristãs. Portanto, procuraremos desenvolver uma teologia bíblica.

Apresentaremos alguns exemplos de atividades que podem ser inseridas nos ramos da capelania tanto no Antigo como no Novo Testamento, seguidas da explanação de conceitos bíblicos fundamentais para o serviço de um capelão em qualquer área de capelania. Posteriormente, com foco mais amplo nas capelanias militares e policiais, mas sem fugir ao interesse geral, debateremos a correlação entre a religião e a guerra, demonstrando os principais posicionamentos sobre a participação, ou não, de cristãos em confrontos entre nações. Por último, trataremos da fundamentação bíblica sobre o combate ao crime e o uso da força.

1. ATIVIDADES DE CAPELANIA NO ANTIGO E NO NOVO TESTAMENTO

Encontramos na Bíblia muitas passagens que refletem a atividade de capelania, embora esse termo não apareça em nenhuma delas. O livro de Juízes descreve a história de um homem chamado Mica, que no tempo em que o povo de Israel era liderado pelos juízes, contratou um levita para assisti-lo como seu sacerdote particular (Jz 17). O levita seria nada mais nada menos que um capelão militar.

Profetas que consultavam a Deus acerca das batalhas foram exemplo claro de capelães militares, pois se tratava de líderes espirituais procurados para oferecerem assistência espiritual a um exército em guerra (1Rs 22).

No Novo Testamento, encontramos passagens que caracterizam essa atividade típica da capelania. Por exemplo, a parábola do bom samaritano, registrada em Lucas 10.29-37, é um excelente exemplo do papel de capelão. O bom samaritano teria sido um capelão que assistira o moribundo às margens do caminho, cuidando de suas feridas e levando-o para a hospedaria, independentemente da etnia, do grupo social ou da religião que o caracterizavam. No texto do grande julgamento, em Mateus 25.31-46, o Senhor deixa claro que a visita hospitalar, a visita prisional e o auxílio aos necessitados são atividades aprazíveis a Deus e que este entende como sendo ele mesmo o alvo de tais ações. O texto deixa implícito, inclusive, que o amor ao próximo demonstrado no serviço de capelania é o que se espera daqueles que foram alcançados pela salvação divina.

A Bíblia, sobretudo no Antigo Testamento, é repleta de ações de homens, que agiram como instrumentos nas mãos de Deus em prol de seu povo, especialmente em momentos de guerras. Vejamos o exemplo do profeta Samuel:

> E disseram a Samuel [o capelão]: Não cesses de clamar ao SENHOR, nosso Deus, por nós, para que nos livre das mãos dos filisteus. Então Samuel pegou um cordeiro que ainda mamava e o ofereceu inteiro em holocausto ao SENHOR; e Samuel clamou ao SENHOR por Israel, e o SENHOR o atendeu. Enquanto Samuel oferecia o holocausto, os filisteus chegaram para atacar a Israel; mas naquele dia o SENHOR trovejou com grande estrondo sobre os filisteus, e os destruiu, de modo que foram derrotados pelos israelitas (1Sm 7.8-10).

Em relação ao ato sacrificial desenvolvido pelo profeta Samuel, Flávio Josefo[1] relata que "os israelitas, assustados com o perigo, recorreram a Samuel e confessaram-lhe que temiam combater inimigos tão temíveis".

O texto bíblico mostra que antes de finalizado o sacrifício e de a vítima ser inteiramente consumida pelo fogo sagrado, os filisteus surpreenderam os israelitas ao deixarem seu acampamento para iniciar o combate e sem lhes dar chance de organizar a defesa, com a certeza do efeito favorável da luta. No entanto, o desenlace foi totalmente diferente do que eles esperavam alcançar. Concluindo seu comentário a respeito do fato, Josefo escreve o seguinte:

> [...] por efeito da onipotência de Deus, sentiram a terra tremer de tal modo sob os pés que mal podiam equilibrar-se e viram-na abrir-se em alguns lugares e tragar os que ali se encontravam. Estrugiu nos ares um trovão tão espantoso e acompanhado de raios tão fortes que os olhos deles se

---

[1] JOSEFO, Flávio. *História dos hebreus*. Tradução Vicente Pedroso. Rio de Janeiro: CPAD, 2004. p. 244.

ofuscaram e as mãos, semiqueimadas, não podiam segurar as armas. Assim foram obrigados a lançá-las por terra e buscar a salvação na fuga.[2]

Mais uma vez, comprova-se que o representante do sagrado em ambiente de guerra, nesse caso o profeta Samuel, fora de grande importância para atingir, no desfecho, a vitória.

Tal aproximação do sagrado com os campos de guerra por meio da instrumentalidade do sacerdote ultrapassou épocas, culturas e costumes chegando à época do cristianismo, ocasião em que, segundo Corvisier, as invocações a Deus foram retomadas e geraram diversas transformações, a saber:

> [...] elas foram as fontes de conversão de Constantino e, depois, de Clovis. Os exércitos cristãos, mesmo combatendo uns contra os outros, nunca deixaram de rezar ao Senhor antes do combate. Até um ritual foi criado para antes de toda batalha campal, incluindo uma absolvição coletiva dos pecados, dada pelos capelães militares àqueles que se arriscavam à morte.[3]

2. CONCEITOS BÍBLICOS FUNDAMENTAIS

Dignidade e valor do ser humano

> *E Deus criou o homem à sua imagem; à imagem de Deus o criou; homem e mulher os criou* (Gn 1.27).

Na escrita do Antigo Testamento, a palavra "'adam" é usada para designar a natureza do homem, em contraste com a de Deus em 1Samuel 15.29, e com a dos animais em Gênesis 1.26. Em seu emprego genérico, inclui tanto o homem quanto a mulher (Gn 2.7). A palavra "'adam" está vinculada à palavra "adamath",

---

[2] *História dos hebreus*, p. 244.
[3] CORVISIER, André. *A guerra*. Rio de Janeiro: Bibliex, 1999. p. 277.

terra; agora não somente se refere ao fato de ser ele uma criatura (2.7), mas também ao aspecto de sua transitoriedade.[4]

A humanidade foi moldada para refletir o Criador. Segundo o relato do livro do Gênesis, o ser humano é imagem e semelhança de Deus. Ele tem um mandato divino para transformar realidades adversas diante de si. Sua capacitação e sua limitação vêm como vaticínios de bênção e maldição proferida sobre seus atos (Gn 4.7).

O homem, por causa de seu pecado, será um objeto contínuo do amor e também das ações corretivas de Deus. O Criador propiciará novamente um relacionamento de comunhão por meio de mediadores (ofertas, sacrifícios e sacerdotes). A imagem de Deus maculada pelo pecado deverá ser coberta com o sangue de um inocente.

Cada ser humano se tornará inclinado a deformar a imagem de Deus em si. Um inimigo insidioso, o diabo, fomentará a rebelião e a degradação do humano, para transformar a imagem da excelência divina numa mera caricatura humana. Haverá sempre um conflito para que o homem reflita a imagem de Deus e assim dignifique seu viver.

O ser humano é um ser belo pela imagem da divindade refletida na criação. Essa beleza reverbera a dignidade inerente dada por Deus. Sua valorização vem de sua origem em Deus. Por isso, toda a batalha travada pelo ser humano, independentemente de seu estado presente, deve ser pautada por tais parâmetros bíblicos.

O capelão é desafiado a chamar a atenção para a dignidade humana proveniente de Deus presente na vida daqueles que precisam de apoio. Sua mensagem estará focada naquilo que Deus expressa em sua Palavra, não na simples análise humana a respeito da realidade que ele vê diante de si. Ao prestar

---

[4]VORLÄNDER, Herwart. Homem. In: COENEN & BROWN (Orgs). *Dicionário internacional de teologia do Novo Testamento*. São Paulo: Vida Nova, 2000. v. 2. p. 967.

assistência religiosa, o capelão deve enxergar além do fato de ter o assistido cometido um crime, ou estar acometido por uma enfermidade incurável, ou talvez estar vivenciando a destruição do relacionamento conjugal.

Portanto, reconhecer o valor do ser humano e sua dignidade, diante de todas as situações, especialmente levando em conta sua dimensão espiritual, é algo que se espera em razão do conceito da imagem e semelhança de Deus. Exatamente por isso, a esperança de transformação persiste enquanto há vida.[5]

Motivação cristã para o trabalho

> *Portanto, quer comais quer bebais, ou façais outra qualquer coisa, fazei tudo para glória de Deus* (1Co 10.31, ARC).

> *E, tudo quanto fizerdes, fazei-o de todo o coração, como ao Senhor, e não aos homens, sabendo que recebereis do Senhor o galardão da herança, porque a Cristo, o Senhor, servis* (Cl 3.23,24, ARC).

> *Então o mesmo Daniel se distinguiu desses príncipes e presidentes, porque nele havia um espírito excelente; e o rei pensava constituí-lo sobre todo o reino* (Dn 6.3, ARC).

A motivação de um cristão para tudo, ainda mais no trabalho cristão, tanto das coisas mais simples como as mais complexas, deve ser a glória de Cristo. Os textos bíblicos acima ratificam essa assertiva. Essa motivação é um desejo intenso de, em cada momento, ser guiado pelo Espírito Santo, andando nele em espírito

---

[5] Importante frisar dois aspectos sobre esse comentário: 1. Estamos falando da atuação do capelão. Mas não podemos ignorar que em cada situação há outros agentes envolvidos, os quais atuam com foco em outras dimensões da vida, que não a espiritual; 2. A ideia de que há esperança de transformação enquanto há vida não deve ser confundida com a concepção errônea, presente em alguns segmentos cristãos, de que o amor e o perdão levam à complacência e à extinção das consequências dos atos humanos. Pelo contrário, assumir a responsabilidade pelas consequências de um ato praticado é um passo importante para uma verdadeira transformação.

de oração para romper as barreiras da mediocridade. O cristão é um guerreiro que busca a excelência para que Cristo cresça e ele mesmo diminua. O crente em Cristo "esmurra o próprio corpo", para que ele mesmo não seja um impedimento na condução da obra de Deus, e, sim, um instrumento de justiça que glorifica a Deus com todo o corpo, em tudo o que faz.

O que impele alguém a estar com pessoas em posição de sofrimento? Qual o motivo para que alguém revestido de certa honra, com sua patente, cargo, ou posição, decida "rebaixar-se" para estar com pessoas necessitadas? O trabalho de capelania precisa responder a essas perguntas. Por vezes, o capelão desfruta de posições de honra diante de sua instituição, seja em um quartel, seja em uma escola, ou em um hospital, principalmente quando está investido desse cargo de forma efetiva, ou seja, por meio de concurso, contrato ou até mesmo pelo trabalho realizado ao longo de um tempo que lhe concedeu essa respeitabilidade.

O trabalho de assistência religiosa precisa ser feito com excelência como qualquer trabalho para Deus, pois a motivação primeira é agradar àquele que nos arregimentou para a guerra, para usar a linguagem militar paulina. O fazer bem, com excelência, é o ponto básico, tanto nos trabalhos voluntários quanto nos institucionais, quando o capelão é remunerado pelo Estado. O motivo pelo qual fazemos esse trabalho deve estar fundamentado no exemplo de Cristo que, sendo rico, se fez pobre, por amor de nós, ou seja, há um elemento de abnegação.

A capelania, especialmente a remunerada, não pode ser exercida tendo como motivação fundamental promoções na carreira, boa imagem com a chefia, muito menos agradar certas pessoas. Haverá momentos em que o capelão estará inserido em situações que descortinam sua real motivação. Um exemplo comum se dá quando é necessário fazer alguma solicitação justa a superiores, sabendo que estes discordam do capelão a respeito da pertinência do pedido. A insistência poderia levar o capelão a uma situação embaraçosa, ficando "queimado", como se diz. Por isso, é necessário que o capelão esteja plenamente consciente de sua motivação e disposição para honrar aquele que o chamou para a batalha.

Exercício da misericórdia

> De modo que, tendo diferentes dons, segundo a graça que nos é dada: se é profecia, seja ela segundo a medida da fé; se é ministério, seja em ministrar; se é ensinar, haja dedicação ao ensino; ou o que exorta, use esse dom em exortar; o que reparte, faça-o com liberalidade; o que preside, com cuidado; o que exercita misericórdia, com alegria (Rm 12.6-8, ARC).

A Bíblia menciona o dom de misericórdia, juntamente com outros dons ministeriais (Rm 12.5-8). Entretanto, o exercício da misericórdia deve ser partilhado por todos aqueles que servem a Deus. Basicamente, o dom da misericórdia é o combustível da compaixão e está relacionado a uma capacitação divina para sentir a dor do outro. O bom samaritano, por exemplo, era alguém que possuía o dom da misericórdia? Jesus está contando uma parábola em que todos estavam aptos para praticar tal ação? O levita e o sacerdote não seriam pessoas naturalmente dotadas com essa capacidade? No entanto, na parábola eles não tiveram compaixão pelo desvalido.

A palavra carisma, que significa dom, está ligada ao contexto militar. O imperador romano, quando celebrava seu aniversário ou no início de seu reinado, dava às suas tropas um presente, um *donativum* ou *charisma*, que era uma doação em dinheiro. Esses soldados não tinham feito nenhum serviço para o imperador, nem lutado em nenhum conflito cumprindo suas ordens; no entanto, recebiam por livre deliberação e generosidade do imperador.[6]

---

[6] BARCLAY, William. *Palavras chaves do Novo Testamento*. São Paulo: Vida Nova, 1994. p. 41.

Em relação ao dom, significa que há uma ação de Deus na vida da pessoa para agir com misericórdia efusiva, embora não haja uma capacitação exclusiva em alguns para sua realização. Existe, sim, uma ação graciosa em curso, mas ela é mais pretérita, pois foi realizada anteriormente em Cristo (Ef 2.4-6). O dom da misericórdia é uma junção entre a oportunidade, a energia para agir e o constrangimento pelo amor de Deus revelado em Cristo (graça). Quando isso ocorre, não quer dizer que tal pessoa é dotada de tal habilidade, como um poder inerente a ela; no entanto, essa pessoa é impulsionada em determinadas ocasiões quando se torna necessária a manifestação de tal capacidade. Nesse caso, o dom da misericórdia é uma graça oportuna. Como bem expressa Paulo, os dons são dados para aquilo que se faz útil.

Retomando o caso do bom samaritano, ele se apresenta livre para ser um instrumento da graça de Deus na vida do desvalido. Houve uma capacitação de Deus para o exercício daquela ação, mas esse agir está disponível a todos. Tanto que Jesus, no final da parábola, adverte o escriba: *Vai e faze da mesma maneira* (Lc 10.37). O dom da misericórdia deve estar presente na vida do capelão, e estará se este buscar oportunidades para que a graça de Deus se manifeste por meio de sua vida para auxiliar os que sofrem. Supõe-se que o capelão busca essas situações, por ser ele mesmo alvo da graça de Deus.

Chamado para servir

> [...] *a exemplo do Filho do homem, que não veio para ser servido, mas para servir e para dar a vida em resgate de muitos* (Mt 20.28).

Os ministros religiosos são vistos pelas páginas da história como pessoas singulares. Parecem revestidos de uma aura ou poder especial que os faziam ser servidos por muitos leigos. Esse tempo teve seu apogeu na chamada Idade Média, quando houve a junção do poder eclesial, do político e até econômico. Em determinado momento, seu poder clerical foi questionado pela pregação vívida do evangelho na boca de homens como Wycliffe, Tyndale e John Huss. Chegou-se ao momento culminante com a ação e a proclamação veemente de Lutero, Calvino e Zuínglio.

Mas, apesar de o poder religioso ter perdido boa parte de sua pompa, este perdura ainda como um substrato psicológico dentro dos nossos ambientes litúrgicos e formativos. Torna-se imprescindível recuperarmos o serviço ao Senhor, com elemento essencial da nossa prática pastoral. A própria palavra liturgia, advém da palavra *leitourgia*, cujo significado original está ligado ao serviço que um cidadão presta ao Estado de forma voluntária ou obrigatória.[7] No Novo Testamento, a palavra é usada com um sentido de doação e trabalho, aplicando-se de forma corrente aos sacerdotes. Jesus é o exemplo maior daquele que trabalhou para salvar outros.

A atividade de capelania necessita desse conceito como fundamento para sua prática. Desde o trabalho mais simples, sem nenhuma visibilidade, até o mais aparente, de representação ou assessoramento a altas autoridades, devem ser realizados como *leitourgia*, serviço ao Senhor. O capelão é um exemplo de servo. Ele demonstra isso por seu trabalho abnegado. Ele não deve trabalhar, em primeiro plano, pelo salário, por promoções, viagens, cursos ou para ser reconhecido perante a autoridade humana; seu trabalho é serviço a Deus em primeiro lugar. Usando as palavras de Barclay:

> O cristão é um homem que trabalha para Deus e para os homens. Em primeiro lugar, porque assim deseja fazer de

---

[7] BARCLAY, William. *Palavras chaves do Novo Testamento*. p.125.

todo o coração, e, em segundo lugar, porque é obrigado a fazer assim, devido ao amor de Cristo que o constrange.[8]

Sabedoria

> Vinha gente de todos os povos para ouvir a sabedoria de Salomão; eram enviados por todos os reis da terra que tinham ouvido falar de sua sabedoria (1Rs 4.34).

> [...] mas não podiam resistir à sabedoria e ao Espírito com que ele falava. (At 6.10).

Partindo primeiramente do conceito bíblico de sapiência, como conhecimento apreendido ao longo do tempo para melhor viver, a sabedoria que gostaríamos de olhar aqui está mais voltada para a prática da direção espiritual. Dentro desse conceito, pegamos por empréstimo o uso que Daniel Schipani faz desse termo sobre a prática do assessoramento pastoral ou aconselhamento.

O serviço de capelania pressupõe o acompanhamento de pessoas para que obtenham uma vida de sabedoria. O sábio da Bíblia é mais do alguém que aprendeu com seus próprios erros e com os erros dos outros. A sabedoria bíblica transcende ao acúmulo de conhecimento da nossa experiência. A sabedoria como direção espiritual é personificada em Cristo e nos recursos espirituais advindos da Bíblia.

Schipani[9] resgata oportunamente a sabedoria bíblica como o modelo a ser usado pelos pastores, apontando um caminho primordial para a prática da direção espiritual, sem precisar prostrar-se no altar das ciências psicológicas. Apesar de Schipani não abrir mão do diálogo com a psicologia, ele

---

[8] BARCLAY, William. *Palavras chaves do Novo Testamento*, p.126.

[9] Daniel S. Schipani é argentino, doutor em Psicologia e Filosofia. Professor de cuidado e aconselhamento pastoral no Seminário dos Menonitas nos Estados Unidos e ministro ordenado da Igreja Menonita.

considera anômala a atitude de alguns líderes em priorizar as ciências sociais em detrimento da pujante fonte de conhecimento e sabedoria das Escrituras revelada especialmente em Cristo e em sua igreja.[10]

Os capelães são homens do conhecimento. Muitos acumulam títulos ao longo da carreira em várias áreas. Sua capacidade de argumentar em várias áreas pode fazê-los pender para longe do centro de seu chamado, que é justamente encarnar a sabedoria de Deus, em Cristo. Como bem se expressou Hansen, dizendo: "o pastor deve ser uma parábola de Cristo"[11]. Ou seja, os capelães são chamados para viver como Cristo viveu. O conhecimento e as habilidades em áreas afeitas à sua área de atuação devem fazer realçar a sublimidade do conhecimento de Cristo.

Instrução, exortação e admoestação

> *Toda a Escritura é divinamente inspirada e proveitosa para ensinar, para repreender, para corrigir, para instruir em justiça* (2Tm 3.16).

A atividade de capelania resume-se, em grande parte, em instruir. É claro que as muitas ações de auxílio aos que sofrem compõem de forma significativa o trabalho do capelão, mas seu aspecto docente não pode ser tratado tangencialmente. Nesse sentido, não se está falando do capelão como mero instrutor, um repositório de conhecimentos superficiais acerca de tudo, mas principalmente como um sábio, alguém que aprendeu a viver, que tem em seu rosto as marcas da alegria e do sofrimento de quem vive as Escrituras em sua integralidade.

A palavra "instruir" no grego está relacionada ao aspecto prioritariamente intelectual, à transmissão de conhecimentos

---

[10] SCHIPANI. S., Daniel. *O caminho da sabedoria no aconselhamento pastoral*. São Leopoldo: Sinodal, 2004. p.10.

[11] HANSEN, David. *A arte de pastorear*. São Paulo: Shedd Publicações, 2001. p.25.

e informações que possam auxiliar o aluno em sua busca por conhecimento. A aplicação da palavra no grego clássico vincula-se à figura do *paideo*, ou *paidagogo*, o nosso pedagogo, ou professor, que em seu sentido originário se referia a escravo que tinha a incumbência de ensinar os filhos de seus senhores. A palavra amplia seu significado na figura do jovem Telêmaco, filho de Odisseu, que aprende de seu mestre mentor a sabedoria por meio de histórias. Tal conceito baseado na vida de Mentor está muito arraigado na nossa cultura com a presença do termo em inglês *coach* (treinador). O mentoreamento é hoje uma matéria de grande relevância nos cursos de pós-formação em diversas áreas. O capelão por vezes pode ocupar a função de mentor, principalmente em apoio a pessoas que têm vivenciado crises familiares, perdas por morte, prisões, casos de dependência química e outros. O capelão é o escravo do evangelho para levar as pessoas à tutela de Cristo, aprendendo deste, que é a verdadeira sabedoria.

Já o sentido do vocábulo "exortação" está ligado à influência que se exerce sobre a mente (*nous*); a palavra no grego que nos dá essa informação é *nouthetes* ou *noutético*, ou seja, *nous* (mente) e *tithemi* (colocar), colocar na mente, no sentido de que há certa resistência à recepção do ensino. Nesse caso, é preciso exercer influência sobre o aluno ou sobre o discípulo.[12]

Essa palavra, diferente de outros termos usados no Novo Testamento, está relacionada aos sentimentos e à vontade. Nesse aspecto, a exortação não é uma fala simplesmente emocionada, mas tem uma carga emotiva, por ter um envolvimento pessoal daquele que exorta com o que é exortado. Sem esse vínculo pessoal, o exortar não alcança seu objetivo de mudança no indivíduo.

---

[12] SELTER, F. Exortar, advertir, consolar, repreender. In: COENEN & BROWN (Orgs). *Dicionário internacional de teologia do Novo Testamento*. São Paulo: Vida Nova, 2000. v. 1. p. 765-766.

Existe uma escola de aconselhamento estabelecida nos Estados Unidos que se denomina aconselhamento noutético, justamente porque estão centrados na ideia da exortação bíblica como influência persuasiva para a transformação do indivíduo para a glória de Deus. Essa escola é representada pelo autor de grande renome no Brasil, doutor Jay Adams. Vale ressaltar que tal linha de aconselhamento é totalmente centrada nas Escrituras, sem admitir nenhuma interferência de outras ciências em seu modelo de aconselhamento. Há outras linhas de aconselhamento cuja abordagem é interacionista, isto é, admitem a interação com a psicologia, por exemplo.

Depois dessa pequena digressão, voltemos à exortação como um termo fundamental para a atividade de capelania. A influência que o capelão precisa exercer em seu ambiente é determinante para o êxito da missão. Essa ação influenciadora passa pela maneira segundo a qual ele se expressa, mas também pela forma com que age em meio aos assistidos. Muito do impacto exercido pela ação de capelania será resultado dessa influência. A resistência à ação de cuidado centrada nas Escrituras é natural em um mundo no qual os valores bíblicos são mal compreendidos ou no qual são vivenciados de forma incoerente por aqueles que se dizem conhecedores do texto bíblico. O capelão deverá viver integralmente e formar na mente das pessoas uma imagem pastoral cristocêntrica.

A palavra "admoestar", por sua vez, está vinculada às palavras conselho, advertência, lembrança. Esses termos remetem-nos a uma ação contínua de tornar clara a Palavra de Deus, por meio de atitudes que sinalizam o caminho a ser seguido. Na admoestação está implícita a proximidade, estar ao lado, estar presente, sempre acendendo a luz da advertência quanto ao caminho de Deus. O serviço de capelania é um trabalho persistente de evidenciar a vontade de Deus. Como menciona

F. Selter: "uma pessoa pode ser dirigida para longe dos seus caminhos errados, e seu comportamento pode ser corrigido".[13]

A imagem que talvez ilustre melhor o vocábulo "admoestar" seja a figura do farol que guia as embarcações para chegarem a portos seguros. O farol se impõe com sua altura e robustez em lugar de fácil visualização, de forma intermitente emite poderoso facho de luz, para romper as barreiras do mal tempo, dando segurança aos navegadores em saber onde se encontra a terra firme e para onde devem navegar. O trabalho do capelão segue a mesma peculiaridade do farol, no seu trabalho sólido, contínuo e brilhante. Sinaliza para os necessitados de ajuda um porto seguro, para onde devem encaminhar as suas vidas, a fim de sobreviverem às vicissitudes que se abatem em momentos inesperados.

Sofrimento

> E não somente isso, mas também nos gloriamos nas tribulações; sabendo que a tribulação produz perseverança, e a perseverança, a aprovação, e a aprovação, a esperança; e a esperança não causa decepção, visto que o amor de Deus foi derramado em nosso coração pelo Espírito Santo que nos foi dado (Rm 5.3-5).

Esta palavra é familiar à vida daquele que acompanha o outro em sua dor. A tribulação, o sofrimento e a dor fazem parte da vida daqueles que querem auxiliar outros em suas dores. O capelão deve, ele mesmo, ter encontrado resposta e restauração no Deus gracioso, perante as agruras do viver, suas perdas e decepções. Paulo reconhece que a consolação que recebemos de Deus faz-nos aptos para consolar aqueles que necessitam de consolo. Ou seja, aquele que consola precisa ter experimentado a consolação de Deus.

---

[13] SELTER, F. Exortar, Advertir, Consolar, Repreender, p. 766.

Há muitas áreas nas quais o capelão deve ser forjado; entre tantas, a fornalha do sofrimento é essencial para a realização do trabalho de capelania. Pois esse ministério está envolto em dores, crises e perdas. Não há como prescindir da empatia, que é receber a dor, estar aberto para a dor do outro. Sem essa capacidade, aprendida com o tempo na escola divina, haverá pouca profundidade no trabalho ministerial. Existe uma fábula no Talmud que diz que o Messias é um ferido entre os feridos.[14] Ele desenfaixa seu ferimento, um por vez, e espera para ver se será solicitado a ajudar outros feridos em seus curativos. Enquanto os outros se concentram em trocar todos os seus próprios curativos de uma vez só, o Messias espera a possibilidade de ser útil ao próximo. Essa fábula fala a nós, capelães, que cuidam de feridos: os nossos ferimentos não podem ser negados, mas esperamos ser úteis, mesmo na nossa limitação. A fábula fala da humanidade do Messias, tirando a pompa de um líder imponente e invencível tão presente no imaginário judaico do primeiro século.

O filósofo e teólogo judeu chamado Abraham Joshua Heschel[15] faz grandes contribuições sobre o que ele denominou "*pathos* de Deus".[16] Ele cunha a expressão a partir da experiência do holocausto judeu. Muitas perguntas ficaram sem resposta com o massacre judeu. A teologia judaica teve um novo ponto de partida para fazer sua reflexão. E o ponto central foi justamente o *pathos* (sofrimento, dor). Como falar de Deus a partir de tal experiência? Heschel articula sua resposta a partir de um Deus que sofre com seu povo. Um Deus inefável, excelso, mas compassivo. Esse conceito

---

[14] NOUWEN, J. HENRY. *O sofrimento que cura*. São Paulo: Paulinas, 2007. p.118,119.

[15] Foi um dos mais importantes teólogos judeus contemporâneos. Após ter escapado do nazismo, radicou-se nos Estados Unidos, onde exerceu uma longa e influente carreira como professor no *Jewish Theological Seminary of America* (JTS).

[16] HAZAN, Glória. *Filosofia do judaísmo em Abraham Josua Heschel: consciência religiosa, condição humana e Deus*. São Paulo: Perspectiva, 2008. p. 117.

é fundamental para o trabalho de capelão, pois apregoa um Deus poderoso, mas também um Deus que se solidariza com a dor (Sl 10.14).

Os capelães podem também ser chamados de "médicos da alma", pois trabalham como cuidadores de pessoas e lidam especialmente com a espiritualidade de cada indivíduo. Há uma lenda grega sobre Esculápio, o chamado pai da medicina, que pode contribuir para a compreensão do trabalho do capelão em meio ao sofrimento. Esculápio foi educado pelo sábio Quirão, que lhe ensinou a arte médica. Quirão era um grande médico, porque compreendia muito bem seus pacientes, por ter sido ele mesmo um curador ferido. Ele foi atingido acidentalmente por uma flecha envenenada, mas tornou-se famoso por suas habilidades na arte de curar. Esse médico ferido é uma das figuras mais controversas da mitologia grega, pois, sendo ele um deus, sofre com uma ferida incurável.[17] O capelão não deve negar a dor, mas vivenciá-la entendendo sua própria limitação como homem. Deve procurar sentir a dor do outro, como a Bíblia ensina: *chorai com os que choram* (Rm 12.15). Não pode se tornar um profissional do sofrimento, como as carpideiras que choravam profissionalmente, mas, sim, lidar com o ferido de forma empática, sem permitir, no entanto, que o peso dessa carga sugue completamente suas forças e o leve ao esgotamento.

Morte

Pois para mim o viver é Cristo, e o morrer é lucro (Fp 1.21).

Porque o mesmo Senhor descerá do céu com alarido, e com voz de arcanjo, e com a trombeta de Deus; e os que morreram em Cristo

---

[17] OLIVEIRA, Roseli M. Kühnrich. Transformação na dor: lidando com perdas e lutos em família. In: KOHL, Manfred Waldemar; BARRO, Antonio Carlos. *Aconselhamento cristão transformador*. Londrina: Descoberta, 2006. p.144,145.

ressuscitarão primeiro; depois, nós, os que ficarmos vivos, seremos arrebatados juntamente com eles nas nuvens, a encontrar o Senhor nos ares, e assim estaremos sempre com o Senhor. Portanto, consolai-vos uns aos outros com estas palavras. (1Ts 4.16-18, ARC).

A palavra "morte" no entendimento bíblico não tinha um conceito de algo meramente ruim. A morte má é aquela que tem como resultado viver em desacordo com os ditames das Escrituras. No Antigo Testamento, morrer em ditosa velhice era um sinal da bênção de Deus. Desde cedo, Israel aprendeu a cuidar dos anciãos, honrando-os e também preparando os que chegavam às portas da morte com carinho e desvelo. Mesmo quando já não havia vida no corpo, era quando mais cuidado e preparação com unguentos se administrava. Embora leis específicas em relação à contaminação cúltica estipulassem restrições para tocar os mortos, não havia por causa disso um distanciamento do povo para com o morto.

No Novo Testamento, amplia-se a compreensão sobre a morte, a partir da morte e da ressurreição de Jesus. É fato que Jesus operou milagres ao ressuscitar pessoas, e isso de forma pontual preanunciara uma mudança diante do cessar da vida. Com a ressurreição e a ascensão de Jesus, os discípulos passaram a ver a morte sem assombro. O morrer revestiu-se de uma significação ainda maior, pois Cristo havia ressuscitado. Assim, o viver para Cristo levou os cristãos a contabilizar a morte como lucro, asseverou Paulo. Houve um salto de qualidade de vida diante da iminência da morte. Pois agora se tem a certeza de que a morte será a linha de chegada para receber o prêmio da vida eterna. Os mártires cristãos eram vistos como heróis. Em homenagem àqueles que também morriam de forma fiel na velhice, a comunidade reunia-se sabendo que estavam diante de um santo, encomendando sua alma ao fiel Criador.

Há vários conceitos sobre o ato de morrer, advindos das diversas áreas de conhecimento. Na medicina pode-se dizer que se trata do cessar das atividades físicas, bioquímicas, dando fim aos fluxos e movimentos que caracterizam o corpo humano. Na sociologia, diríamos que é a exclusão do convívio em sociedade pela inexistência das relações pessoais. Na teologia, é o espírito que retorna a Deus e a carne torna ao pó, de onde foi formada. É passagem para uma vida eterna com Deus daqueles que morrem no Senhor.

Dizer que precisamos "vivenciar o morrer" parece uma contradição de termos, pois, na verdade, ninguém se prepara para o momento da partida. Ninguém quer comprar o bilhete desta passagem. Vivemos de tal forma que o dia da morte parece que nunca chegará. E, quando chegar, deve ser de supetão! É bom ressaltar que não se trata aqui de apregoar um viver lúgubre, tristonho, depressivo. O aprendizado para a morte faz parte de um viver mais cônscio de suas limitações e temporariedade. Esse conhecimento nos faz mais hábeis para viver. Isso porque, em primeiro lugar, a falta de controle sobre os dias da nossa vida nos faz mais singelos e menos rigorosos; em segundo, porque uma vida vivida na compreensão de suas próprias limitações existenciais nos faz mais sábios para viver qualitativamente. Parafraseando um conhecido ditado, "quem vive como se nunca fosse morrer, morre como se nunca tivesse vivido". Há uma pequena história de que o grande imperador Marco Aurélio tinha sempre a seu lado um servo, que o lembrava de sua mortalidade, principalmente quando aquele era aclamado depois de uma grande vitória do exército e vinha desfilando triunfante pelas estradas romanas. O servo chegava-lhe ao pé do seu ouvido e dizia: "Lembra-te que és homem". Essa historieta ilustra bem o que deve ser o aprendizado para morrer.

Outro aspecto relevante é que as pessoas não querem estar com os que estão morrendo. Muitos pacientes estão morrendo sozinhos nos hospitais. Por vezes, os parentes mais próximos delegam a responsabilidade de acompanhamento a pessoas alheias à família. "Não há tempo para perder com quem está vivendo seus últimos dias", pensam alguns. Os pacientes em estado terminal que dependem totalmente de terceiros ou de aparelhos para aumentar o tempo de vida são vistos, muitas vezes, como um "morto vivo" esperando o último suspiro. A impessoalidade tomou conta dessas relações.

A capelania deverá resgatar os pressupostos bíblicos para uma aproximação mais empática entre os que estão à beira da morte e seus familiares e cuidadores. O trabalho de visitação hospitalar fará com que o capelão crie vínculos de apoio ao enfermo e à família, permitindo a conexão deles também com Deus. A visita do ministro religioso trará sempre à lembrança esta condição espiritual, tanto do enfermo como dos seus entes queridos. Na verdade, não sabemos o limite de nossa vida. E não há nenhuma garantia de que o enfermo morrerá primeiro do que os que se acham saudáveis. Todos precisamos estar com nossas vidas nas mãos de Deus!

Os princípios bíblicos explanados até aqui estão na base de toda e qualquer atividade de capelania cristã em qualquer área. Adiante, trataremos de aspectos mais voltados para a capelania nos ambientes militar e policial. Não obstante seu grau de especificidade, essa discussão é de interesse geral haja vista a questão de a guerra e a segurança pública dizerem respeito a todos. Além disso, todos em algum momento somos desafiados a refletir sobre tais temas.

3. A CORRELAÇÃO ENTRE A RELIGIÃO E A GUERRA

Quer na ação de guerra convencional travada por um exército em nome de seus respectivos países ou regiões, quer na guerra diária de combate à criminalidade travada pelos agentes de segurança pública, nas pequenas localidades ou nas grandes metrópoles, surge a premente necessidade de o homem buscar sua estabilidade física, emocional e espiritual. Sobre isso, ressalta Peter Berger[18] em *O dossel sagrado*: "a existência humana é um contínuo 'pôr-se em equilíbrio' do homem com seu corpo, do homem com o seu mundo". Ainda que indiretamente, as crenças e as práticas religiosas por meio de seus respectivos mitos, símbolos e ritos, todos revestidos de um sentido sagrado, são instrumentos que propiciam nos momentos mais distintos uma interlocução entre o sagrado e o profano, embora "opostos entre si".[19]

Essa correlação entre a religião e a guerra não é diferente. Especialmente quando se considera que a guerra faz parte da construção do mundo, às vezes ou quase sempre de forma destrutiva, e que "a religião ocupa lugar destacado nesse empreendimento", defende Berger[20].

Mesmo com a instabilidade natural do ambiente conturbado da guerra, o homem por meio da religião "estabelece um cosmos sagrado". E, desse modo, "[...] o homem enfrenta o sagrado como uma realidade imensamente poderosa distinta dele. Essa realidade a ele se dirige, no entanto, e coloca a sua vida numa ordem, dotada de significado".[21]

Da mesma forma, Allport defende que a religião é indispensável ao homem. Ele ressalta que "cada indivíduo constitui uma espécie de sistema estrutural que se regula e se sustenta a si mesmo".[22] E, para atingir e aperfeiçoar essa unicidade, o homem busca socorro na religião. Allport afirma também:

---

[18] BERGER, P.L. *O dossel sagrado*: elementos para uma teoria sociológica da religião. 2. ed. São Paulo: Paulus, 1985. p. 18.

[19] ELIADE, M. *O sagrado e o profano*: a essência das religiões. São Paulo: Martins Fontes, 1992.

[20] BERGER, P.L. *O dossel sagrado*, p. 15.

[21] BERGER, P.L. *O dossel sagrado*, p. 38-39.

[22] ALLPORT, G. W. The Religious Context of Prejudice. In: SADLER, Jr., W. A. (Ed.). *Personality and religion: The Role of Religion in Personality Development*. New York: Harper & Row, 1970.

[...] de fato, é pela virtude de suas vidas religiosas sobre a vida — expandindo enquanto a experiência expande — que são capazes de construir e manter um maduro e bem integrado edifício da personalidade. As conclusões e os sentimentos alcançados são tão diversificados e únicos como o é a personalidade ela mesma.[23]

Razão pela qual Allport defende que o homem vê na religião a solução: "A religião fortalece o indivíduo contra os ataques da ansiedade, da dúvida e do desespero; provê igualmente a intenção prematura que o capacita, em cada estágio de seu desenvolvimento, a relacionar-se inteligivelmente à totalidade do ser".[24]

A partir desses pressupostos, há de se compreender que o suporte religioso por meio do contato direto com o sagrado, ou através de seus representantes, é de fundamental importância a fim de manter-se vivo o sentido da vida daqueles que integram ações de guerra, principalmente em momentos difíceis. Em concordância, Pargament afirma que "em tempos difíceis, as pessoas encontram ajuda em seus semelhantes, na literatura religiosa, em imagens de um Deus de amor, que oferece suporte e está sempre presente para apoiar".[25]

Assim, a religião, especialmente em meio ao caos da guerra, "serve para manter a realidade daquele mundo socialmente construído no qual os homens existem nas suas vidas cotidianas". Além disso, "seu poder legitimante tem, contudo, outra importante dimensão — a integração em um *nomos* compreensivo precisamente daquelas situações marginais em que a realidade da vida cotidiana é posta em dúvida".[26]

---

[23] ALLPORT, G. W. *The religious context of prejudice*, p. 15.
[24] ALLPORT, G. W. *The religious context of prejudice*, p. 128.
[25] PARGAMENT, K. I. *The psychology of religion and coping: theory, Research, Practice*. New York: London, 1997. p. 209.
[26] ALLPORT, op.cit, p.55.

Por outro lado, há situações que demonstram que a religião é utilizada apenas como pretexto para a guerra, para a justificação da morte de seus executantes ou inimigos e como instrumento nas mãos de quem as decide para fins de obtenção de interesses injustos.

Nesse prisma, por exemplo, Maquiavel defende que "o príncipe deve parecer aos olhos e aos ouvidos ser todo fé, piedade e clemência e sê-lo de fato, com a disposição de não ser quando necessário".[27] Para Maquiavel, os que governam devem estar preparados para fingir, com o fim de manter o poder. Se necessário, falar de paz e de religião e ser inimigo de ambas.

No mesmo sentido, para Calvino o relato bíblico em que Nabucodonosor, rei da Babilônia, resolve lançar os três jovens judeus — Sadraque, Mesaque e Abede-Nego — numa fornalha de fogo superaquecida, por estes se negarem a prostrar-se e a adorar a grande estátua pessoal feita pelo próprio Nabucodonosor (Dn 3.1-21), mostra que "os reis fingem piedade porque seus olhos estão voltados para sua própria grandeza, pondo-se a si próprios no lugar de seus deuses"[28] e que a pena de morte imposta em nome dos deuses babilônicos era na verdade em nome do próprio rei, pois a estátua era a imagem de um deus que, por sua vez, era a imagem do rei.

Calvino aprofunda-se ainda mais ao dizer que os reis declaram uma crença "para manter o povo sob seu controle e assim estabelecer sua tirania; não porque algum sentimento de piedade haja entrado, de maneira furtiva em sua mente". Mas, dissimulando algum "interesse pela santidade", ambicionam que "tudo quanto se ordena por sua boca seja acatado por todos".[29]

---

[27] MAQUIAVEL. *O príncipe*. São Paulo: Martins Fontes, 2004. p.85.

[28] CALVINO, J. *O livro dos Salmos*. Tradução Walter Graciano Martins. São Paulo: Edições Paráclitos, 2000. v. 3. p. 200.

[29] CALVINO, J. *O livro dos Salmos*, p. 200-201.

De onde se conclui que, conscientes do poder persuasivo que a religião exerce sobre o incauto crente, muitos governantes do passado e do presente declaram guerras em nome da religião e de seus deuses, em busca, no entanto, de interesses meramente políticos e econômicos.

4. O CRISTÃO E A GUERRA. JUSTA OU INJUSTA?

É muito comum deparar-se com questionamentos sobre a aceitação ou não da guerra pela sociedade. As opiniões divergem. Esse posicionamento fica ainda mais difícil de ser definido mediante princípios religiosos dos mais variados, os quais interferem diretamente na decisão pessoal ou coletiva em relação à existência ou à participação em conflitos dessa natureza.

Para o cristão, o fato de matar outra pessoa em nome de seu próprio governo e sob o amparo bíblico seria certo ou errado?

Há vários estudos que discutem a respeito do assunto. Muitos, por meio de enfoques distintos, caminham na mesma direção, a exemplo de Norman Geisler (1984) e de Robin Gill (1985). O primeiro trata do assunto de três pontos de vista básicos: o ativismo, o pacifismo e o seletivismo. Já o segundo o faz por meio de quatro classificações específicas: militarismo em todas as situações, militarismo seletivo, pacifismo seletivo e pacifismo em todas as situações. Por meio de uma breve comparação, pode-se verificar a equivalência entre as abordagens:

TABELA 1

	GEISLER	ROLIN GILL	AÇÃO EQUIVALENTE
A	Ativismo	Militarismo em todas as situações	Defende o recurso à guerra em qualquer lado, a qualquer hora e por qualquer causa.
B	Pacifismo	Pacifismo em todas as situações	Recusa o recurso à guerra seja qual for a situação.

| C | Seletivismo | Militarismo seletivo | Defende o recurso à guerra defensiva quando um país é atacado por outro. |
| | | Pacifismo seletivo | Recorre à guerra apenas quando se está convencido de que é uma guerra justa. |

Fonte: Os autores

Resumidamente, Geisler assim define suas três classificações a respeito da ética cristã:

[...] "há o ativismo que sustenta que o cristão deve ir para todas as guerras em obediência ao seu governo, porque o governo é ordenado por Deus". Em segundo lugar, "há o pacifismo que argumenta que os cristãos não devem participar em guerra alguma ao ponto de tirar a vida dos outros, visto que Deus ordenou aos homens nunca tirarem a vida de outra pessoa". Por fim, "há o seletivismo que argumenta que os cristãos devem participar dalgumas guerras, [...], das guerras justas, visto que fazer doutra forma é recusar a fazer o bem maior que Deus ordenou.[30]

A seguir, será realizada uma análise dos três posicionamentos sobre a participação do cristão em guerras:

4.1. O Ativismo ou militarismo em todas as situações

O argumento do ativismo de que é sempre certo participar da guerra deve-se ao fato do que está escrito no livro de Gênesis de que o homem deve dominar sobre toda a terra: *E Deus os abençoou e Deus lhes disse: Frutificai, e multiplicai-vos, e enchei a terra, e sujeitai-a; e dominai sobre os peixes do mar, e sobre as aves dos céus, e sobre todo o animal que se move sobre a terra"* (Gn 1.28, ARC).

---

[30] GEISLER, N. L. *Ética cristã: alternativas de questões contemporâneas*. São Paulo: Vida Nova, 1984. p. 137.

Tempos mais tarde, nos dias de Noé, em consequência da violência que enchia a terra, Deus mandou o dilúvio e instituiu o governo humano, dizendo:

> *Certamente cobrarei o vosso sangue, o sangue da vossa vida; eu o cobrarei de todo animal, como também do homem; sim, cobrarei da mão de cada um a vida do seu próximo.* **Quem derramar sangue de homem, terá o seu sangue derramado pelo homem, porque Deus fez o homem à sua imagem** (Gn 9.5,6).

Geisler assim resume:

> Deus ordenou o governo. Adão recebeu a coroa para reinar sobre a terra, e, quando o mal grassou, a Noé foi dada a espada para reger na terra. O governo é da parte de Deus tanto porque a ordem é de Deus, quanto porque a desordem deve ser abafada por Deus. Os homens têm o direito, da parte de Deus, de tirar a vida de homens rebeldes que derramam sangue inocente. O governo é investido de poder divino. A espada que foi dada a Noé foi brandida por Abrão quando entrou na guerra contra os reis citados em Gênesis 14, que fizeram agressão contra o sobrinho de Abrão, Ló.[31]

Segundo Geisler, apesar das mudanças dos povos, dos governantes e de suas formas de governar no período do Antigo Testamento, reiterava-se constantemente o princípio de que o governo é de Deus. Dois exemplos podem ser mencionados a seguir.

No período da teocracia mosaica, os poderes governamentais são muito explícitos pelo próprio Deus:

> *Mas, se houver morte, então, darás vida por vida, olho por olho, dente por dente, mão por mão, pé por pé, queimadura por queimadura, ferida por ferida, golpe por golpe.* (Êx 21.23-25, ARC).

---

[31] GEISLER, N. L. *Ética cristã*, p. 138.

O segundo exemplo era que Deus não abria mão da indicação do governante nem mesmo quando o povo se rebelava contra o próprio Deus:

> E o SENHOR disse a Samuel: Atende o povo em tudo quanto te pedir, pois não é a ti que rejeita, mas a mim, para que eu não reine sobre ele.
>
> Assim como fez desde o dia em que o tirei do Egito até o dia de hoje: ele me abandonou e cultuou a outros deuses. Assim também faz a ti.
>
> Atende-o agora, mas adverte-o solenemente e declara-lhe quais serão os direitos do rei que reinará sobre ele. Samuel transmitiu todas as palavras do SENHOR ao povo que lhe havia pedido um rei, E disse: Este será o direito do rei que reinará sobre vós: ele tomará os vossos filhos e os porá sobre os seus carros para serem seus cavaleiros e para correrem adiante dos seus carros; e os porá por chefes de mil e chefes de cinquenta, para lavrarem seus campos, fazerem suas colheitas e fabricarem suas armas de guerra e os equipamentos de seus carros. Tomará as vossas filhas para serem perfumistas, cozinheiras e padeiras. Tomará o melhor das vossas terras, das vossas vinhas e dos vossos olivais, e o dará aos seus servos. Tomará o dízimo das vossas sementes e das vossas vinhas para dar aos seus oficiais e aos seus servos. Também tomará vossos servos e vossas servas, vossos melhores jovens, e vossos jumentos, e os empregará no seu trabalho. Tomará o dízimo do vosso rebanho; e vós lhe servireis de escravos. Então clamareis naquele dia por causa do vosso rei, que vós mesmos escolhestes; mas o SENHOR não vos ouvirá. Porém o povo não quis ouvir a voz de Samuel. E disseram: Não importa! Queremos um rei sobre nós, para que sejamos como todas as demais nações, e para que o nosso rei nos julgue, nos lidere e lute em nossas batalhas. Samuel ouviu todas as palavras do povo e as repetiu aos ouvidos do SENHOR. O SENHOR disse a Samuel: Atende-o e constitui-lhe um rei. Então Samuel disse aos homens de Israel: Volte cada um para sua cidade (1Sm 8.7-22).

Em relação ao governo das nações gentias, o Antigo Testamento declara, por exemplo, na ocasião em que Daniel interpreta um sonho do rei Nabucodonosor, que aquele rei deveria admitir *que o Altíssimo tem domínio sobre o reino dos homens e o dá a quem quer* (Dn 4.25).

Portanto, Geisler ressalta, mais uma vez, que o ponto de vista do ativismo é de que, se "o governo é dado por Deus, seguir-se-ia que desobedecer ao governo é desobedecer a Deus" e de que, se "o governo dalgum homem ordena que ele vá à guerra, o ativismo bíblico argumentaria que a pessoa deve corresponder, em obediência a Deus, pois Deus ordenou o governo com a espada, ou o poder de tirar vidas".[32] "O ativismo busca base para seu ponto de vista também no Novo Testamento. Uma das passagens que mais se aprofunda sobre a relação entre o cristão e o governo é a de Romanos 13.1-7. O primeiro versículo deixa claro que todo governo é divinamente estabelecido: *Todos devem sujeitar-se às autoridades do governo, pois não há autoridade que não venha de Deus, e as que existem foram ordenadas por ele.*

No v. 2: *Por isso, quem recusa sujeitar-se à autoridade opõe-se à ordem de Deus, e os que fazem isso trarão condenação sobre si mesmos;* e a razão principal que o apóstolo Paulo expõe no v. 4 para que se obedeça a uma autoridade é: *Porque ela é serva de Deus para o teu bem. Mas, se fizeres o mal, teme, pois não é sem razão que ela traz a espada, pois é serva de Deus e agente de punição de ira contra quem pratica o mal.*

Além disso, no v. 6 escreve o apóstolo: *Por essa razão também pagais imposto; porque eles são servos de Deus, para atenderem a isso.* Tendo em vista estes fatos, o cristão é conclamado no v. 7: *Dai a cada um o que lhe é devido: a quem tributo, tributo; a quem imposto, imposto; a quem temor, temor; a quem honra, honra.*

---

[32] GEISLER, N. L. *Ética cristã*, p.138.

Dessa forma, para o ativismo, conforme Geisler, a relevância nessa passagem do Novo Testamento está na reiteração do poder do governo de tirar a vida humana. Os cristãos são conclamados a obedecer ao governante ou rei existente: *Porque ela é serva de Deus para o teu bem. Mas, se fizeres o mal, teme, pois não é sem razão que ela traz a espada, pois é serva de Deus e agente de punição de ira contra quem pratica o mal* (v. 4).

Finalmente, se a autoridade instituída por Deus tem, até mesmo, poder sobre a vida dos governados, na concepção dos ativistas bíblicos, quem resiste ao governo está automaticamente resistindo ao próprio Deus, razão pela qual, para eles, "a pessoa deve responder à chamada do seu governo para ir à guerra, porque Deus deu a autoridade da espada às autoridades governantes".[33]

Por outro lado, de forma contundentemente contrastante estão aqueles que defendem o pacifismo, pelo que argumentam que nunca é certo participar da guerra.

4.2. O pacifismo

"Um termo derivado da palavra latina que significa pacificação, que tem sido aplicado a uma gama de posições que abrangem quase todas as atitudes para com a guerra" e "é uma das três atitudes históricas adotadas pela igreja com relação à guerra".[34]

James Raches em *A ética e a Bíblia*, depois de dialogar a respeito da clareza de alguns ensinamentos do Novo Testamento e questionar a respeito de "[...] qual deveria ser nossa atitude diante da violência? Se deveríamos considerar legítimos quaisquer meios para alcançar nossos fins?", salienta que "um cristão poderia observar que o pacifismo é um ponto de vista consistente e estabelecido, no Novo Testamento".[35]

---

[33] GEISLER, N. L. *Ética cristã*, p. 139.
[34] WEAVER, J.D. Pacifismo. Tradução Gordon Chown. In: ELWELL, Walter A. (Org.). *Enciclopédia histórico-teológica da Igreja cristã*. São Paulo: Vida Nova, 1990. v. 3. p. 75.
[35] RACHES, J. *A ética e a Bíblia*. Tradução Eliana Curado. Think: Spring, 2002.

Geisler salienta que os argumentos em prol do pacifismo podem ser divididos em dois grupos básicos: o bíblico, segundo o qual a guerra é sempre errada, e o social, segundo o qual a guerra é sempre má.

No entanto, se Deus disse: *Não matarás* (Êx 20.13) e Jesus ratifica: *Ouvistes que foi dito: Olho por olho e dente por dente. Eu, porém, vos digo: Não resistais ao homem mau; mas a qualquer que te bater na face direita, oferece-lhe também a outra* (Mt 5.38,39), para os pacifistas este é o maior argumento de que matar sempre é errado, haja vista suas convicções:

> No coração do pacifismo há a convicção de que tirar a vida intencionalmente, especialmente na guerra, é básica e radicalmente errado. A proibição bíblica: *Não matarás* inclui a guerra. A guerra é o assassinato em massa. Mas o assassinato é o assassinato, quer seja cometido dentro da própria sociedade ou contra homens doutra sociedade.[36]

Em relação às diversas citações bíblicas que, à primeira vista, parecem ordenar a guerra, pelo menos três tipos de respostas bíblicas têm sido dados por diferentes pacifistas:

> (1) Primeiramente, as guerras do Antigo Testamento, em que se representa Deus "ordenando" a guerra não foram realmente ordenadas por Deus de modo algum. Representam um estado mais bárbaro da humanidade em que as guerras eram justificadas ao ligar a elas sanções divinas.[37]

Em nota, Geisler sustenta que essa resposta "parece rejeitar claramente a autoridade do Antigo Testamento", e que, em virtude disso, não seria uma alternativa viável para um crente evangélico. Mostra também que "talvez a objeção mais séria a este conceito crítico do Antigo Testamento é que rejeita a

---

[36] GEISLER, N. L. *Ética cristã*, p. 142.
[37] GEISLER, N. L. *Ética cristã*, p. 12.

autoridade de Cristo, que verificou pessoalmente a autoridade e autenticidade básicas do Antigo Testamento".[38]

(2) Outra explicação é que estas guerras eram sem igual, porque Israel estava agindo como instrumento teocrático nas mãos de Deus. Estas não eram realmente as guerras de Israel de modo algum, mas, sim, as de Deus, conforme é evidenciado pelos milagres especiais que Deus operava para ganhá-las (cf. Js 6; 10; Sl 44).

Como terceira e última justificativa, denota-se que, na visão dos pacifistas, Deus poderia intervir e realizar seus propósitos sem guerra, assim como fez na queda de Jericó ou nos demais milagres em que Israel ganhou sem realmente lutar:

(3) Finalmente às vezes é argumentado que as guerras do Antigo Testamento não eram a *perfeita* vontade de Deus, mas, sim, somente sua vontade "permissiva". Ou seja: retrata-se a Deus "ordenando" Samuel a ungir Saul como rei, ainda que Deus não lhe tivesse escolhido Saul para rei, mas, sim, Davi (1Sm 10.1). Ou as guerras são "ordenadas" por Deus da mesma maneira que Moisés "ordenou" o divórcio, por causa da dureza dos corações dos homens (Mt 19.8). Não é que Deus realmente desejava ou ordenava a guerra mais do que ele gosta da desobediência ou do divórcio. Deus tem um caminho melhor do que aquele, que é o da obediência e do amor. Deus poderia ter realizado seus propósitos em Israel e em Canaã sem guerras, se o povo tivesse sido mais obediente a ele.

Em momento algum, nenhuma guerra como tal, é o mandamento de Deus, pois assim defende tenazmente o pacifismo:

O que Deus ordena de maneira clara e inequívoca é: *Não matarás*. Esse mandamento aplica-se a todos os homens, amigos ou inimigos. Todos os homens são feitos à imagem

---

[38] GEISLER, N. L. *Ética cristã*, p.152.

de Deus e, portanto, é errado matá-los. O Antigo Testamento ensina claramente que a pessoa deve amar seus inimigos (cf. Lv 19.18,34; Jn 4), e Jesus reafirmou esse ensino, dizendo: *Amai vossos inimigos e orai pelos que vos perseguem...* (Mt 5.44). A guerra baseia-se no ódio, e é intrinsecamente errada. Tirar a vida de outras pessoas é contrário ao princípio do amor e é, portanto, basicamente não cristão.

Além do grupo dos argumentos bíblicos, baseados em argumentos sociais, os cristãos pacifistas também afirmam que "a guerra é sempre má". E, ao dizer que a guerra "não é a melhor maneira de solucionar disputas humanas"; que "um rio de sangue humano tem sido deixado no séquito das guerras, e no curso da história" e que "males de todos os tipos resultam da guerra: a fome, a crueldade, as pessoas e a morte", Geisler discorre sobre três bases para a guerra: "a guerra é baseada no mal da ganância, a guerra resulta em muitos males e a guerra cria mais guerra"[39].

Embora, o pacifismo tenha existido durante toda a história da igreja cristã, "a partir do século 4, frequentemente tem sido eclipsado pela teoria da guerra justa e pelo conceito da cruzada, ou guerra agressiva por uma causa santa"[40]. Surgindo então, um terceiro ponto de vista básico a respeito do assunto — o seletivismo.

4.3. O seletivismo

Norman Geisler considera esta sua terceira perspectiva quanto à participação do cristão em guerras, o seletivismo, como a alternativa mais satisfatória para o cristão, por meio da qual se julga correto participar de algumas guerras, pois, segundo ele, "a partir da insatisfação com as soluções 'fáceis' de declarar

---

[39] GEISLER, N. L. *Ética cristã*, p. 144.

[40] ELWELL, Walter A. (Org.). *Enciclopédia histórico-teológica da Igreja cristã*. v. 1. p. 75.

justas *todas* as guerras, ou *nenhuma* guerra justificável, está emergindo um número crescente de partidários do seletivismo, que sustenta que *algumas* guerras são justificáveis, e outras não".[41]

A essência do seletivismo é que, para ele, tanto o ativismo quanto o pacifismo têm razão, ainda que parcial, ao reivindicarem o amparo nas Escrituras Sagradas e que seu ponto de vista seletivista se estabelece a partir de uma terceira maneira de interpretar os mesmos dados bíblicos pelos outros já interpretados. A respeito do qual, salienta:

> Na realidade, há um ponto de concordância (pelo menos teoricamente) entre todos os três pontos de vista. Todos podem concordar com a seguinte proposição ética: Não se deve participar de uma guerra injusta. O pacifista, naturalmente, sente que *todas* as guerras são injustas. O ativista sustenta que *nenhuma* guerra é injusta (ou, pelo menos), se houver algumas guerras injustas, a participação nelas não é errada. E o seletivista argumenta que, em princípio, algumas guerras são injustas e outras são justas. Logo, para apoiar um seletivismo cristão, a pessoa deve demonstrar não somente que: (1) pelo menos algumas guerras são justas em princípio (demonstrando, assim, que o pacifismo total está errado), *e* também (2) algumas guerras são injustas em princípio (demonstrando, assim, que o ativismo está errado) .[42]

Considerando-se algumas guerras como guerras injustas, o seletivismo argumenta que a rejeição do ativismo total (que sustenta que o cristão deve ir para todas as guerras em obediência ao governo a que se submete, porque o governo é ordenado por Deus) encontra apoio na Bíblia.

Baseado nos exemplos a seguir, Geisler defende que nem sempre a Bíblia ensina que é correto acatar o governo em

---

[41] GEISLER, N. L. *Ética cristã*, p. 145-152.
[42] GEISLER, N. L. *Ética cristã*, p. 145-146.

tudo quanto determina; especialmente quando suas ordens contradizem as leis espirituais superiores de Deus:

- Os três jovens hebreus desobedeceram à ordem do rei no sentido de adorar um ídolo (Dn 3). Daniel violou uma lei que proibia orar a Deus (Dn 6).
- Os apóstolos desobedeceram às ordens de não pregar o evangelho de Jesus Cristo (At 4 e 5).
- As parteiras hebreias no Egito, aprovadas por Deus, desobedeceram ao mandamento no sentido de matar todos os bebês do sexo masculino que nascessem. A passagem de Êxodo 1.17,19-21 ensina claramente que é errado tirar a vida de um ser humano inocente, ainda que o governo "ordenado por Deus" o determine. O governo que assim manda pode ser ordenado por Deus, mas o mandamento moralmente injustificável não foi ordenado por Deus.
- Os pais de Jesus evidenciaram a mesma convicção de que o governo não tinha direitos sobre a vida humana inocente, visto que, sob a orientação de Deus, fugiram diante da tentativa de Herodes de matar o menino Jesus (Mt 2.13,14).

Salienta Geisler, que nem todas as guerras, nem todos os atos de guerra, são moralmente justificáveis mesmo que a pessoa aja em obediência a seu governo.

Todavia, à luz do seletivismo, a Bíblia ensina que nem todas as guerras são necessariamente más, sendo por isso consideradas justas. Pelo que, "nem sempre tirar a vida é assassinato", haja vista que "tirar uma vida é frequentemente ordenado por Deus, tanto dentro de uma nação quanto entre nações", como por exemplo:

> Às vezes Deus delega a autoridade de tirar uma vida humana a outros seres humanos. Este foi claramente o caso

do poder do castigo capital dado a Noé depois do dilúvio (Gn 9.6), que foi reiterado por Moisés na lei para Israel (Êx 21.26), e que foi reafirmado por Paulo como sendo o poder que residia no imperador de Roma (Rm 13.4), e foi até mesmo subentendido por Jesus diante de Pilatos (Jo 19.11). Fica evidente, com base nessas passagens, que todo governo, até mesmo à parte do governo teocrático de Israel, recebeu autoridade divina para tirar a vida dalgum dos seus cidadãos culpados de um crime capital.[43]

Em defesa de que a utilização da força militar defensiva às vezes é justificável, Geisler também se utiliza da experiência vivida pelo apóstolo Paulo quando este apela à sua cidadania romana e recorre à proteção do exército romano ao ser ameaçado de morte por homens impiedosos:

> Pois Davi fala sobre isso: *Eu sempre via o Senhor diante de mim, pois está à minha direita, para que eu não seja abalado. Por isso o meu coração se alegrou, e a minha língua exultou; e, além disso, o meu corpo repousará em esperança; pois não deixarás a minha vida no túmulo nem permitirás que o teu Santo sofra deterioração.*
> *Fizeste-me conhecer os caminhos da vida; tu me encherás de alegria na tua presença. Irmãos, concedei-me dizer-vos com clareza que o patriarca Davi morreu e foi sepultado, e o seu túmulo está até hoje entre nós* (At 22.25-29).

Com o andamento do processo investigatório sobre as convicções religiosas do apóstolo Paulo, mais de quarenta homens conspiraram para assassiná-lo, mas, ao tomar este conhecimento do fato, foi montada pelas autoridades romanas forte proteção armada para protegê-lo:

> *Quando já era dia, os judeus se reuniram e juraram sob pena de maldição que não comeriam nem beberiam enquanto não matassem Paulo. Eram mais de quarenta os que fizeram essa conspiração. E*

---

[43] GEISLER, N. L. *Ética cristã*, p. 146-147.

foram até os principais sacerdotes e líderes religiosos e disseram: Fizemos um juramento sob pena de maldição de não provarmos coisa alguma até que matemos Paulo. Agora, pois, juntamente com o Sinédrio, solicitai ao comandante que o mande descer perante vós como se fôsseis investigar com maior precisão a sua causa; estamos prontos para matá-lo antes que ele chegue. Mas o sobrinho de Paulo, filho de sua irmã, ficou sabendo da cilada, foi à fortaleza, entrou e avisou Paulo. Então Paulo, chamando um dos centuriões, disse: Leva este moço ao comandante, porque ele tem algo a lhe comunicar. Ele o tomou, levou-o ao comandante e disse: O prisioneiro Paulo me chamou e pediu que trouxesse à tua presença este moço, que tem alguma coisa para dizer-te. O comandante tomou-o pela mão e, levando-o à parte, perguntou-lhe: O que tens para dizer-me? Ele disse: Os judeus combinaram solicitar-te que amanhã mandes Paulo descer ao Sinédrio, fingindo ter de investigar com maior precisão o caso dele. Não te deixes convencer por eles. Porque há mais de quarenta deles à espreita contra Paulo; eles juraram sob pena de maldição não comer nem beber até que o matem. E agora estão preparados, aguardando a tua palavra de confirmação. Então o comandante mandou o moço sair, ordenando que a ninguém dissesse que lhe havia contado aquilo. E chamando dois centuriões, disse: Preparai para a terceira hora da noite duzentos soldados de infantaria, setenta de cavalaria e duzentos lanceiros para irem até Cesareia. E ordenou que preparassem montarias para Paulo, a fim de o levarem a salvo até o governador Félix (At 23.12-24).

Sobre o fato, Geisler argumenta que "não há razão para crer que o apóstolo não considerasse seu direito de cidadão ser protegido pelo exército da agressão injusta contra a sua vida". Que "suas ações demonstram claramente que, como cidadão romano, exigia esta proteção". De onde se conclui que "o princípio de empregar o poder militar na autodefesa pode ser estendido a uma nação, e não somente a indivíduos".[44]

---

[44] GEISLER, N. L. *Ética cristã*, p. 147.

Em relação à linha hermenêutica pacifista de querer explicar os mandamentos de Deus como sendo meramente culturais ou como consentimentos à pecaminosidade humana, Geisler classifica essa interpretação como "inaceitável" e argumenta que esta "subverteria a confiança do cristão em todos os mandamentos da Escritura". Pois, "quando um mandamento é condicional ou cultural, as Escrituras revelam que é assim".[45]

Como exemplo, Geisler relembra que Jesus advertiu que Moisés não tinha realmente ordenado o divórcio, mas que meramente o havia permitido: *Ele lhes disse: Foi por causa da dureza do vosso coração que Moisés vos permitiu se divorciar da vossa mulher; mas não foi assim desde o princípio* (Mt 19.8). Da mesma maneira, a Bíblia visivelmente indica que a ordem que Deus deu para Saul ser ungido rei sobre Israel era uma concessão, não o desejo de Deus para Israel (1Sm 8.6-9).

Entretanto, fica claro que Deus aspirava a que Israel fizesse a guerra com os moradores das terras que seriam ocupadas pelos israelitas. Estes estavam além da possibilidade de serem ganhos: eram incuravelmente malignos e Deus dispôs que fossem exterminados:

> *Mas, das cidades destes povos, que o SENHOR, teu Deus, te dá como herança, não deixarás com vida nada que tem fôlego. Pelo contrário, tu os destruirás por completo: os heteus, os amorreus, os cananeus, os perizeus, os heveus e os jebuseus, conforme te ordenou o SENHOR, teu Deus; para que eles não vos ensinem a fazer todas as abominações que fazem a seus deuses, e assim pequeis contra o SENHOR, vosso Deus* (Dt 20.16-18).

Vê-se por essa passagem que Deus não apenas determinava a guerra de destruição dos povos que não lhe serviam, assim como consentia outras guerras justas contra povos que não

---

[45] GEISLER, N. L. *Ética cristã*, p.147-148.

aceitavam uma paz justa; pelo contrário, saíam guerreando sem motivos justificáveis.

De fato, "no curso do Antigo Testamento e do Novo, Deus ordenou a guerra como instrumento da causa da justiça"[46].

Exemplo disso no Antigo Testamento é que, quando Israel apostatou, mesmo tendo tido um profundo relacionamento com Deus por meio da aliança, a nação foi disciplinada por Deus por intermédio de governos levantados para derrotá-la, conforme os registros:

Em Deuteronômio 28.15; 25; 36; 49; 50 – Os castigos da desobediência:

> *Se, porém, não ouvires a voz do SENHOR, teu Deus, não cumprindo todos os seus mandamentos e os seus estatutos, que hoje te ordeno, todas estas maldições virão sobre ti e te alcançarão: O SENHOR fará que sejas derrotado diante dos teus inimigos; por um caminho sairás contra eles, e por sete caminhos fugirás deles; e serás um espetáculo horrível para todos os reinos da terra. O SENHOR te levará para uma nação que nem tu nem teus pais conheceram, juntamente com o rei que tiveres estabelecido sobre ti; e ali cultuarás deuses de madeira e de pedra. Desde a extremidade da terra, o SENHOR levantará contra ti uma nação que voa como a águia, nação cuja língua não entenderás; nação de rosto feroz, que não respeitará o idoso, nem terá pena do moço.*

Em Daniel 1.1,2 – O cativeiro babilônico:

> *No terceiro ano do reinado de Jeoaquim, rei de Judá, Nabucodonosor, rei da Babilônia, veio a Jerusalém e a sitiou. O Senhor entregou nas suas mãos Jeoaquim, rei de Judá, e parte dos utensílios do templo de Deus; ele os levou para a terra de Sinar, para o templo do seu deus, e os pôs na casa do tesouro do seu deus.*

---

[46] GEISLER, N. L. *Ética cristã*, p. 148.

Já no Novo Testamento, quando o apóstolo Paulo escreve acerca do poder da espada dos governantes instituídos por Deus, sejam judeus sejam gentios, fica claro que os governantes, nos dois Testamentos, receberam a espada para promover o bem e resistir ao mal: [...] *Mas, se fizeres o mal, teme, pois não é sem razão que ela traz a espada, pois é serva de Deus e agente de punição de ira contra quem pratica o mal* (Rm 13.4).

Em defesa do seletivismo, conclui-se:

> Logo, o pacifismo total, pelo motivo alegado de que nunca se deve tirar uma vida humana, é não bíblico. A proibição é contra o *assassinato*, não contra tirar vidas. Nem sempre tirar uma vida é assassinato, segundo a Bíblia. A pena capital não é assassinato. A guerra em defesa dos inocentes não é assassinato. E uma guerra contra um agressor injusto não é assassinato. O pacifista total não está olhando de modo justo *todos* os dados da Escritura. Pelo contrário, apega-se à proibição contra o assassinato, desconsidera os versículos em que Deus exige que a vida dos homens maus seja tirada, visando a defesa dos inocentes; e supõe, ingenuamente, que qualquer ato de tirar uma vida é assassinato.[47]

À luz dos três pontos de vista de Norman Geisler e de Robin Gill, em relação ao cristão e à guerra, descortinam-se diante da investigação diversas razões pelas quais as pessoas, mormente os cristãos, devem ou não participar das guerras.

Em primeiro lugar, para os que defendem o ativismo, ou seja, para aqueles cuja participação em guerras deva ocorrer sob qualquer pretexto, devem fazê-lo por diversas razões: o governado sempre deve submeter-se a seu governo porque este é seu guardião.

Sem a ação do governo, o governado não seria mais do que um ser bruto, residindo num estado de ausência de

---

[47] GEISLER, N. L. *Ética cristã*, p. 148-149.

conhecimento e de confusão. Razão pela qual não interessa quão pesado seja o encargo da pessoa a seu governo, mesmo assim, está constrangida a satisfazer a ele como o faria aos próprios pais.

Notadamente, há uma questão fundamental na visão dos ativistas, que os pacifistas prontamente indicam, a saber: em quase todas as guerras, os dois ou mais lados alegam possuir a razão. Com frequência, cada beligerante afirma que o outro é o agressor. Embora as partes envolvidas sejam inimigas entre si, ambas alegam que o "inimigo" é que sempre está errado. Obrigando, desse modo, que os ativistas totais reconheçam que as duas ou mais partes envolvidas numa guerra nem sempre são detentoras da razão.

Concluindo essa primeira análise a respeito do ativismo, apesar da falta de razão de uma ou de todas as partes envolvidas na guerra, para os ativistas a desobediência a qualquer governo levaria à revolução e à anarquia, que seria um mal maior do que fazer parte de uma guerra.

Em segundo lugar, em relação ao pacifismo, constata-se que esse ponto de vista tem existido durante toda a história da igreja cristã. A problemática é que, do ponto de vista do pacifismo, por questões de princípios ou pelas consequências que dela resultam, nenhuma guerra pode ser moralmente justificada, pois segundo esse posicionamento toda guerra é errada.

Todavia, como fruto de estudos modernos, o pacifismo ganhou dois tipos classificatórios: o pacifismo consequencialista e o pacifismo deontologista. Ambos diferenciados entre si pela razão evocada para considerar as guerras injustas. O critério consequencialista alega que os benefícios da guerra nunca superam seus malefícios, ao passo que o deontologista pressupõe que a guerra é essencialmente errada porque infringe princípios absolutos como o de que não se deve tirar a vida de seres humanos.

E, em terceiro, relativo ao seletivismo, também chamado de militarismo seletivo ou pacifismo seletivo, seus defensores fundamentam-se em teses como as de que tanto o ativismo quanto o pacifismo são fugas morais, haja vista que tanto um quanto o outro seriam a saída moral fácil de uma posição ética difícil.

Desse modo, tanto o ativismo quanto o pacifismo usufruem da comodidade e da naturalidade de suas teorias gerais sem contemplar especificamente a problemática e a complexidade das questões éticas e morais ligadas à guerra. Por isso, advogar o seletivismo faz-se muito mais difícil pelo fato de que sua teoria exige dos seletivistas a decisão, à luz da lei moral, quais guerras são justas e quais não são.

Conclui-se, entretanto, diante das diversas perspectivas éticas, que estas são paradoxais no que diz respeito à participação do cristão em movimentos de guerra, e que não há um ponto de vista único definido pelos cristãos sobre o assunto. Nota-se também que tanto os que defendem quanto os que repudiam a guerra possuem argumentos eticamente favoráveis e desfavoráveis. Não obstante, sejam as guerras certas sejam erradas, próprias ou impróprias, aceitas ou repudiadas, justas ou injustas, sempre haverá inocentes prejudicados nas frentes de batalha, razão pela qual devemos lutar em busca da paz.

5. O COMBATE AO CRIME E O USO DA FORÇA

Todos devem sujeitar-se às autoridades do governo, pois não há autoridade que não venha de Deus, e as que existem foram ordenadas por ele. Por isso, quem recusa sujeitar-se à autoridade opõe-se à ordem de Deus, e os que fazem isso trarão condenação sobre si mesmos. Porque os governantes não são motivo de temor para os que fazem o bem, mas sim para os que fazem o mal. Não queres temer a autoridade? Faze o bem e receberás o louvor dela. Porque ela é serva de Deus para o teu bem. Mas, se fizeres o mal, teme, pois não é sem razão que ela traz a espada, pois é serva de Deus e agente de punição de ira contra quem pratica o mal. Por isso é necessário sujeitar-se a ela, não somente por causa da ira, mas também por causa da consciência (Rm 13.1-5).

Em relação às celeumas entre nações, definir o que é justo ou injusto é uma tarefa um tanto complicada. Entretanto, quando se pensa em segurança pública a conclusão fica bem mais fácil. Isso porque é impossível que um estupro, por exemplo, seja algo justo, tanto na concepção secular quanto bíblica.

Na verdade, muitos crimes tipificados pelo Código Penal do Brasil têm alguma correlação com os Dez Mandamentos, sendo reprováveis nas duas esferas. A título de exemplo, segue tabela comparativa:

TABELA 2

Dez Mandamentos	Código Penal
Não matarás – Êxodo 20.13	Homicídio – Artigo 121
Não furtarás – Êxodo 20.15	Furto; Roubo – Artigos 155 e 157
Não mentirás – Êxodo 20.16	Estelionato – Artigo 171

Fonte: Os autores

Além de ser o crime claramente ruim, a Bíblia atribui a Satanás, o adversário e inimigo das nossas almas, a origem desses atos: *O ladrão vem somente para roubar, matar e destruir* (Jo 10.10a); *O vosso pai é o diabo, e quereis satisfazer-lhe os desejos. Ele foi homicida desde o princípio e não se firmou na verdade, pois nele não há verdade. Quando ele mente, fala do que lhe é próprio, pois é mentiroso e pai da mentira* (Jo 8.44).

Por outro lado, a Palavra de Deus afirma que Cristo se manifestou para destruir as obras do diabo: "quem vive habitualmente no pecado é do diabo, pois o diabo peca desde o princípio. Para isto o Filho de Deus se manifestou: para destruir as obras do diabo". Então, em relação ao combate ao crime, Deus tem lado! Importante frisar que os relatos bíblicos sempre indicam a reprovação do mau ato, que gera destruição social e desagrada ao criador. Desse modo, destruir as obras do diabo não se trata de destruir pessoas, mas sim seus atos de maldade lesivos ao próximo.

Dessa forma, no campo das relações sociais, é um fato bíblico que o mal e o crime, insuflados pelo diabo, se proliferam pela ação humana. Igualmente, o bem e a resistência ao mal, sob a proteção de Deus, se estabelecem também por ação humana. Por isso, a carta de "Romanos 13" assevera que toda autoridade é constituída por Deus, independentemente de o ocupante do cargo ser ou não cristão professo. A autoridade representa o Estado, cujo poder advém da coletividade, e representa o desígnio de Deus para conter o mal e a injustiça. Como já discutido anteriormente, essa assertiva não pressupõe que o agente do Estado pode fazer o que bem entender e, ainda assim, estará sempre certo. A autoridade constituída por Deus deve agir dentro dos limites dos princípios divinos. Semelhantemente, a autoridade é delegada pelo povo e tem seus limites estabelecidos pela lei.

É interessante que o uso do poder letal, a *espada*, previsto no versículo 4 do capítulo 13 de Romanos, o sujeita ao motivo: *não é sem motivo que faz uso da espada*! O motivo, segundo a legislação brasileira e a técnica policial é sempre a legítima defesa de si ou de outrem. Disso decorre que, por qualquer outro motivo, o uso do poder letal por uma pessoa, ainda que revestida de autoridade, não seria uma causa justa. Seria homicídio e pecado contra o mandamento do Senhor.

A ideia bíblica de motivo também leva à discussão sobre o uso *seletivo* da força. Esse conceito exorta a autoridade constituída a utilizar os recursos do poder coercitivo de forma apropriada e proporcional à agressão. Com razoabilidade. O objetivo é sempre fazer cessar a agressão.

Para fazer cessar uma agressão injusta que ponha a vida de um cidadão em risco, o policial terá motivo técnico e bíblico para utilizar recursos letais. Não por seu desejo pessoal, mas por imposição da situação. É a ação do agressor que define os recursos a serem utilizados contra ele em uma defesa legítima, bem como o possível resultado dessa defesa, seja por reação da vítima seja por atuação policial. Importante salientar que o uso do poder letal contra alguém depois que a agressão foi cessada é homicídio, motivado por vingança, pois os motivos que levavam a essa ação já haviam cessado.

O dilema ético que, por vezes, se estabelece é que são duas vidas humanas. Teologicamente têm o mesmo valor. Do ponto de vista teológico devem ser amadas. No entanto, uma vida é de alguém que põe outra vida inocente em risco. Outra é da vítima. Nesse conflito ético, o policial é autoridade para fazer juízo da situação e agir por delegação divina e estatal, para fazer cessar a agressão injusta, ainda que com o custo da vida do agressor, embora tal não seja o desejado. Essa é a realidade enfrentada por atiradores de elite, por exemplo. Importante frisar que o comando da operação só autoriza o tiro letal quando se conclui que somente essa medida pode impedir que o causador do evento crítico cometa homicídio contra a vítima.

Então, se um agressor, fazendo uso de arma letal, põe a vida de alguém em risco, nesse momento ele mesmo, por sua ação e pela arma que usa, está sujeito ao resultado que causaria ao outro. Essa é uma consequência natural da ação policial ou de legítima defesa de qualquer cidadão. Ao mesmo tempo, se houver óbito, trata-se do juízo de Deus previsto em Romanos 13.4, por consequência de sua própria maldade.

Dessa forma, o uso de poder coercitivo, ou até mesmo do poder letal, quando justificado pelo motivo que o causou, isto é, pela razoabilidade, em legítima defesa da vida, não pode ser caracterizado como pecado. Pelo contrário, é abençoado por Deus. O salmista Davi deixou isso bem claro: *Bendito seja o SENHOR, minha rocha, que prepara minhas mãos para a batalha e meus dedos para a guerra!* (Sl 144.1).

No entanto, apesar da legitimidade do policial com respeito ao uso da força no combate ao crime com todos os recursos legais disponíveis, é muito importante que ele entenda o fenômeno do crime não somente como algo humano e material, mas também espiritual.

Como vimos, o crime é fomentado pelo diabo. E essa força maligna deve ser combatida espiritualmente por meio da vigilância pessoal, da oração e da obediência aos princípios de Deus. [...] *se o Senhor não proteger a cidade, em vão vigia a sentinela* (Sl 127.1b). Esse texto nos mostra que a sentinela tem que vigiar. Vigiar para não cair na tentação do pecado. Vigiar para não fugir da técnica policial; não falhar no procedimento operacional padrão; manejar bem seu equipamento etc. Todavia, seria um erro grave se a sentinela vigiasse somente o plano físico, sem a proteção de Deus. Obediência, trabalho e oração são o caminho para uma carreira de excelência.

O pastor Edward Bounds, que foi capelão do Exército Confederado durante a Guerra Civil americana, em seu livro *A arma da oração*, nos chama a atenção para o fato de que a nossa conduta no dia a dia deve ser reflexo da nossa relação com Deus em oração:

> Precisamos de homens de negócios em suas atividades com a mesma reverência e responsabilidade com que entram no quarto de oração. Precisamos, e muito, de homens destituídos de ganância, mas que, de todo o coração, levem Deus com eles para os negócios da vida secular.[48]

Por isso, a vida espiritual é algo de suma importância na atividade de segurança pública. Além de fazer o nosso melhor, com excelência, a confiança maior deve estar depositada em Deus que nos guarda, direciona e, em muitos momentos, nos livra. Nessa linha, o capelão Bounds afirma que "a presença dos talentos humanos mesmo em sua forma mais grandiosa e

---

[48] BOUNDS, Edward. *A arma da oração*. São Paulo: Vida, 2016. p. 63.

impressionante e em rica medida não diminui em nada a necessidade do dom do Espírito Santo"[49].

Além do mais, uma autoridade do Estado, constituída por Deus, não deve se esquecer de que está naturalmente investida da autoridade administrativa e legal delegada pelo Estado e da autoridade espiritual sobre a área e as decisões que lhe foram confiadas por Deus. Vale a pena lembrar sempre que, além de estar sujeita à prestação de contas nas esferas administrativa, cível, penal e militar, conforme o caso, toda autoridade constituída há de prestar contas espiritualmente perante Deus, que a instituiu.

REFERÊNCIAS BIBLIOGRÁFICAS

ABELS, G. *Cómo empezar um ministério de capellanía civil*. Disponível em: <http://www.sermondominical.com/manual7.htm>. Acesso em 10 jan. 2017.

ALLPORT, G. W. The Religious Context of Prejudice. In: SADLER, Jr., W. A. (Ed.). *Personality and Religion: the role of religion in personality development*. New York: Harper & Row, 1970.

BARCLAY, William. *Palavras chaves do Novo Testamento*. São Paulo: Vida Nova, 1994.

BERGER, P.L. *O dossel sagrado: elementos para uma teoria sociológica da religião*. 2. ed. São Paulo: Paulus, 1985.

BOUNDS, Edward. *A arma da oração*. São Paulo: Vida, 2016.

CALVIN, J. *O livro dos Salmos*. Tradução Walter Graciano Martins. São Paulo: Edições Paráclitos, 2000. v. 3.

CORVISIER, A. *A guerra*. Rio de Janeiro: Bibliex, 1999.

ELIADE, M. *O sagrado e o profano: a essência das religiões*. São Paulo: Martins Fontes, 1992.

ELWELL, W. (Org.). *Enciclopédia histórico-teológica da Igreja cristã*. São Paulo: Vida Nova, 1990. v. 1.

GEISLER, N. L. *Ética cristã: alternativas de questões contemporâneas*. São Paulo: Vida Nova, 1984.

GILL, R. *A Textbook of Christian Ethics*. Edinburgh: T&T Clarke Ltd., 1985.

---

[49] BOUNDS, Edward. *A arma da oração*, p. 125.

HANSEN, David. *A arte de pastorear.* São Paulo: Shedd publicações. 2001. p.25

HAZAN, Glória. *Filosofia do judaísmo em Abraham Josua Heschel: consciência religiosa, condição humana e Deus.* São Paulo: Perspectiva, 2008.

JOSEFO, Flávio. *História dos hebreus.* Tradução Vicente Pedroso. Rio de Janeiro: CPAD, 2004.

MAQUIAVEL. *O príncipe.* São Paulo: Martins Fontes, 2004.

NOUWEN, J. Henry. *O sofrimento que cura.* São Paulo: Paulinas, 2007.

OLIVEIRA, Roseli M. Kühnrich. Transformação na dor: lidando com perdas e lutos em família. In: KOHL, Manfred Waldemar; BARRO, Antonio Carlos. *Aconselhamento cristão transformador.* Londrina: Descoberta, 2006.

PARGAMENT, K.I. *The psychology of religion and coping: theory, research, practice.* New York: London, 1997.

RACHES, J. A Ética e a Bíblia. Tradução Eliana Curado. Think: Spring, 2002.

SCHIPANI, S. Daniel. *O caminho da sabedoria no aconselhamento pastoral.* São Leopoldo: Sinodal, 2004.

SELTER, F. Exortar, advertir, consolar, repreender. In: COENEN & BROWN (Orgs.). *Dicionário internacional de teologia do Novo Testamento.* São Paulo: Vida Nova, 2000. v. 1.

VORLÄNDER, Herwart. Homem. In: COENEN & BROWN (Orgs.). *Dicionário internacional de teologia do Novo Testamento.* São Paulo: Vida Nova, 2000. v. 2.

WEAVER, J. D. Pacifismo. Tradução Gordon Chown. In: ELWELL, Walter A. (Org.). *Enciclopédia histórico-teológica da Igreja cristã.* São Paulo: Vida Nova. 1990. v. 3.

CAPÍTULO II

FUNDAMENTO HISTÓRICO DA CAPELANIA

Aluísio Laurindo da Silva

O objetivo do presente capítulo limita-se à abordagem de fatos e documentos que, por sua relevância, são considerados verdadeiros fundamentos históricos do serviço religioso denominado capelania militar. São marcos que ajudam o leitor a compreender a origem e a evolução desse tipo de serviço cujo formato e nomenclatura possuem suas raízes na primeira metade do século 4, no seio da igreja cristã.

Convém lembrar que um estudo mais abrangente do presente tema encontrará referências na atuação de líderes religiosos ao lado de militares entre povos de diversas partes do mundo, em tempos remotos da história da humanidade.[1] Ademais, particularmente quanto aos tempos bíblicos, não se pode ignorar que, a despeito de não existirem no Antigo e Novo Testamentos palavras cognatas aos vocábulos "capela", "capelão" e "capelania" (até porque essas expressões originam-se do

---

[1] Nesse sentido, sugere-se aos interessados que consultem, entre outras fontes, as seguintes dissertações de mestrado: do tenente-coronel capelão do Exército Brasileiro, reverendo Walter Pereira de Mello (2011), intitulada *O capelão militar: interlocutor entre a religião e a guerra*; como também a do 1º tenente capelão da Força Aérea Brasileira, reverendo Marcelo Coelho de Almeida (2006), intitulada *A religião na caserna*: o papel do capelão militar. O Capítulo VII desta obra faz indicação de bibliografia especializada.

latim), há, no entanto, referências bíblicas que se reportam a atividades congêneres, as quais, a partir das raízes lançadas no século 4 da era cristã, têm sido consideradas como serviços de capelania militar. Tal conclusão resulta da aplicação do critério de equivalência funcional a relatos bíblicos, a exemplo dos citados abaixo[2], dentre outros já discutidos no Capítulo I, "Fundamentos bíblico-teológicos da capelania":

1. Deuteronômio 20.1-4 regulamenta a missão do sacerdote numa situação de guerra;
2. Josué 6.1-21 dá instruções específicas aos sacerdotes que participaram das forças que conquistaram Jericó;
3. Juízes 17, especialmente os v. 7-13, relata a atitude de Mica de contratar um levita para servir como seu sacerdote particular, isto é, para prestar-lhe assistência religiosa e espiritual;
4. 1Reis 22 exemplifica a atuação de profetas (religiosos) como conselheiros dos reis que buscavam a vontade de Deus quanto à participação de Israel nas guerras com povos inimigos;
5. Lucas 10.25-37 apresenta a parábola do bom samaritano, um texto bíblico cujo significado ilustra o núcleo central, ou, por assim dizer, o coração semântico do serviço de capelania, o qual consiste na prestação de assistência religiosa ao próximo ou a determinado segmento social, sob o formato do cuidado pastoral.

A título de esclarecimento, as expressões "serviço de capelania", "capelania castrense", "capelania militar", "trabalho de capelania" e "ministério de capelania" são empregadas neste capítulo com sentido equivalente, a exemplo do que ocorre geralmente nas bibliografias que tratam dessa área de missão da igreja.

---

[2] No Capítulo I, intitulado *Fundamento bíblico-teológico da capelania*, neste *Manual*, essas passagens são abordadas de maneira mais detalhada.

O ponto de partida da presente abordagem situa-se no século 4 d.C., com o Imperador Constantino, seguindo-se em direção a Portugal e, por fim, ao Brasil, a partir de seu descobrimento (1500 d.C.), rota essa escolhida em razão de interesses específicos da presente obra.

1. COSTUME DO IMPERADOR CONSTANTINO

Hermas Sozomenus, um dos historiadores mais famosos da igreja cristã, nasceu no final do século 4 d.C. e faleceu em meados do século 5, provavelmente entre 445 d.C. e 450 d.C.. Ele nasceu oito anos após a morte do imperador Constantino (272-337 d.C.) que, de acordo com a tradição, se tornou cristão.

Segundo Macedo, Sozomenus relata em sua *História eclesiástica*, escrita entre os anos 439 e 450, que o imperador Constantino adotava o costume de fazer-se acompanhar de uma tenda de sacerdote e diáconos, os quais tinham a responsabilidade de celebrar ofícios religiosos sempre que o exército se encontrasse em situação de combate, costume aquele que se perpetuou e se expandiu, como se pode perceber no texto abaixo:

> [...] cada vez que devia afrontar a guerra, costumava levar consigo uma tenda disposta a modo de capela, para quando viessem a encontrar-se em lugares solitários, nem ele, nem o seu Exército fossem privados de um lugar sagrado onde pudessem louvar ao Senhor, rezar em comum e celebrar os ritos sagrados. Seguiam-no o sacerdote e os diáconos com encargo de atender ao local sagrado e de nele celebrar as funções sagradas. Desde aquela época, cada uma das Legiões Romanas tinha a sua tenda-capela, assim como os seus sacerdotes e diáconos adstritos ao serviço sagrado.[3]

---

[3] MACEDO, Josué Campos. Capelania militar evangélica e sua importância para o CBERJ. *Revista Heróis do Fogo*, n. 16, ano 4, Edição Nacional, 1994, p. 54.

Assim, independentemente do conceito de deus adotado por guerreiros que introduziram práticas religiosas em situações de combate, conclui-se, *a priori*, que em tais condições extremas, a despeito de todo seu aparato e preparo bélico, o ser humano admite suas limitações e necessidade da proteção e ajuda divinas.

2. LENDA DE SÃO MARTINHO DE TOURS[4]

São Marinho de Tours, sua experiência mística e a lenda a ele atribuída constituem o referencial histórico a partir do qual se origina a nomenclatura "capelania", que tem sido utilizada para denominar, designar, tipificar, qualificar ou classificar o serviço religioso especializado prestado pela igreja, por meio de capelães, do qual se trata este *Manual*. É por isso que este tópico merece ser abordado com maior riqueza de detalhes, os quais se basearão principalmente nas informações que nos propiciam textos biográficos de Chaves (1963) e Severus (1984).

Quem foi São Martinho de Tours? Foi um bispo cristão nascido na Sabária da Panônia (Hungria), em 316 d.C. Teve por pai um veterano tribuno militar romano que odiava a religião cristã. Para ele, o cristianismo era uma religião falsa, pois ensinava a seus adeptos a amar os inimigos e a oferecer "a outra face" aos ofensores. O pai de Martinho foi transferido da Sabária para Pavia, na Itália, e levou consigo a família.

Martinho, já a partir dos 10 anos de idade, começou a admirar as virtudes e os exemplos dos cristãos e, sem que seu pai soubesse, iniciou sua preparação para seguir a religião cristã. Aos 12 anos, começou a aspirar por uma vida entregue à contemplação e à busca da perfeição. O resultado dessa opção feita por Martinho incluía uma vida afastada do mundo, decisão que, obviamente, não contou com a aprovação de seu pai. Por

---

[4] Tours: cidade no centro da França.

isso, este aborrecido com a influência do cristianismo sobre o filho, empreendeu todos os esforços para evitar que Martinho viesse a professar tal religião e, para tanto, valendo-se de um edito imperial que ordenava o alistamento dos filhos dos oficiais no Exército, alistou Martinho com 15 anos de idade.

Consta que no ano 338 d.C. — um ano após a morte do Imperador Constantino — Martinho teve uma experiência religiosa de natureza mística que transformou sua vida. Na ocasião, tinha 22 anos de idade, era militar do Exército e catecúmeno cristão. As tropas estavam aquarteladas na atual Amiens. Martinho saiu para fazer uma ronda noturna nos arredores da cidade. Foi quando encontrou com um mendigo quase nu, num dos portões da cidade, sob o frio intenso da madrugada, o qual pedia a todos que por ali passavam que tivessem compaixão dele. Não dispondo de nada para oferecer ao pedinte, Martinho cortou sua própria capa (manto) de lã ao meio e lhe deu uma parte. Na noite seguinte, diz a lenda, que Martinho teve um sonho no qual contemplou anjos que cobriam o ombro de Jesus com a parte do manto que ele oferecera ao mendigo. Foi, então, que teria ouvido Jesus lhe dizer: "Martinho, sendo ainda catecúmeno, vestiu-me com este manto". Martinho foi batizado em 339 d.C., com 23 anos de idade. No entanto, ainda teve que ficar algum tempo no Exército.

Martinho permaneceu no Exército até os 40 anos de idade. Tornou-se discípulo de Santo Hilário de Poitiers (cidade localizada no centro-oeste da França) que o introduziu à vida monástica e o ordenou diácono. No dia 4 de julho de 371 d.C., com 55 anos de idade, Martinho foi consagrado bispo de Tours.

São Martinho de Tours veio a falecer no dia 8 de novembro de 397 d.C., com 81 anos de idade, tendo se tornado um dos santos mais conhecidos e populares da Europa.

O "manto de São Martinho", expressão com a qual se passou a denominar a capa de São Martinho, tornou-se uma relíquia, à qual os reis francos devotavam muita fé. Por isso, os juramentos eram feitos sobre ela, em tempo de guerra era levada à frente das tropas e, por fim, tornou-se um símbolo de proteção à França.

Qual a relação de São Matinho com a história da capelania em geral e, particularmente, à capelania militar? A relação estabelece-se, em primeiro lugar, com a origem histórico-etimológica da palavra portuguesa *capela*, do latim *cappella*, que significava *manto* ou *capa*, vocábulo utilizado para denominar o tipo de peça integrante do uniforme militar de Martinho a qual, como se sabe, ele repartiu com o mendigo. Daí a evolução semântica e as derivações que se seguiram. Vieira afirma que:

> [...] essa capa foi preservada, e no sétimo século foi guardada em um oratório que, por isso, passou a chamar-se *cappella*. Com o passar do tempo esse termo passou a designar qualquer oratório e, com isso, o sacerdote que era encarregado desses oratórios passou a ser chamado de *capellanus* — capelão. Em torno do século 14, a palavra *capella* passou a designar generalizadamente qualquer pequeno templo destinado a acolher o Cristo no acolhimento dos irmãos mais necessitados (Mt 25.31-40).[5]

O vocábulo "capela", em português, veio a significar, por fim, um templo cristão secundário destinado à prestação de assistência religiosa a grupos específicos de pessoas ou a comunidades religiosas. Por isso, existem capelas em colégios, universidades, presídios, conventos, quartéis, castelos, fazendas etc.

Já os vocábulos "capelão" e "capelães", na língua portuguesa, originam-se, respectivamente, de *capellanus* e *capellani*, do latim. Referem-se originalmente às pessoas responsáveis

---

[5] VIEIRA, Walmir. *Capelania escolar: desafios e oportunidades*. São Paulo: Rádio Transmundial, 2011. p.14.

pela proteção do local onde ficava guardado o manto de São Martinho; posteriormente, referiam-se às pessoas responsáveis pela prestação de assistência religiosa aos frequentadores das capelas, tanto sacerdotes, quanto pastores e outras categorias de líderes religiosos.

Ferreira e Ziti [6] afirmam:

[...] A história da origem de capelania segue diferentes caminhos. A *Encyclopaedia Britannica* (em inglês) registra o que resumimos a seguir:

Na França costumava-se levar uma relíquia de capela ou oratório de São Martin de Tours, preservada pelo rei de França, para o acampamento militar, em tempos de guerra. A relíquia era posta numa tenda especial que levava o nome de *capela*. Um sacerdote era mantido para o ofício religioso e aconselhamento.

A ideia progrediu e mesmo em tempo de paz, a capela continuava no reino, sempre com um sacerdote que era o conselheiro. O costume passou a ser observado também em Roma.

Em 1789, esse ofício foi abolido na França, mas restabelecido em 1857, pelo papa Pio IX. A esta altura, o sacerdote que tomava conta da capela, era chamado capelão, passava a ser o líder espiritual do soberano rei e de seus representantes. O serviço costumava estender-se também a outras instituições: Parlamento, colégios, cemitérios e prisões.

Tudo isto porque, para o catolicismo, existem as igrejas matrizes em cada lugar e as paróquias para atendimento geral dos fiéis. Um serviço religioso particular não era comum. Assim, surgia a figura da capela.

Aliás, o Código de Direito Canônico em vigência, promulgado pelo papa João Paulo II, regulamenta a instituição e o funcionamento de capelas, dos Cânones 1223 a 1229.

---

[6] FERREIRA, Damy; ZITI, Liswaldo Mário. *Capelania hospitalar cristã*. Santa Bárbara d´Oeste: SOCEP Editora, 2010. p. 37.

A outra relação de São Martinho com a capelania, aliás a principal, é de natureza conceitual e situa-se, portanto, no campo teológico-pastoral. Trata-se da ação típica do *cuidado pastoral*, demonstrada pelo que ele fez em prol do mendigo ao dividir sua capa e protegê-lo do frio, tendo por motivação a compaixão cristã. Nesse sentido, afirma Robert Crick:

> Desde os dias de São Martinho de Tours, a capelania tem mantido sua missão de serviço e compaixão para com "o menor destes". Embora esta tradição distinta [tenha sido] originalmente iniciada no serviço militar, se expandiu para uma variedade de locais. Esses locais incluem, mas não de forma exclusiva, clínicas, penitenciárias e cadeias locais, empresas, instituições educacionais e respostas emergenciais a eventos catastróficos. Por favor, considere que devido às limitações de espaço deste livro não é possível fornecer uma lista completa de todos os campos abrangidos pela capelania; é uma disciplina em rápido crescimento, com subespecialidades criando suas próprias subespecialidades. Por exemplo, no campo da capelania clínica há várias áreas especializadas, tais como instituições de saúde mental, cuidados paliativos, cuidados de longa duração, etc. Enquanto cada uma dessas situações possui exigências e contribuições necessárias ao campo da capelania, a própria capelania tem um traço comum — uma humanidade comum — presente em todas as suas situações específicas. Cada fio deste traço comum deve procurar revelar a presença do Cristo encarnado, o qual já está presente na dor e nos sofrimentos de sua criação. Capelães, em todas as suas áreas de especialização, são compelidos a exercer compaixão pelos indivíduos, pelas famílias e pelas comunidades em crise. Assim, como fazer com que os capelães desenvolvam esse ministério de maneira holística, prática e recíproca?[7]

---

[7] CRICK, Robert; MILLER, Brandelan S. *Outside the Gates:* Theology, History, and Practice of Chaplaincy Ministry. 2. ed. Oviedo, Florida: HigherLife Development, 2011. p. 118.

É a partir das considerações apresentadas até aqui que se vislumbram aspectos integrantes do conceito de capelania, o qual vem sendo construído no decorrer da história desse serviço cristão, e que pode ser expresso da seguinte forma:

> Denomina-se *capelania* o tipo de serviço cristão realizado pela Igreja em obediência ao mandado de Cristo, em determinados espaços, institucionais ou não, públicos ou privados, para prestação de assistência religiosa especializada, pela perspectiva de um cuidar pastoral, atendendo a peculiaridades de cada espaço, como expressão do amor compassivo de Deus para com o ser humano, independentemente da orientação filosófica ou religiosa das pessoas assistidas.

O Capítulo VI, "Princípios gerais de capelania e áreas de atuação", apresentará uma discussão mais aprofundada sobre os aspectos conceituais.

3. CONCÍLIO DE RATSBONA

De acordo com o escritor Larry Kerschner, em seu texto *What about Military Chaplains?*, a atuação de sacerdotes no exercício de atividades religiosas relacionados à guerra continuou após os tempos do Imperador Constantino, assim como se tornou aceitável que os cristãos tomassem parte do serviço militar romano. Mas foi no Concílio de Ratisbona (742 d.C.) que a igreja aprovou, pela primeira vez, o emprego de sacerdotes (capelães) no serviço militar. O termo capelão, que remonta à experiência de São Martinho, como vimos, passou a ser conferido a todos os sacerdotes que se vincularam ao serviço militar.

Já o capelão Robert Crick (2011) lembra que a autorização aprovada pela igreja no Concílio de Ratisbona (742 d.C.) proibia que os homens de Deus (capelães) usassem armas de fogo.

4. ORDENS MILITARES

Macedo[8], em seu rico trabalho monográfico, refere-se ao surgimento e à existência de ordens militares, numa sequência cronológica que dá continuidade à linha histórica seguida pelo serviço de capelania militar que chega até o Brasil. Segue um resumo da exposição de Macedo:

a) *Ordem dos templários*
Constituída por monges soldados, à época do Condado Portucalense. Lutaram ao lado dos cruzados, na Idade Média, contra os mouros.

b) *Cavalaria de Cristo*
Foi instituída pelo rei português D. Diniz, em 1319, sob a designação de Ordem Militar de Nosso Senhor Jesus Cristo, em substituição à Ordem dos Templários, extinta pelo papa Clemente V. Ela exerceu grande influência na formação histórico-cultural das nações que vieram a ser colonizadas por Portugal. Tinha por Grão-Mestre o infante Dom Henrique.

Um grande exemplo de atuação da Ordem Militar de Nosso Senhor Jesus Cristo foi a celebração da primeira missa no Brasil, dia 26 de abril de 1500, na Ilha de Vera Cruz, por ordem de Pedro Álvares Cabral, sob a direção do frei Henrique Soares de Coimbra, capelão da Armada Portuguesa e membro daquela Ordem.

A seguir, durante o período em que o Brasil foi colônia de Portugal (1500 – 1815), Reino Unido de Portugal, Brasil e Algarves (1815 – 1822) e Império independente (1822 a 1889), tal serviço foi realizado exclusivamente por sacerdotes católicos, pois o país possuía uma igreja oficial, a Igreja

---

[8] MACEDO, Josué Campos. Capelania militar evangélica e sua importância para o CBERJ. *Revista Heróis do Fogo*, n. 16, ano 4, Edição Nacional, 1994.

Católica Apostólica Romana.[9] Mas foi a partir da Proclamação da República que pastores evangélicos também passaram a prestar esse tipo de serviço a militares brasileiros. As fontes documentais que fundamentam e marcam a existência e evolução desse serviço abrangem desde o Aviso Régio datado de 24 de maio de 1741 até as constituições do período republicano do Brasil.

5. PÁROCOS DOS SOLDADOS — AVISO RÉGIO DE 24 DE MAIO DE 1741[10]

O serviço de capelania militar prestado aos militares no Brasil começa a configurar-se, do ponto de vista organizacional, a partir da edição do Aviso Régio datado de 24 de maio de 1741. Trata-se, portanto, do documento mais antigo de que se tem notícia, ao qual diversos autores fazem referência. No entanto, as tentativas de sua busca não lograram êxito até à edição deste *Manual*. É no aludido Aviso Régio que os sacerdotes capelães que prestavam serviço às tropas militares são denominados *párocos dos soldados*, sujeitos à inspeção episcopal. Para Adam Kowalik:

> Era comum durante a época colonial ver sacerdotes entre os militares nos diversos episódios que eram assumidos pelas Forças de Terra. Eles faziam parte dos efetivos das "entradas e bandeiras", nas construções de fortes litorâneos, no arregimento dos índios combatentes, para que ao lado dos portugueses pudessem repelir o invasor, chegando a figurar

---

[9] Convém lembrar que o Exército Brasileiro foi criado no dia 19 de abril de 1648.
[10] A partir deste tópico a presente exposição acompanha a evolução do serviço de capelania no âmbito do Exército Brasileiro, não da Marinha do Brasil, na qual também veio a existir semelhante serviço. Existem diversas portarias do Exército Brasileiro que foram expedidas para regulamentar o SAREX e que podem ser acessadas por internet pelos interessados.

com destaque na luta contra os holandeses no Nordeste e na resistência contra os franceses no Rio de Janeiro.

Esse envolvimento dos padres nos acontecimentos pertencia à decisão do exército colonial, já no Aviso Régio de 24 de maio de 1741 os capelães que serviam as tropas são considerados verdadeiros párocos e, como tais, sujeitos a inspeção episcopal, embora dedicados precipuamente aos militares.[11]

Merecem especial atenção, entre outros, os seguintes aspectos encontrados já nessa forma embrionária da configuração organizativa do serviço de capelania militar: a identificação dos sacerdotes com os militares e a inspeção episcopal.

6. CAPELÃO-MOR — DECRETO DE 7 DE JULHO DE 1825

Macedo afirma:

> Poucos anos após a Independência [do Brasil] foi exarado o Decreto Imperial de 7 de julho de 1825, que criava o cargo de capelão-mor, prescrevendo-lhe as missões inerentes ao seu "múnus" apostólico e prevendo-lhe o uso de uniforme, assim como para os demais capelães. Estava, pois, estruturado, o serviço religioso para os militares, faltando, entretanto, uma organização oficial que o regulasse.[12]

É nítida a evolução da configuração organizativa do serviço de capelania. Merece destaque o fato de que a identificação dos sacerdotes com os militares se fortalece com o uso de uniforme e a inspeção episcopal se complementa por meio da figura do capelão-mor, por meio de decreto.

---

[11] KOWALIK, Adam. Assistência religiosa nas Forças Armadas no Brasil. *Liberdade religiosa*, artigo 8. Disponível em: <http://adamkowalik.tripod.com/id30.html> Acesso em: 13 out. 2016.

[12] MACEDO, Josué Campos. *Capelania militar evangélica...*, p. 56.

7. REPARTIÇÃO ECLESIÁSTICA DO EXÉRCITO — DECRETO N°· 747, DE 24 DE DEZEMBRO 1850

Ao comentar o Decreto n°. 747, de 24 de dezembro de 1850 (que, às vezes, é citado equivocadamente sob o número 743), Macedo realça os seguintes pontos:

> [...] Dom Pedro II criava a Repartição Eclesiástica do Exército aprovando-lhe o regulamento, onde eram alistados os direitos, as atribuições e a fisionomia dos capelães. A Repartição Eclesiástica era composta de quatro classes de capelães: os da ativa, os agregados, os avulsos e os reformados: também era prevista a contratação de sacerdotes para o preenchimento de claros. A previsão era de 24 (vinte e quatro) padres para o Exército, assim distribuídos: quatro capitães, seis primeiros - tenentes e quatorze alferes.[13]

Nesse terceiro ato direcionado à configuração organizativa do serviço de capelania militar, novamente por meio de decreto, os párocos dos soldados são organizados sob o formato de Repartição Eclesiástica do Exército, com atribuições bem definidas, estruturação interna, categorias diferenciadas de capelães e fixação de efetivo. Após 24 anos de caminhada, sob a égide de um novo decreto, a Repartição Eclesiástica será renomeada, passando a chamar-se Corpo Eclesiástico do Exército, alvo de uma regulamentação mais ampla, conforme se vê a seguir.

8. CORPO ECLESIÁSTICO DO EXÉRCITO — DECRETO N° 5.679, DE 27 DE JUNHO DE 1874

O reconhecimento da importância da assistência religiosa prestada pelos capelães, especialmente durante a Guerra do Paraguai, levou o Governo Imperial a transformar a Repartição

---

[13] IDEM.

Eclesiástica do Exército em Corpo Eclesiástico do Exército, com ampliação do efetivo e aperfeiçoamento de seu funcionamento. Tais avanços foram oficializados por meio do Decreto n° 5.679, de 27 de junho de 1874. Kowalick apresenta o seguinte comentário do referido Decreto:

> Após ter cessado o conflito, tendo-se presente as experiências vividas durante as operações, assim como ocorreu em outras áreas da organização do Exército, também o Serviço Religioso foi reformado, intitulando-se, agora, "Corpo Eclesiástico do Exército" [...]. Foi formado um quadro amplo para as necessidades religiosas da época, considerando o efeito do Exército: um coronel capelão-mor, um capelão tenente-coronel, um capelão maior, dezesseis capelães capitães e sessenta capelães tenentes. Foram estabelecidas, ainda, as atribuições do capelão-chefe e de seus auxiliares na chefia, do mesmo modo que a dos demais capelães; estatuíram-se seus direitos e deveres, o princípio de promoções, as condições de admissão dos candidatos ao Corpo, a subordinação espiritual aos bispos diocesanos e se descrevia seu uniforme e, através das ordens do dia do ajudante general, podia-se acompanhar as alterações dos que militavam no Corpo Eclesiástico: promoções, transferências, licenças, passagem para a reserva e óbitos, tudo semelhante ao que se referia aos demais oficiais.[14]

O conceito alcançado pelo Corpo Eclesiástico do Exército durante o comando do Marechal Luiz Alves de Lima e Silva, o Duque de Caxias, foi da mais alta relevância, o que se conclui dessa afirmação atribuída à sua autoria, citada como parte de artigo publicado pela revista *A sentinela da paz*, de 1995: "Tirai-me meus generais, mas não me tireis meus capelães".

---

[14] KOWALIK, Adam. Assistência religiosa nas Forças Armadas no Brasil.

9. DA PROCLAMAÇÃO DA REPÚBLICA FEDERATIVA DO BRASIL À II GUERRA MUNDIAL — 1889 A 1944

Decorridos sete anos de criação do Corpo Eclesiástico do Exército deu-se a Proclamação da República Federativa do Brasil (15/11/1889), do que resultou a separação entre a Igreja e o Estado. Uma das consequências foi a desativação do Corpo Eclesiástico do Exército e o início de um período durante o qual a assistência religiosa aos militares foi prestada por meio de sacerdotes e pastores, em caráter voluntário, até o advento da II Guerra Mundial.

Kowalik, em seu substancioso artigo intitulado "Assistência religiosa nas Forças Armadas no Brasil", descreve esse período com ricos detalhes, como se vê a seguir:

> Com a vinda do regime republicano não houve nenhuma modificação de monta à existência dos capelães nos dois primeiros anos, apesar da separação entre o Estado e a Igreja. Os capelães continuaram a ser nomeados, transferidos e até se modificou o uniforme, porém, tudo em forma mais lenta.
>
> Contudo, a partir de 30 de junho de 1890 foram introduzidas significativas modificações: foi suprimido o "Corpo Eclesiástico", reformados os capelães que contassem com mais de 25 anos de serviço com o soldo integral e os demais nos termos da legislação vigente. Tais mudanças, por sua vez, foram inspiradas nos princípios liberais e positivistas dominantes nos albores da República e que deram origem "[à] legislação que determinou a separação entre a Igreja e o Estado e estabeleceu procedimentos e providências".
>
> Por certo, esta exclusão não foi absoluta. Os padres continuaram a ser chamados, ocasionalmente, a prestar determinadas modalidades de assistência religiosa. E nos conflitos de maior vulto em que o exército se empenhou, sacerdotes apareceram fardados nos hospitais militares, nos deslocamentos

e até nas trincheiras, prestando sua efetiva assistência, por exemplo, na Revolução de 1930 e no movimento constitucionalista de 1932[15].

Monsenhor Alberto da Costa Reis, ex-capelão-chefe do Serviço de Assistência Religiosa do Exército (no resumo histórico de sua autoria, intitulado *O serviço de assistência religiosa no Exército*, anexado à obra de Gentil Palhares), ao referir-se à assistência religiosa aos militares nos primórdios do período republicano brasileiro, afirma:

> [...] na primeira década deste século, na saudosa e jamais esquecida Escola Militar do Realengo, um grupo de cadetes, autenticamente católicos, entre eles, Juarez Távora, Francisco José Pinto e Barreto Lins, fundava a Conferência Vicentina de São Maurício, sob a orientação e bênçãos do piedoso e bondoso pároco Padre Miguel de Santa Maria Mouchon. Já oficiais, tornaram-se, aqueles bravos cadetes, fundadores da União Católica dos Militares, graças ao bom Deus, ainda hoje existente[16].

Na Constituição da República dos Estados Unidos do Brasil, de 24 de fevereiro de 1891, a única referência à matéria religiosa encontra-se no artigo 72, parágrafo 7°.: "Nenhum culto ou igreja gozará de subvenção oficial, nem terá relações de dependência ou aliança com o Governo da União ou dos Estados".

Já a Constituição da República dos Estados Unidos do Brasil, de 16 de julho de 1934, em seu artigo 113, item 6, contempla a prestação de assistência religiosa e a regulamenta da seguinte forma:

---

[15] KOWALIK, Adam. Assistência religiosa nas Forças Armadas no Brasil.

[16] REIS, Alberto da Costa. O serviço de assistência religiosa do Exército. In: PALHARES, Gentil. *Frei Orlando:* o capelão que não voltou. 2. ed. Rio de Janeiro: Biblioteca do Exército, 2013. p. 223.

Sempre que solicitada, será permitida a assistência religiosa nas expedições militares, nos hospitais, nas penitenciárias e em outros estabelecimentos oficiais, sem ônus para os cofres públicos, nem constrangimento ou coação dos assistidos. Nas expedições militares a assistência religiosa só poderá ser exercida por sacerdotes brasileiros natos.

Convém lembrar que, ao abrigo da Carta Magna da Nação, desde a desativação do Corpo Eclesiástico do Exército até sua reativação sob o formato do Serviço de Assistência Religiosa do Exército, à época da II Guerra Mundial, deu-se uma fase de transição na qual a assistência religiosa aos militares brasileiros foi prestada por sacerdotes católicos e pastores evangélicos, em caráter voluntário. Eis alguns exemplos de pastores:

PASTOR ARTHUR BERIAH DETER, missionário americano batista no Brasil citado por Mário Ribeiro Martins, em sua obra *Missionários americanos e algumas figuras do Brasil evangélico*: "Na Revolução de 1930, foi capelão das tropas do Sul que foram para o Rio de Janeiro. Considerado o primeiro capelão militar batista do Brasil"[17].

REV. GUARACY SILVEIRA, da Igreja Metodista: serviu como capelão, em São Paulo, iniciando em 1932, durante a Revolução Constitucionalista[18].

PASTOR PAULO HASSE, da Igreja Evangélica Luterana do Brasil: serviu como capelão protestante honorário do Exército – 1ª região Militar a partir de março de 1949, conforme consta do *Diário Oficial da União* (seção I) de maio de 1949, Portaria n° 76, *ipsis literis*: "O Ministro de Estado resolve, de acordo com o estabelecido no Aviso n° 1.129, de 3 de

---

[17] MARTINS, Mário Ribeiro. *Missionários americanos e algumas figuras do Brasil evangélico*. Goiânia: Kelps, 2007.

[18] JOSGRILBERG, Rui de Souza. In: *Caminhos do metodismo no Brasil*. São Bernardo do Campo: EDITEO, 2005. p.15

novembro de 1947, nomear capelão protestante honorário o pastor Paulo Hasse".

10. SERVIÇO DE ASSISTÊNCIA RELIGIOSA (SAR) — DECRETO-LEI N° 6.535, DE 26 DE MAIO DE 1944

A Constituição dos Estados Unidos do Brasil, de 10 de novembro de 1937, guardou silêncio sobre matéria de natureza religiosa, mas, em seu artigo 180, deu poderes ao então Presidente da República, Getúlio Vargas, com base no que baixou o Decreto-lei n°. 6.535, de 26 de maio de 1944, por meio do qual instituiu o Serviço de Assistência Religiosa (SAR) nas forças em operação de guerra.

Trata-se da reativação do serviço de capelania militar, direcionado, todavia, às forças em operação de guerra que, no caso do Brasil, foi denominada Força Expedicionária Brasileira (FEB), sob a justificativa da tradicional e necessária presença dos capelães em operações de guerra. Foi com base no Decreto-lei n° 6.535, de 26/05/1944, que integraram a Força Expedicionária Brasileira (FEB) 30 capelães católicos e dois capelães evangélicos.

A criação do SAR contou com as seguintes justificativas:

> O PRESIDENTE DA REPÚBLICA, usando da atribuição que lhe confere o artigo 180 da Constituição, e considerando:
> – Que a assistência religiosa contribui para fortalecer as energias morais, a disciplina e os bons costumes;
> – que a educação moral e cívica é fator preponderante na formação da têmpera militar, e que, por isso, deve continuar a ser ministrada sem solução de continuidade às tropas em operações de guerra;
> – que em operações de guerra as forças brasileiras sempre tiveram assistência religiosa.

As atribuições do SAR foram as seguintes:

Art. 2º São atribuições do S.A.R.:
a) Prestar, sem constrangimento ou coação, assistência religiosa às tropas, quando no estrangeiro;
b) auxiliar a ministrar instrução de Educação Moral e Cívica nos Corpos de Tropa e Formação de Serviços;
c) desempenhar, em cooperação com todos os escalões de comando, os encargos relacionados com a assistência religiosa e moral e com o socorro espiritual e corporal dos homens, em qualquer situação.

A admissão ao SAR dava-se por meio de nomeação do ministro da guerra, sendo contemplados sacerdotes, pastores ou ministros religiosos de qualquer religião, desde que brasileiros natos, cujas religiões não ofendessem a disciplina, a moral e as leis, e que fosse professada, por, no mínimo, um vigésimo dos efetivos.

11. SERVIÇO DE ASSISTÊNCIA RELIGIOSA NAS FORÇAS ARMADAS (SARFA) — DECRETO-LEI Nº 8.921, DE 26 DE JANEIRO DE 1946

Finda a II Guerra Mundial, o SAR criado pelo Decreto-lei nº 6.535, de 26 de maio de 1944, é instituído em caráter permanente e amplia sua abrangência às Forças Armadas. As atribuições do novo SAR também são ampliadas e passam a constar dos seguintes fins:

Art. 1º O Serviço de Assistência Religiosa (S. A. R.) instituído pelo Decreto-lei nº 8.921, de 26 de janeiro de 1946 e alterado pelo nº 9.505, de 23 de julho de 1946, destina-se a:
a) Prestar assistência religiosa nas guarnições, unidades de tropa, navios, bases, hospitais e outros estabelecimentos, dentro do espírito de liberdade religiosa das leis e das tradições do País;
b) cooperar, de maneira especial, na formação moral dos alunos dos institutos de ensino, por meio da assistência religiosa;

c) auxiliar a ministrar a instrução de Educação Moral e Cívica;

d) desempenhar, em cooperação com todos os escalões de comando, os encargos relacionados com a assistência espiritual, moral e social dos militares e suas famílias.

O leque de atribuições é ampliado, o processo de admissão e os requisitos a serem preenchidos pelos candidatos permanecem praticamente os mesmos. Contudo, o critério de proporcionalidade sofre uma alteração: passa a fazer jus à vaga de capelão a religião cujo número de adeptos na Força equivale a, no mínimo, 1/3 dos efetivos a serem contemplados. Os capelães são militares, pertencentes ao círculo de oficiais intermediários e são sujeitos ao regime de dedicação exclusiva. A regulamentação do Decreto-lei 8.921 ficou a cargo dos ministros da Guerra, da Marinha e da Aeronáutica.

12. PATRONO DO SERVIÇO DE ASSISTÊNCIA RELIGIOSA DO EXÉRCITO (SAREX) — DECRETO Nº 20.680, DE 28 DE FEVEREIRO DE 1946

O capelão militar capitão Antônio Álvares da Silva (frei Orlando), integrante da FEB, por causa de suas virtudes pessoais, dos serviços prestados e de sua morte em Bombiana, Itália, dia 20 de fevereiro de 1945, durante a II Guerra Mundial, foi instituído Patrono do SAREX, mediante Decreto nº 20.680, de 28 de fevereiro de 1946.

13. VICARIATO CASTRENSE DO BRASIL — DECRETO *AD CONSULENDUM*, DE 6 DE FEVEREIRO DE 1950

O ato aconteceu por meio do Decreto *Ad Consulendum*, de 6 de fevereiro de 1950, baixado pelo Papado de Pio XII, representante da Santa Sé. A chefia do Vicariato Castrense foi exercida por um único clérigo e situava-se no antigo Estado-Maior das Forças Armadas (EMFA), na Praia Vermelha, cidade do Rio de Janeiro. D. Jaime Câmara tornou-se o 1º· vigário castrense do Brasil em 1951. As atribuições do Vicariato Castrense eram pertinentes à assistência religiosa católica nas Forças Armadas. O órgão foi substituído pelo Ordinariado Militar em 23/10/1989.

14. ACORDO ENTRE A REPÚBLICA FEDERATIVA DO BRASIL E A SANTA SÉ SOBRE ASSISTÊNCIA RELIGIOSA ÀS FORÇAS ARMADAS, DE 23 DE OUTUBRO DE 1989

O ato foi celebrado dia 23/10/1989, tendo por objeto estabelecer as formas de relação entre a Igreja Católica Apostólica Romana e a República Federativa do Brasil sobre a promoção de assistência religiosa aos fiéis católicos que fossem membros das Forças Armadas. O Acordo teve por fim também tornar essa assistência estável e conveniente, para o que definiu uma estrutura própria.

Com base no Acordo e mediante o Decreto *Cum Apostolicam Sedem*, de 2 de janeiro de 1990, da Congregação dos Bispos, foi criado o Ordinariado Militar do Brasil, em substituição ao antigo Vicariato Castrense no Brasil. O Ordinariado é chefiado por um arcebispo nomeado diretamente pelo papa, ouvido o governo brasileiro, e tem sua sede no Ministério da Defesa, em Brasília-DF.

15. LEI FEDERAL Nº 5.711, DE 8 DE OUTUBRO DE 1971

O SARFA, criado por Decreto-lei no governo Vargas, sofreu novas alterações que foram objeto da Lei nº 5.711, de 8 de outubro de 1971, sancionada pelo presidente Emílio Garrastazu Médici. Foi fixado o efetivo de capelães para cada Força Armada, incluindo civis contratados. Foram estabelecidos novos requisitos para admissão de candidatos, sacerdotes, pastores ou ministros religiosos. A nova Lei estabeleceu que cada Força Armada teria seu próprio SAR, sob a chefia de um Coronel capelão. Regulou a situação dos capelães oriundos do período anterior.

16. LEI FEDERAL N° 6.923, DE 29 DE JUNHO DE 1981

A Lei n° 6.923, de 29 de junho de 1981, sancionada pelo presidente Euclides Figueiredo, atualizou e aperfeiçoou a estrutura e o funcionamento do SARFA, conforme destaques apresentados neste tópico.

A definição das finalidades do SAR são estabelecidas no artigo 2°:

> O Serviço de Assistência Religiosa tem por finalidade prestar assistência religiosa e espiritual aos militares, aos civis das organizações militares e às suas famílias, bem como atender a encargos relacionados com as atividades de educação moral realizadas nas Forças Armadas.

O artigo 3° versa sobre os locais onde o SAR funcionará, em tempo de paz e de guerra:

> I - Em tempo de paz: nas unidades, navios, bases, hospitais e outras organizações militares em que, pela localização ou situação especial, seja recomendada a assistência religiosa;
> II - em tempo de guerra: junto às Forças em operações, e na forma prescrita no inciso anterior.

O artigo 4° trata da constituição do SAR: sacerdotes, ministros religiosos ou pastores de qualquer religião que não atentem contra a disciplina, contra a moral e contra as leis em vigor. Estabelece, ainda, que cada Força singular terá um quadro próprio de capelães militares, com efetivo estabelecido conforme o artigo 8° dessa Lei.

Os artigos 5°, 6° e 7° tratam da estrutura do SAR em cada Força Singular, com chefia e subchefias.

O artigo 8º estabelece o efetivo de capelães militares para cada Força, sendo: 30 para a Marinha, 30 para a Aeronáutica e 50 para o Exército. A Lei nº 7.672, de 23 de setembro de 1988, sancionada pelo presidente José Sarney, aumentou o efetivo de capelães do Exército para 67 e da Aeronáutica para 45.

Os artigos 11 e 12 estabelecem que os capelães prestarão serviços como oficiais da ativa e da reserva remunerada. Observa-se que a admissão de capelães civis por meio de contrato não prospera. A admissão de novos capelães militares obedeceu critérios internos de cada Força até a promulgação da Constituição de 1988, a partir da qual a forma de admissão que passou a vigorar foi o concurso público.

O artigo 13 remete a matéria alusiva à promoção à legislação específica, ao passo que o artigo 14 introduz e regula matéria de ordem disciplinar que envolve o capelão.

A Lei nº 6.923/1981 trata ainda de outras questões como: tempo de serviço e transferência para a reserva (artigos 15 e 16), uso de uniformes e vestes eclesiásticas (artigo 17), condição para ingresso (artigo 18), estágio (artigos 19, 20 e 21), entre outros assuntos pertinentes aos capelães admitidos com base na Lei nº 5.711/1971.

17. CONFEDERAÇÃO EVANGÉLICA DO BRASIL (CEB) – 1934 A 1964

Fundada em 1934, a Confederação Evangélica do Brasil exerceu relevante papel em relação ao serviço de capelania militar. Foi ela que, entre outros feitos, entabulou frutífera interlocução entre as igrejas protestantes (evangélicas) e o Ministério da Guerra para fins de indicação de candidatos à admissão ao Serviço de Assistência Religiosa, criado por meio do Decreto--lei nº 6.535, de 26/05/1944. Mais que isso: foi essa confederação também que aprovou as diretrizes pastorais que serviram de orientação para os dois pastores que seguiram para a Itália, como capelães militares integrantes da Força Expedicionária Brasileira. Foram eles: João Filson Soren (pastor batista) e Juvenal Ernesto da Silva (pastor metodista).

18. ALIANÇA PRÓ-CAPELANIA MILITAR EVANGÉLICA DO BRASIL (ACMEB) – CRIADA EM 7 DE DEZEMBRO DE 2005

A ACMEB foi criada dia 7 de dezembro de 2005, por iniciativa de nove denominações que possuíam pastores capelães militares a fim de, certa forma, dar continuidade e ampliar o trabalho iniciado pela Confederação Evangélica do Brasil. Surgiu da comprovada necessidade de existência de uma entidade legitimamente constituída para, em nome das denominações dos capelães, servir de interlocutora com o Ministério da Defesa, com os Comandos das Forças, com os capelães-chefes, com os capelães evangélicos, suas próprias denominações e demais organizações com interesses afins ao serviço de capelania militar. Está sob a responsabilidade da ACMEB, por delegação do Ministério da Defesa, a organização e a direção do Encontro de Capacitação e Retiro Espiritual dos capelães militares evangélicos. Ela tem exercido seu papel interlocutório com êxito, contribuindo assim para a promoção de entendimentos entre as partes envolvidas, com reflexos positivos na vida e missão dos capelães militares evangélicos.

A sede da ACMEB situa-se em Brasília-DF; sua estrutura foi assim constituída: assembleia geral, diretoria executiva, conselho fiscal, comissão de ética, assessorias e representantes.

A ACMEB tem sido bem recebida pelas autoridades governamentais, militares e eclesiásticas em geral. Por seu turno, os capelães têm demonstrado satisfação diante dos benefícios que o trabalho da ACMEB tem proporcionado a eles e ao trabalho que realizam.

19. COMISSÃO DOS SERVIÇOS DE ASSISTÊNCIA RELIGIOSA DAS FORÇAS ARMADAS (COSARFA) – CRIADA EM 17/01/2012

O *Diário Oficial da União* publicou em 2012 a Portaria nº 101/MD[19] que cria a Comissão dos Serviços de Assistência Religiosa das Forças Armadas (COSARFA). Trata-se de importante e histórica decisão do Exmo. Sr. Ministro da Defesa, Dr. Celso Amorim, que encontrou nessa medida uma forma de criar um espaço institucional próprio e representativo, destinado a coordenar e repassar aos Serviços de Assistência Religiosa das Forças Armadas "eventuais orientações e propostas de eventos que vierem a ser aprovadas no âmbito da Comissão".

A criação da COSARFA, ainda que como solução provisória, veio coroar longo período de interlocução estabelecida pela ACMEB e pela Frente Parlamentar Evangélica do Congresso Nacional com o Ministério da Defesa. A conquista de assento na comissão, mesmo como convidada, cria um mínimo indispensável de condições para que a ACMEB dê prosseguimento a seu relevante papel representativo das denominações evangélicas brasileiras que possuem pastores servindo como capelães militares. Assim, constrói-se um caminho que auxilia na viabilização institucional do acompanhamento do pastorado castrense realizado pelos capelães militares evangélicos nas Forças Armadas. Portanto, tal ato ministerial representa um avanço no processo de construção do Estado Democrático de Direito, em um País laico.

20. SERVIÇO DE ASSISTÊNCIA RELIGIOSA DAS FORÇAS AUXILIARES

As polícias militares e corpos de bombeiros militares, das 27 Unidades Federativas do Brasil, na condição de Forças

---

[19] BRASIL. *Diário Oficial da União*, de 19 de janeiro de 2012, Seção 1, p. 17.

Auxiliares do Exército, mas pertencentes a seus respectivos estados, têm criado Serviço de Assistência Religiosa próprio, por meio de leis estaduais específicas. Diversas são as Forças Auxiliares que já possuem capelães militares, tanto padres quanto pastores. A Lei nº 6.923/1981 tem servido de parâmetro para criação das leis estaduais que versam sobre assistência religiosa nas polícias militares e corpos de bombeiros militares.

21. SERVIÇO DE ASSISTÊNCIA RELIGIOSA DAS GUARDAS MUNICIPAIS

De acordo com a Constituição Brasileira[20], em seu artigo 144 - parágrafo 8º, e a Lei nº 13.022, de 8 de agosto de 2014, as Guardas Municipais são de caráter civil, pertencem ao poder municipal e possuem algumas semelhanças com as Forças Armadas e Auxiliares, a exemplo da estrutura apoiada na hierarquia e na disciplina, do uso de uniforme e armas, etc.

Tem havido grande interesse por parte de diversas Guardas Municipais quanto à criação de seus serviços de capelania, tendo-se adotado como parâmetro o formato estabelecido na Lei nº 6.923/198. Alguns municípios já possuem na estrutura de sua Guarda Municipal o Serviço de Assistência Religiosa ou Serviço de Capelania, a exemplo da Guarda Civil Metropolitana de Goiânia-GO. Existe, inclusive, uma entidade representativa de capelães das guardas municipais.

22. SERVIÇO DE ASSISTÊNCIA RELIGIOSA NAS POLÍCIAS CIVIS FEDERAIS E ESTADUAIS

Até a data da edição deste *Manual* é desconhecida a existência de órgão destinado à prestação de assistência religiosa no âmbito dos Departamentos da Polícia Federal e da Polícia

---

[20] BRASIL. Constituição da República Federativa do Brasil de 1988.

Rodoviária Federal, bem assim das Polícias Civis de diversas Unidades Federativas do Brasil. Todavia, cristãos que servem a essas organizações de segurança devem desenvolver algum tipo de atividade assistencial-religiosa de caráter voluntário. A exceção conhecida é a Polícia Civil de Pernambuco que conta com seu próprio Serviço de Assistência Religiosa.

A despeito das forças policiais civis, federais e estaduais, não possuírem estrutura e funcionamento idênticos ao regime militar, a natureza de suas atribuições e sua rotina de trabalho têm gerado demandas na área da assistência religiosa no formato de capelania, conforme comprovam trabalhos acadêmicos propondo a criação de uma capelania na Polícia Civil do Distrito Federal[21] e na Polícia Federal[22].

23. UNIÕES DE MILITARES EVANGÉLICOS

No Brasil e em diversos países, militares cristãos têm se aliançado para o desenvolvimento das seguintes atividades: oração, estudo bíblico, comunhão cristã e encorajamento. Trata-se de um movimento sem qualquer vínculo político-partidário, de caráter interdenominacional, sem organização central, sem orçamento e conduzido por voluntários. O início desse movimento remonta ao ano 1851, na Índia, sob a liderança do Capitão Trotter, oficial da cavalaria britânica. A partir daí nasceu a União de Oficiais Cristãos na Grã-Bretanha. O movimento chegou ao Brasil em 1976, por intermédio do pastor

---

[21] O Delegado Carlos Alberto da Silva produziu o artigo *Capelania na Polícia Civil do Distrito Federal* no curso de Especialização em Gestão Policial Judiciária, Pós-graduação em Polícia, nas Faculdades Fortium, em 2009. Disponível em <http://www.conteudojuridico.com.br/vdisk3/data/ARTIGO%20CARLOS%20ALBERTO%20SILVA.pdf>. Acesso em: 21 out. 2016.

[22] O papiloscopista Glédston Santos dos Reis produziu o artigo *A assistência espiritual ou religiosa na Polícia Federal: proposta de implantação*, no Curso de Pós-graduação em Execução de Políticas de Segurança Pública, na Academia Nacional de Polícia, em 2009.

Euclides Schwartz Lima, militar, após ter participado de um congresso internacional da *Association of Military Christian Fellowships* (AMCF).

Sabe-se que em período anterior a 1976 militares evangélicos já se organizavam em seus quartéis (e Forças), de início informalmente, e desenvolviam as atividades acima referidas. Surgiam assim as Uniões de Militares Evangélicos, às vezes, com nomes diferentes, mas com os mesmos fins. Mais tarde, a partir do estímulo dado pelo pastor Euclides, sob a inspiração e com o apoio da AMCF, as Uniões de Militares Evangélicos brasileiros aprimoraram sua organização e funcionamento, bem como criaram a Associação de Oficiais Cristãos (AOC) que foi secundada pela UMCEB.

A expressão brasileira AMCF é a União dos Militares Cristãos Evangélicos do Brasil (UMCEB), que atualmente serve como elo entre as diversas Uniões de Militares e Integrantes das Forças de Segurança presentes nos Estados e no Distrito Federal.

Nas Organizações Militares assistidas por capelães, de acordo com o *Manual de referência* da AMCF[23], Anexo "O", as Uniões de Militares Cristãos devem se pôr à disposição para cooperar com eles no que for possível. Nas Organizações Militares que ainda não possuem capelães institucionais, as Uniões devem trabalhar para obtê-los. Na hipótese de existência dos dois, a orientação é que se apoiem mutuamente, em benefício de todos.

Registre-se que, em muitos estados brasileiros, o trabalho das Uniões precedeu à existência de uma capelania institucional. Em vários casos, as Uniões exerceram influência direta sobre a criação da capelania e a abertura de vagas para pastores evangélicos.

É de fundamental importância que todos os militares cristãos, membros ou não das Uniões Evangélicas, saibam que na

---

[23] AMCF. Associação da Fraternidade Militar Cristã. *Manual de referência*. 2004.

Organização Militar onde existe capelão, seja de que religião for, ele é o responsável pelos assuntos e atividades de natureza religiosa no âmbito de sua jurisdição. Igualmente relevante é a necessidade de todo capelão reconhecer que sua razão de ser na Corporação passa pela prestação de assistência religiosa a esses irmãos. Portanto, a aceitação e o apoio desse segmento é algo desejável.

24. COMPARAÇÃO DE DISPOSITIVOS CONSTITUCIONAIS REFERENTES À ASSISTÊNCIA RELIGIOSA AOS MILITARES

A tabela abaixo permite ao leitor visualizar e comparar as tendências que predominaram no Brasil, a partir da Proclamação da República, desde um sistema de separação rígida até sua atenuação, com relação à prestação de assistência religiosa aos militares brasileiros:

TABELA 1

Constituição de 24/02/1891 Art. 72 - parágrafo 7º	"Nenhum culto ou igreja gozará de subvenção oficial, nem terá relações de dependência ou aliança com o Governo da União ou dos Estados."
Constituição de 16/07/1934 Art. 113 – item 6	"Sempre que solicitada, será permitida a assistência religiosa nas expedições militares, nos hospitais, nas penitenciárias e em outros estabelecimentos oficiais, sem ônus para os cofres públicos, nem constrangimento ou coação dos assistidos. Nas expedições militares a assistência religiosa só poderá ser exercida por sacerdotes brasileiros natos."
Constituição de 10/01/1937 Art. 180	"Enquanto não se reunir o Parlamento Nacional, o Presidente da República terá o poder de expedir decretos-leis sobre todas as matérias da competência legislativa da União."
Constituição de 18/09/1946 Art. 141 - parágrafo 9º	"Sem constrangimento dos favorecidos, será prestada por brasileiros (art. 129, n^{os} I e II) assistência religiosa às Forças Armadas e, quando solicitada pelos interessados ou seus representantes legais, também nos estabelecimentos de internação coletiva."

Constituição de 24/01/1967 Art. 150 - parágrafo 7º	"Sem constrangimento dos favorecidos, será prestada por brasileiros, nos termos da lei, assistência religiosa às Forças Armadas e Auxiliares e, quando solicitada pelos interessados ou seus representantes legais, também nos estabelecimentos de internação coletiva."
Constituição de 05/10/1988 Art. 5º - VII	"É assegurada nos termos da lei a prestação de assistência religiosa nas entidades civis e militares de internação coletiva".

Fonte: O autor

CONSIDERAÇÕES FINAIS

A história da capelania militar, sua origem, migração para o Brasil e sua evolução até o ano 2016 evidencia a relevância desse tipo de trabalho com às instituições de segurança do nosso país. Trata-se de uma autêntica forma de testemunho e ministério cristão. Vê-se também que se trata de um método providencial e estratégico testado ao longo de séculos, forma que Igreja e Estado escolheram para viabilizar a assistência religiosa aos militares, em tempo de paz e de guerra, caminho esse projetado e balizado por meio de normas jurídicas e canônicas específicas.

Num estado democrático de direito, sua relação com as instituições religiosas, para os fins do serviço de capelania militar, rege-se por legislação específica que, no caso do Brasil, tem início com o documento classificado como *Aviso* (1741) e evolui até adquirir o *status* de lei federal, a partir de 1971.

A capelania militar, como tipo de ministério cristão, é pioneira no mundo, mas não é única, pois gerou filhas. É por isso que tem sido chamada de *capelania-mãe* a qual, no decurso dos anos, tem servido de referência inspiradora e fonte multiplicadora desse tipo de ministério cristão, vocacionado a propiciar o *cuidado pastoral* nos espaços institucionais e sociais, onde a presença da igreja tem se tornado imperativa perante a Missão que recebeu do Senhor Jesus Cristo. Tais espaços são os quartéis, os presídios, os hospitais, as escolas, as empresas, os cemitérios, as populações vitimadas por catástrofes e outros nos quais o ministério de capelania, sem perder o conteúdo essencial herdado de sua gênese, assume configurações peculiares a cada um deles. Daí o surgimento da capelania prisional, da capelania hospitalar e, assim por diante, tema sobre o qual discorre o Capítulo VI deste *Manual*.

REFERÊNCIAS BIBLIOGRÁFICAS

ALMEIDA, Marcelo Coelho. *A religião na caserna: o papel do capelão militar.* Dissertação de mestrado, Universidade Mackenzie, São Paulo, 2006.. Disponível em: <http://tede.mackenzie.br/jspui/handle/tede/2455>. Acesso em: 17 out. 2016.

AMCF. *Manual de referência.* Disponível em <http://www.amcf-int.org/resources/AMCF-reference-manual/Portuguese/AMCF-Portuguese.pdf>. Acesso em: 13 jan. 2017.

BRASIL. Decreto-lei nº 6.535, de 26 de maio de 1944.

BRASIL. Decreto nº 20.680, de 28 de fevereiro de 1946.

BRASIL. Lei nº 6.923, de 29 de junho de 1981.

BRASIL. Diário Oficial da União, de 19 de janeiro de 2012.

BRASIL. Constituição da República Federativa do Brasil de 1988.

CARVALHO LIMA, Rogério de. *Apostolado heroico: a atuação do Serviço de Assistência Religiosa do Exército Brasileiro, no Teatro de Operações da Itália no período de 1944 a 1945*. Monografia de Bacharelado em História da Universidade Federal do Rio de Janeiro. Rio de Janeiro, 2005. Disponível em: <http://acmeb.com.br/gallery/Apostolado-Heroico.pdf>. Acesso em: 21 out. 2016.

CRICK, Robert; MILLER, Brandelan S. *Outside the Gates: Theology, history, and practice of chaplaincy ministry.* 2. ed. Oviedo, Florida: higherlife development, 2011..

CHAVES, Luís. São Martinho de Tours. In: Separata da Revista de Etnografia nº1, Museu de Etnografia e História (1963). Disponível em: <http://smartinho.blogspot.com.br/2004/11/vida-de-s-martinho.html>. Acesso em: 29 nov. 2016.

FERREIRA, Damy; ZITI, Liswaldo Mário. *Capelania hospitalar cristã.* Santa Bárbara d´Oeste: SOCEP Editora, 2010.

Josgrilberg, Rui de Souza. In: *Caminhos do metodismo no Brasil*. São Bernardo do Campo: EDITEO, 2005.

Kerschner, Larry. *What About Military Chaplains?* Disponível em: <http://www.wwfor.org/what-about-military-chaplains/> Acesso em: 10 de out. 2016.

Kowalik, Adam. Assistência religiosa nas Forças Armadas no Brasil. *Liberdade religiosa*, artigo 8. Disponível em: <http://adamkowalik.tripod.com/id30.html> Acesso em: 13 out. 2016.

Macedo, Josué Campos. Capelania militar evangélica e sua importância para o CBERJ. *Revista Heróis do Fogo*. n. 16, ano 4, Edição Nacional, 1994.

Martins, Mário Ribeiro. *Missionários americanos e algumas figuras do Brasil evangélico*. Goiânia: Kelps, 2007. Disponível em: <http://www.usinadeletras.com.br/exibelotexto.php?cod=6184&cat=Ensaios> Acesso em: 29 nov. 2016.

Mello, Walter Pereira. *O capelão militar: interlocutor entre a religião e a guerra*. Dissertação de Mestrado, Pontifícia Universidade Católica de Goiás. Goiás, 2011. Disponível em: < http://tede2.pucgoias.edu.br:8080//handle/tede/860> Acesso em: 17 out. 2016.

Palhares, Gentil. *Frei Orlando:* o capelão que não voltou. 2. ed. Rio de Janeiro: Biblioteca do Exército, 2013. Reis, Alberto da Costa. O serviço de assistência religiosa do Exército. In: Palhares, Gentil. *Frei Orlando:* o capelão que não voltou. 2. ed. Rio de Janeiro: Biblioteca do Exército, 2013.

Severus, Sulpitius. *On the life of St. Martin. Translation and Notes by Alexander Roberts*. Select Library of Nicene and Post-Nicene Fathers of Christian Church, Second Series, Volume 11, New York, 184. Disponível em: http://www.users.csbsju.edu/~eknuth/npnf2-11/sulpitiu/lifeofst.html#tp>Acesso em: 29 nov. 2016.

Silva, Luiz Alves de Lima e. O Duque de Caxias, o pacificador. *Revista A Sentinela da Paz*. Brasília, n. 2, p. 11, jun./jul./ago. 1995.

Silva, Juvenal Ernesto da. et all. Capelão Juvenal. *Voz missionária*. São Bernardo do Campo: Edims, p. 12-14, IV trimestre/95.

Vieira, Walmir. *Capelania escolar: desafios e oportunidades*. São Paulo: Rádio Transmundial, 2011.

CAPÍTULO III

FUNDAMENTO JURÍDICO DA CAPELANIA

Edmilson Alves Gouveia

O presente capítulo tem por escopo discorrer sobre a capelania, com enfoque na área militar, à luz do Ordenamento Jurídico, como atividade de Interesse Público, bem como buscar elucidar a tensão estabelecida na relação entre o princípio da laicidade estatal e o serviço de capelania em Instituições Públicas a partir do disposto no artigo 5°, inciso VII e no artigo 19, inciso I, ambos da Constituição Federal de 1988.

Para auxiliar na elucidação deste objeto de estudo, o presente capítulo abordará também: o conceito de estado laico; uma visão panorâmica do desenvolvimento histórico-constitucional da laicidade e da liberdade religiosa no Brasil; e, por fim, o interesse público e a capelania militar.

Será realizada a análise sistemática à luz da doutrina consagrada e dos posicionamentos jurisprudenciais dominantes; citações e interpretação da Constituição Federal de 1988 (CF/88) e de leis infraconstitucionais relevantes.

1. PRINCÍPIO DA LAICIDADE — ART. 19, I DA CF/88

O princípio da laicidade tem sua origem no termo grego *laikos*, em português, laico, que significa "popular". Segundo o

Dicionário Houaiss,[1] *laikós* é sinônimo de povo (leigos) e antônimo de *clérigo* (sacerdote religioso), pessoa que faz parte da própria estrutura da Igreja. Nessa linha, Estado laico é aquele que não é clerical, que não é administrado por clérigos e que não esteja submisso a líderes de uma religião.

No início, quando esse princípio foi aplicado, a laicidade permitiu instaurar a separação da sociedade civil e das religiões, não exercendo o Estado nenhum poder religioso, e as igrejas nenhum poder político[2]. Esse entendimento teve início na Europa no século 19[3]. Na França, a separação entre o Estado e a Igreja deu-se a partir de 1905. Desde então, a laicidade passou a designar que o ente estatal deve ser independente e autônomo em relação a qualquer religião, crença ou Igreja.

Segundo o conceituado doutrinador José Afonso da Silva,[4] o Estado laico possui basicamente três características. Ele é popular, independente e neutro. *Popular*, pois visa ser Estado do povo e para o povo, sem distinções de qualquer natureza; *Independente*, pois não está administrativamente submisso ou vinculado a nenhuma religião; e *neutro*, pois não assume para si quaisquer confissões, sejam elas de natureza religiosa sejam de natureza filosófica ateia ou assemelhadas.

Já, segundo o constitucionalista Celso Ribeiro Bastos,[5] a relação entre Estado e religião pode ser notada a partir de

---

[1] HOUAISS ELETRÔNICO. Rio de Janeiro: Objetiva, 2009. CD-ROM.

[2] Inspirado no texto traduzido por Ricardo Alves do original em língua francesa da *Association Suisse pour la Laïcité*. Disponível em: <http://www.laicidade.org/documentacao/textos-criticos-tematicos-e-de-reflexao/aspl/>.

[3] COSTA, George Augusto Raimundo da. FERRAZ, Adilson Silva. Laicidade e direitos humanos no Brasil. *Revista Internacional de Direito e Cidadania*, n. 7, p. 31-47, jun. 2010, p. 31.

[4] SILVA, José Afonso da. *Curso de direito constitucional positivo*. 32. ed. São Paulo: Malheiros, 2010.

[5] BASTOS, Celso Ribeiro. *Curso de direito constitucional*. 21. ed. São Paulo: Saraiva, 2000. p. 254.

três modelos: fusão, união e separação. *Fusão* é o Estado teocrático no qual o poder religioso e o poder político se fundem (exemplo: Estado Islâmico e o Vaticano). *União* é o Estado confessional no qual existem vínculos jurídicos entre o poder político e uma religião. E a *separação* é o Estado laico quando há separação entre religião e Estado, não devendo um interferir no campo de atuação do outro. A exemplo dos Estados Unidos da América, o Brasil enquadra-se inequivocamente neste último desde o advento da República, com a edição do Decreto 119-A, de 17 de janeiro de 1890, que instaurou a separação entre a Igreja e o Estado. Ainda sobre a concepção de Estado laico, Celso Lafer leciona:

> Uma primeira dimensão da laicidade é de ordem filosófico-metodológica, com suas implicações para a convivência coletiva. Nesta dimensão, o espírito laico, que caracteriza a modernidade, é um modo de pensar que confia o destino da esfera secular dos homens à razão crítica e ao debate, e não aos impulsos da fé e às asserções de verdades reveladas. Isto não significa desconsiderar o valor e a relevância de uma fé autêntica, mas atribui à livre consciência do indivíduo a adesão, ou não, a uma religião. O modo de pensar laico está na raiz do princípio da tolerância, base da liberdade de crença e da liberdade de opinião e de pensamento.[6]

Faz-se necessário esclarecer que o caráter secular ou não confessional do Estado laico não significa que ele seja ateu. Ao não assumir para si nenhuma confissão religiosa, também não está assumindo ideologias ateístas ou de qualquer outra natureza. De modo semelhante, pode-se dizer que o direito à liberdade religiosa, protegida esta pelo Estado Democrático de Direito, não abrange apenas os religiosos, mas também os ateus e seus assemelhados. É o direito de ter ou de não

---

[6] LAFER, Celso. Estado Laico. *Direitos Humanos, Democracia e República: homenagem a Fábio Konder Comparato*. São Paulo: Quartier Latin do Brasil, 2009. p. 226.

ter uma religião, conforme entendimento de Pontes de Miranda[7]. Por existir a liberdade de crença, consequentemente também existe a liberdade de não crença, isto é, o indivíduo tem o direito também de não acreditar em seres metafísicos, ou seja, ser ateu ou agnóstico e ser respeitado pela sociedade por ter escolhido essa linha de pensamento. A laicidade garante a todo indivíduo o direito de optar por uma convicção, de mudar de convicção, e de não optar por nenhuma confissão ou credo.

Uma questão de elevada relevância diz respeito ao nível de separação sugerido pelo princípio da laicidade. Isto porque alguns doutrinadores defendem uma separação mais radical em todos os aspectos e dimensões, impossibilitando, inclusive, quaisquer formas de aliança, parcerias ou colaborações. É o caso, por exemplo, do doutrinador Novelino que, por sua vez, diz: "Em um Estado secular, além da ausência de uma religião oficial, deve haver uma completa separação entre Estado e Igreja, transpondo-se o exercício do poder político para uma base não religiosa".[8]

Há um segundo grupo que advoga a interpretação de uma laicidade menos rígida como é o caso do mestre José Afonso da Silva: "[...] houve pequenos ajustes quanto às relações Estado-igreja, passando de uma separação mais rígida para um sistema que admite certos contatos".[9] Aqui, ele apresenta uma forma de "Separação e Colaboração", em face do teor do artigo 19, I, CF/88, especificamente a parte final que traz uma ressalva, na forma da lei, que possibilita uma colaboração entre

---

[7] PONTES DE MIRANDA, Francisco Cavalcanti. *Comentários à Constituição de 1967, com a emenda n. 1, de 1969*. Tomo I, (arts. 1o - 7o). 2. ed. rev. São Paulo: Revista dos Tribunais, 1970.

[8] NOVELINO, Marcelo. *Direito constitucional*. 3. ed. rev., atual. e ampl. São Paulo: Método, 2009. p. 420.

[9] SILVA, José Afonso da. *Curso de direito constitucional positivo*. 32. ed. São Paulo: Malheiros, 2005. p. 251.

Estado e Igreja quando há interesse público: "[...] estabelecer cultos religiosos ou igrejas, subvencioná-los, embaraçar-lhes o funcionamento ou manter com eles ou seus representantes relações de dependência ou aliança, *ressalvada, na forma da lei, a colaboração de interesse público*" (grifo nosso).

Paulo Gustavo Gonet Branco[10] pondera: "A laicidade do Estado não significa, por certo, inimizade com a fé." O constitucionalista José Joaquim Gomes Canotilho[11] defende que "[...] mesmo na esfera pública o princípio da laicidade não exclui totalmente a manifestação religiosa, mas, existindo uma colisão entre esses dois direitos, o direito à liberdade de crença e a laicidade do Estado, é preciso haver uma ponderação para decidir qual prevalecerá".

É necessário lembrar que o Estado Democrático de Direito, ainda que laico, não serve a seus próprios interesses, mas aos do povo. E o povo brasileiro, em sua maioria, é histórica e culturalmente religioso. Nesse sentido, Guilherme Rosa Pinho declara:

> Embora o Estado seja laico, o povo não é. Cada pessoa do povo possui sua crença religiosa e por isto parece estranho que o povo desse poder a um ente para fazer algo que contrariasse sua vontade. Se é verdade que não é possível agradar a todos, e por isto o Estado é laico, não é menos verdade que de nada adianta um Estado cientificamente bem elaborado, conforme a filosofia mais moderna, em consonância com o pensamento mais moderno, em sintonia com os teóricos mais doutos, se a maioria da população que vive neste Estado estiver insatisfeita.[12]

---

[10] MENDES, Gilmar Ferreira; COELHO, Inocêncio Mártires; BRANCO, Paulo Gustavo Gonet. *Curso de direito constitucional*. 4. ed. rev. e atual. São Paulo: Saraiva, 2009. p. 462.

[11] CANOTILHO, José Joaquim Gomes. *Direito constitucional*. 7. ed. Coimbra: Almedina, 2008.

[12] PINHO, Guilherme Rosa. Entre laicidades: hermenêutica do Art. 19, Inciso "I" da Constituição Federal. *E-Civitas*, Revista Científica do Instituto de Ciências Humanas do UNI-BH, Belo Horizonte, v. 8, n. 2, 2015, p. 11.

O Conselho Nacional do Ministério Público pronunciou-se afirmando que o Estado Federativo Brasileiro não é laicista. Senão, vejamos a afirmação constante no Roteiro de Atuação do Ministério Público[13]:

> Tampouco laicidade se confunde com laicismo, pois o Estado não é avesso ou hostil ao pensamento religioso. Nesse sentido, o Estado não almeja diminuir ou erradicar a vida religiosa na esfera social. [...] O papel do Estado é promover o bem comum de todos.

Adiante, nesta perspectiva, o doutor em Direito Constitucional, Márcio Eduardo Pedrosa Morais pondera[14]:

> Aqui há que se realizar uma observação: a laicidade não pressupõe separação total da religião nos assuntos estatais, o Estado pode efetivar alianças ou manter relações com cultos religiosos ou igrejas, desde que tais alianças ou relações possuam interesse público, beneficiando a coletividade estatal.

Por último, há aqueles que se posicionam contra a ideia da "doutrina da separação" em favor da "doutrina da distinção", como é o caso do especialista em Direito Público, Guilherme Rosa Pinho:

> A outra doutrina da laicidade estatal é a doutrina da distinção, segundo a qual Estado e religião são esferas distintas, mas o relacionamento entre elas é possível, e, em alguns casos, mesmo desejável. O Estado e a religião, esferas distintas, podem interagir, integrando-se para atingirem objetivos

---

[13] CONSELHO NACIONAL DO MINISTÉRIO PÚBLICO. *Roteiro de Atuação do Ministério Público:* Estado Laico e ensino religioso nas escolas públicas. Brasília: CNMP, 2016. p. 6.p. 6.

[14] http://www.esdc.com.br/RBDC/RBDC-18/RBDC-18-225-Artigo_Marcio_Eduardo_Pedrosa_Morais_(Religiao_e_Direitos_Fundamentais_o_Principio_da_Liberdade_Religiosa).pdf

de interesse geral. Esta doutrina já era defendida pelo papa Leão XIII por meio da encíclica *Immortale Dei*, de 1º de novembro de 1885.[15]

A despeito das divergentes interpretações, o fato é que a democracia sempre buscará o equilíbrio entre princípios e direitos presentes na Constituição. O Estado Democrático de Direito evita, a qualquer tempo, assumir posições radicais em relação a princípios e direitos. Isso se aplica também ao princípio da laicidade. Além disso, o princípio da laicidade sugere justamente um equilíbrio estatal quanto a questões religiosas, referindo-se única e exclusivamente a paixões confessionais às quais o Estado deve evitar.

No entanto, o Estado não deve ser indiferente quando o direito à liberdade religiosa acha-se, por alguma razão, ameaçado. Em igual medida, o Estado não deve ser inerte em relação àqueles que, por escusa de consciência religiosa, buscam eximir-se de obrigação imposta a todos. Dessa perspectiva, não se pode dizer que o Estado é indiferente a questões religiosas, pois sempre poderá haver tensões entre direitos e deveres.

Ora, se não é correto perceber o princípio da laicidade como um Estado indiferente a questões religiosas pelas razões supramencionadas, o que dizer de um Estado que, em nome do interesse público, estabelece parcerias com igrejas. É justamente isto que diz o artigo 19, inciso I da CF/88: É vedado à União, aos Estados, ao Distrito Federal e aos Municípios:

> I - Estabelecer cultos religiosos ou igrejas, subvencioná-los, embaraçar-lhes o funcionamento ou manter com eles ou seus representantes relações de dependência ou aliança, *ressalvada, na forma da lei, a colaboração de interesse público* (grifo nosso);

---

[15] PINHO, Guilherme Rosa, Entre laicidades, p. 5-6.

A parte final em questão ultrapassa o conceito de laicidade em nome de um interesse ainda maior, a saber, o interesse público. Tal exceção merece uma análise mais acurada à luz do desenvolvimento histórico-constitucional até a atual Constituição de 1988.

2. PANORÂMICO HISTÓRICO-CONSTITUCIONAL DA LAICIDADE E DA LIBERDADE RELIGIOSA NAS CONSTITUIÇÕES BRASILEIRAS

O histórico constitucional brasileiro demonstra que, com exceção da Constituição de 1824, o Brasil vem adotando a forma institucional laica. No entanto, mesmo entre as constituições laicas, é possível perceber oscilações de rigidez e flexibilidade do princípio da laicidade. Tais oscilações podem ser notadas basicamente pela possibilidade ou impossibilidade de cooperação entre Igrejas e Estado com vistas a atender ao interesse público.

Para compreender tanto o conceito como a abrangência do princípio da laicidade no Estado brasileiro, é de suma importância analisar a evolução histórico-constitucional nos aspectos de laicidade e nos aspectos do direito à liberdade religiosa. Como se verá adiante, a evolução histórico-constitucional do princípio da laicidade está associada diretamente ao direito à liberdade religiosa. Ou seja, naquelas constituições passadas cuja laicidade era menos rígida, o direito à liberdade religiosa era mais abrangente; ao passo que nas constituições cuja laicidade era mais rígida, o direito à liberdade religiosa era mais restrito.

Em outras palavras, quando a Constituição é laicista, ou laico-rígida, necessariamente há uma maior limitação ao direito à liberdade religiosa. Por exemplo, a Constituição de 1891, considerada a mais laicista de todas, proibiu categoricamente o ensino religioso nas escolas públicas. Já a Constituição de 1937, considerada menos rígida que aquela, autorizou o ensino religioso nas escolas desde que não fosse obrigatório. Portanto, fica evidente que o direito à liberdade religiosa encontra limitações maiores na Constituição de 1891 que na Constituição de 1937. Outros exemplos podem ser assimilados com uma simples análise panorâmica do histórico-constitucional brasileiro.

A Constituição de 1824 (CF/1824). Nela, o Estado ainda era confessional, ou seja, havia uma ligação direta entre o Estado e o cristianismo católico apostólico romano, herança do período de colonização de Portugal. Nesse período, o Estado não tratava igualitariamente todas as religiões, não obstante houvesse tolerância a outras crenças, como descreve o artigo 5° da CF/1824: "[...] com seu culto doméstico, ou particular em casas para isso destinadas, sem forma alguma exterior ao templo.[16]" É possível ver o verdadeiro autoritarismo religioso da época ao ler o artigo 95, III da CF/1824: "Todos os que podem ser Eleitores, hábeis para serem nomeados Deputados. Excetuam-se os que não professarem a Religião do Estado".[17] Portanto, apenas os católicos poderiam ser eleitos deputados.

O Decreto 119A, de 7/1/1890, de autoria de Rui Barbosa, foi responsável por introduzir, na República brasileira, o princípio da laicidade. Nesse período, houve uma separação drástica entre a Igreja e o Estado, inaugurando uma nova era de liberdade religiosa no país. As igrejas e confissões religiosas então possuíam personalidade jurídica. A Constituição de 1891, em seus artigos 11, parágrafo 2°, 72, parágrafos 3° ao 7°, 28 e 29, seguiu o Decreto 119ª e manteve o Estado separado

---

[16] CONSTITUIÇÃO POLÍTICA DO IMPÉRIO DO BRASIL, de 25 de março de 1824, art. 5°.
[17] CONSTITUIÇÃO FEDERAL DO IMPÉRIO DO BRASIL, de 25 de março de 1824, art. 95, inciso III.

da Igreja. Com isso, temos o início do Brasil como Estado laico, no qual todas as religiões gozam de igual respeito[18].

A Constituição de 1891 (CF/1891) consolidou o princípio da laicidade no país de forma definitiva. Pode-se considerar a Constituição de 1891 a mais laicista no histórico constitucional brasileiro, visto que em seu artigo 70, parágrafo 1º, IV, proibia a participação de religiosos na política: "Os religiosos de ordens monásticas, companhias, congregações ou comunidades de qualquer denominação, sujeitas a voto de obediência, regra ou estatuto, que importe a renúncia da liberdade individual".[19]

Desde então, nenhuma outra Constituição brasileira seguiu essa corrente de pensamento. Além disso, só reconhecia o casamento civil (artigo 72, parágrafo 4º da Constituição de 1891). Outro fenômeno delimitador foi tornar os cemitérios de caráter eminentemente secular, não obstante permitisse a realização de cerimônias religiosas (artigo 72, parágrafo 5º da Constituição de 1891).

Além disso, proibiu o ensino religioso em estabelecimentos públicos (artigo 72, parágrafo 6º da Constituição de 1891). A Constituição de 1891 adotou uma laicidade rígida, pois não previu qualquer possibilidade de relação colaborativa entre as religiões e o interesse público.

A Constituição Federal de 1934 (CF/1934) passou a reconhecer a presença da religião na esfera pública, adotando, assim, uma laicidade mais moderada. O artigo 17 da CF/1934 manteve a laicidade do Estado com a possibilidade de colaboração entre Igrejas e Estado:

> É vedado à União, aos Estados, ao Distrito Federal e aos Municípios: II estabelecer, subvencionar ou embaraçar o

---

[18] DECRETO nº 119-A, de 7 de janeiro de 1890.
[19] CONSTITUIÇÃO DA REPÚBLICA DOS ESTADOS UNIDOS DO BRASIL, de 24 de fevereiro de 1891, art. 70, parágrafo 1º.

exercício de cultos religiosos; III ter relação de aliança ou dependência com qualquer culto, ou igreja *sem prejuízo da colaboração recíproca em prol do interesse coletivo.*[20] (grifo nosso)

Outras modificações trazidas pela Constituição de 1934 são: a invocação de Deus no preâmbulo; a garantia da inviolabilidade da liberdade de consciência, de crença e do livre exercício dos cultos religiosos, desde que não contravenham à ordem pública e aos bons costumes (artigo 113, item 5º da Constituição de 1934); voltou a admitir o casamento religioso (artigo 146 da Constituição de 1934); o ensino religioso em escolas públicas (artigo 153); o caráter secular dos cemitérios foi mantido (artigo 113, parágrafo 7º); e, em se tratando do direito internacional público, começou a ser permitida a representação diplomática com a Santa Sé (artigo 176).

A Constituição Federal de 1937 (CF/1937), promulgada em pleno golpe, manteve a laicidade do Estado, mas de forma mais rígida. Nela não há menção sobre relação de aliança e cooperação entre Igrejas e o Estado. No próprio preâmbulo, já foi possível notar a diferença, pois deixou de existir o pedido da proteção divina.[21] A Constituição de 1937 silenciou-se também sobre a discriminação religiosa, conquanto mantivesse a garantia à liberdade de crença (artigo 122, parágrafo 4º); silenciou-se de igual modo sobre o caráter jurídico das associações religiosas. Os cemitérios continuaram seculares (artigo 122, parágrafo 4º); o casamento religioso não foi mencionado; o ensino religioso foi mantido, mas não poderia ser de frequência compulsória; e a representação diplomática com a Santa Sé não foi mencionada.

[20] CONSTUIÇÃO DA REPÚBLICA DOS ESTADOS UNIDOS DO BRASIL, de 16 de julho de 1934, art. 17, incisos II e III.
[21] CONSTUIÇÃO DA REPÚBLICA DOS ESTADOS UNIDOS DO BRASIL, de 10 de novembro de 1937.

A **Constituição de 1946** (CF/1946) apresentou uma laicidade mais moderada que sua antecessora, pois resgatou a possibilidade de cooperação entre Igreja e Estado quando houvesse interesse público (artigo 31, inciso III da Constituição de 1946). A maior inovação desta constituição foi a instituição da imunidade tributária dos templos, dispositivo presente também na Carta de 1988. O casamento religioso com efeito civil volta a ter lugar no texto constitucional (artigo 163, parágrafo 1º da CF/88).[22]

As Constituições de 1967 e 1969 (CF/1967; CF/1969), vigentes à época do golpe militar, previram no artigo 9º, inciso II da Constituição de 1967, a possibilidade de colaboração entre Igrejas e Estado, quando houvesse interesse público, notadamente nos setores educacional, assistencial e hospitalar. Percebe-se aqui uma possibilidade mais restrita de colaboração, pois o dispositivo descreve delimitando os setores onde poderia existir tal cooperação.[23] Cite-se na íntegra o artigo 9º, Inciso II da Constituição de 1967:

> Art 9º - À União, aos Estados, ao Distrito Federal e aos Municípios é vedado:
> II - estabelecer cultos religiosos ou igrejas; subvencioná-los; embaraçar-lhes o exercício; ou manter com eles ou seus representantes relações de dependência ou aliança, ressalvada a colaboração de interesse público, notadamente nos setores *educacional, assistencial e hospitalar.* (grifo nosso)

Na Constituição de 1967, não há previsão de "escusa de consciência", imputando-se a perda dos direitos políticos no caso de recusa, por convicção religiosa, de cumprir encargo ou serviço imposto por lei.

---

[22] CONSTITUIÇÃO DA REPÚBLICA DOS ESTADOS UNIDOS DO BRASIL, de 18 de setembro de 1946, art. 30, inciso VI, alínea "a" e art. 163, parágrafo 1º.
[23] CONSTITUIÇÃO DA REPÚBLICA FEDERATIVA DO BRASIL, de 17 de outubro de 1967, art. 9º, inciso II.

No Capítulo "Dos Direitos e Garantias Individuais" da Constituição de 1967, há afirmação de que todos são iguais perante a lei, sem distinção de credo religioso, sendo assegurados a liberdade de consciência e o exercício de cultos religiosos, desde que "não contrariem a ordem pública e os bons costumes".

Há a previsão de assistência religiosa, prestada por brasileiros às Forças Armadas e nos estabelecimentos de internação coletiva. Nela, são assegurados o repouso remunerado nos feriados religiosos, o casamento religioso de efeitos civis e o ensino religioso facultativo.

A Constituição de 1967 mantém a previsão da imunidade tributária no tocante aos impostos dos "templos de qualquer culto" (Constituição 1967, artigo 20, inciso III, alínea b).

Nem a Constituição de 1967 tampouco a Constituição de 1969 protegiam a liberdade de crença- apenas a liberdade de consciência. Esses dois institutos não se confundem. Pela liberdade de consciência, alguém pode escolher não ter crença alguma, mas, na falta da liberdade de crença, aqueles que são ateus e agnósticos não estavam protegidos constitucionalmente[24]. A liberdade de crença era assegurada como simples forma de liberdade de consciência, sem ter o mesmo peso que a atual Constituição trouxe.[25]

A Constituição Federal de 1988 optou por uma laicidade mais flexível, sedimentando a possibilidade de cooperação entre Igreja e Estado quando houvesse interesse público (artigo 19, inciso I da CF/88).

A liberdade religiosa na Constituição de 1988 compreende vários dispositivos constitucionais. Em razão dos estreitos limites dessa exposição, citam-se apenas as disposições[26] do artigo

---

[24] CUNHA JÚNIOR, Dirley da. *Curso de direito constitucional*. 5. ed. Salvador: JusPODIVM, 2011.

[25] SILVA, José Afonso da. *Curso de direito constitucional positivo*, 2010.

[26] CONSTITUIÇÃO DA REPÚBLICA FEDERATIVA DO BRASIL.

5°, VIII ("ninguém será privado de direitos por motivo de crença religiosa ou de convicção filosófica ou política, salvo se as invocar para eximir-se de obrigação legal a todos imposta e recusar-se a cumprir prestação alternativa, fixada em lei"); do artigo 7°, XV ("repouso semanal remunerado, preferencialmente aos domingos"); do artigo 150, VI, "b" ("Sem prejuízo de outras garantias asseguradas ao contribuinte, é vedado à União, aos Estados, ao Distrito Federal e aos Municípios: [...] VI - instituir impostos sobre: [...] b) templos de qualquer culto"); do artigo 210, parágrafo 1° ("O ensino religioso, de matrícula facultativa, constituirá disciplina dos horários normais das escolas públicas de ensino fundamental."); do artigo 226, parágrafo 2° (" O casamento religioso tem efeito civil, nos termos da lei.").

Nota-se que a CF/88 ampliou essa liberdade de culto, prevendo-lhe inclusive uma garantia específica. Diz, no artigo 5°, VI da CF/88, que "é assegurado o livre exercício dos cultos religiosos e garantida, na forma da lei, proteção aos locais de culto e as suas liturgias". Diferentemente das constituições anteriores, a atual não condiciona o exercício dos cultos à observância da ordem pública e dos bons costumes.

Pode-se, ainda, levantar outros aspectos relacionados à laicidade e ao direito à liberdade religiosa presentes nas Constituições revogadas e na atual Constituição vigente. Todavia, todos aqui apontados testemunham oscilações conceptivas da laicidade estatal e do direito à liberdade religiosa.

Começa-se com um rompimento radical e definitivo da CF/1891 com a confessionalidade da Constituição de 1924. Daí em diante, o Estado brasileiro torna-se um Estado eminentemente laico.

Não obstante, notam-se também oscilações de flexibilidade e rigidez do princípio da laicidade entre uma Constituição e outra. Por exemplo, houve Constituições que vedaram quaisquer possibilidades de parceria entre Estado e Igrejas, tais como, as constituições de 1891 e 1937. Já outras possibilitaram essas parcerias quando houvesse interesse público, tais como as Constituições de 1934, 1946, 1967/1969 e a atual Constituição Federal de 1988. Sobre estas últimas, ressalta-se que as Constituições de 1967/1969 previram a possibilidade de parcerias entre Estado e Igrejas apenas nas áreas *educacional*, *assistencial* e *hospitalar*.

3. O ART. 19, INCISO "I" DA CF/88 E A CAPELANIA MILITAR.

A relação entre o princípio da laicidade e a atividade de capelania militar, enquanto expressão de interesse público, tem sua fundamentação no artigo 19, inciso I da CF/88. Nele há primeiramente limitações de natureza laica do Estado e, de forma secundária, uma ressalva que aparece com a presença do interesse público. A capelania militar encaixa-se justamente em tal ressalva do inciso I, do artigo 19 da CF/88.

Antes de situar a capelania militar como expressão de interesse público, é imprescindível a compreensão de todo o artigo 19, inciso I da CF/88. Assim diz a norma constitucional: "É vedado à União, aos Estados, ao Distrito Federal e aos Municípios":

> I - Estabelecer cultos religiosos ou igrejas, subvencioná-los, embaraçar-lhes o funcionamento ou manter com eles ou seus representantes relações de dependência ou aliança, ressalvada, na forma da lei, a colaboração de interesse público;

A primeira parte do dispositivo é o substrato que dá sustentação ao princípio da laicidade, ou seja, há uma vedação aos entes da Federação em estabelecer cultos religiosos ou igrejas, subvencioná-los, embaraçar-lhes o funcionamento ou manter com eles ou seus representantes relações de dependência ou aliança.

Silva esclareceu bem o sentido das várias prescrições nucleadas nos verbos dos dispositivos:

> *Estabelecer* cultos religiosos está em sentido amplo, criar religiões ou seitas, ou fazer igrejas ou quaisquer postos de prática religiosa, ou propaganda; *Subvencionar* cultos religiosos está no sentido de concorrer, com dinheiro ou outros bens da entidade estatal, para que se exerça a atividade religiosa; *Embaraçar* o exercício dos cultos religiosos significa vedar, ou dificultar, limitar ou restringir a prática, psíquica ou material, de atos religiosos ou manifestações de pensamento religioso. Para evitar qualquer forma de embaraços por via tributária, a CF/88 estatui a imunidade dos templos de qualquer culto (art. 150, VI, b).[27]

É inequívoco que a religião e o Estado brasileiro são esferas distintas. A temática religiosa é tão estranha que os entes políticos estão proibidos de estabelecer cultos religiosos ou igrejas, ou mesmo de financiá-los ou criar obstáculos ao seu funcionamento. Em termos de relacionamento, restam vedadas as relações de *dependência ou aliança, o que,* caso contrário já abriria oportunidade para outros tipos de relação.

Já a "ressalva" que vem logo a seguir ("ressalvada, na forma da lei, a colaboração de interesse público") abre a possibilidade de quaisquer relações entre religião e Estado que visem à colaboração de interesse público.

É necessário esclarecer que a laicidade constante no artigo 19, inciso I da CF/88 não pressupõe separação total da religião nos assuntos estatais. O Estado pode efetivar alianças ou manter relações com cultos religiosos ou igrejas, desde que tais alianças ou relações possuam interesse público, beneficiando a coletividade estatal.

Diferentemente das Constituições de 1967/1969 (que delimitaram a possibilidade de colaboração de interesse público,

---

[27] SILVA, José Afonso da. *Curso de direito constitucional positivo*, p. 254-255, nota 25.

notadamente nos setores *educacional, assistencial* e *hospitalar*), a Constituição de 1988 deixou em aberto em que setores dar-se-iam a referida colaboração, delegando à lei infraconstitucional tal competência. É certo, todavia, que o legislador, ao delimitar os setores onde poderá ocorrer colaboração entre Igrejas e Estado, deverá ater-se ao conceito de interesse público – matéria que será analisada mais adiante.

Aldir Guedes Soriano resume o artigo 19, inciso I, da Constituição Federal, ministrando que "o Estado laicista não pode favorecer uma religião em detrimento de outras [...]. Isso não impede, entretanto, que a Igreja e o Estado possam ser parceiros em obras sociais e de interesse público".[28]

Quanto à competência formal designada pelo artigo 19, inciso I da CF/88, tem-se que o campo de atuação em que o Estado e as igrejas possam atuar em parceria depende necessariamente de criação de lei.

Neste sentido, a capelania militar, como expressão de interesse público, possui previsibilidade legal, pois está regulamentada por lei. Toma-se, por exemplo, a Lei 6.923 de 29 de junho de 1981 que regulamentou a assistência religiosa das Forças Armadas. Assim como também há diversas leis que regulamentaram os trabalhos de capelanias militares no âmbito das Forças Auxiliares.[29]

Ressalta-se, ainda, o inciso VII do artigo 5° que, conjugado com o inciso I, artigo 19, ambos da CF/88 reforçam o entendimento de que a lei definirá os termos em que a prestação de assistência religiosa nas entidades civis e militares de internação coletiva devem acontecer.

---

[28] SORIANO, Aldir Guedes. *Liberdade religiosa no direito constitucional e internacional*. São Paulo: Juarez de Oliveira, 2002. p. 85.

[29] Nesse sentido, a capelania militar, como expressão de interesse público, possui previsibilidade legal, pois está regulamentada por lei. Toma-se, por exemplo, a Lei 6.923 de 29 de junho de 1981 que regulamentou a assistência religiosa das Forças Armadas. Assim como também há diversas leis que regulamentaram os trabalhos de capelanias militares no âmbito das Forças Auxiliares.

Extrai-se do entendimento do artigo 19, I que, ficando demonstrado o interesse público, podem ser criadas leis regulando a assistência religiosa em qualquer área, civil ou militar, do serviço público da União, Estados, Distrito Federal e Municípios.

Ainda, acerca da competência formal para criação das leis mencionadas no artigo 19, inciso I da CF/88, José Afonso da Silva[30] esclarece didaticamente a questão de três perspectivas distintas:

> 1. *Quanto à sua competência*, "a lei, pois, é o que vai dar a forma dessa colaboração. É certo que não poderá ocorrer no campo religioso" (SILVA, 1999, p. 255). Aqui é necessário esclarecer que, conquanto o interesse público esteja relacionado aos interesses coletivos e não aos interesses eminentemente estatais, a competência formal (espécie lei) para celebrar eventual parceria entre igrejas e Estado é do Estado.
> 2. *Quanto à sua espécie,* "a lei não precisa ser federal, mas da entidade que deve colaborar. Se existe lei municipal, por exemplo, que prevê cessão de terreno para entidades educacionais, assistenciais e hospitalares, tal cessão pode ser dada em favor de entidades confessionais de igual natureza" (SILVA, 1999, p. 255). Não caberia, neste sentido, ação direita de inconstitucionalidade formal sob o argumento que só lei federal é competente para celebrar tal parceria.
> 3. *Quanto à sua abrangência,* "a colaboração estatal tem que ser geral a fim de não discriminar entre as várias religiões" (SILVA, 1999, p. 255).

Conquanto se deva observar todos os aspectos relacionados à competência formal, apontados pelo grande doutrinador José Afonso da Silva, não se deve esquecer que o interesse público precede e, até mesmo, legitima a criação de lei que verse sobre parcerias entre Estado e igrejas. Dessa maneira, para que a atividade da capelania militar seja percebida na ressalva apontada na

---

[30] SILVA, José Afonso da. *Curso de direito constitucional positivo*, p. 255, nota 25.

parte final do inciso I, artigo 19 da CF/88 devem necessariamente possuir conteúdo de interesse público. Por outra análise, é preciso antes conhecer quais são os limites do conceito de interesse público a partir dos quais se faria esse juízo avaliativo.

4. O INTERESSE PÚBLICO E A CAPELANIA MILITAR NO CONTEXTO DA CF/88

Interesse público é indubitavelmente um conceito de elevada grandeza no contexto do Estado Democrático de Direito. Dele se extrai dois princípios vitais da administração pública: a supremacia do interesse público e a indisponibilidade do interesse público.

Nas palavras de Justen Filho: "a Supremacia do Interesse Público diz que o interesse público é superior a todos os demais interesses existentes na sociedade. E a Indisponibilidade do Interesse Público diz que o interesse público não pode ser sacrificado".[31]

Dado o caráter superior e imperioso do interesse público, não é difícil compreender por que o Poder Constituinte Originário, no artigo 19, inciso I da CF/88, relativizou a natureza laica do Estado quando o que se está em questão é o interesse público. Ora, se o interesse público é aquele instituto constitucional capaz de até mesmo flexibilizar a própria laicidade estatal, possibilitando inclusive a criação, por meio de lei, de parcerias entre igrejas e Estado, resta saber o que é interesse público.

O conceito de interesse público é muito amplo, por isso constitui matéria de extrema dificuldade entre os doutrinadores. Os significados variam, pois há aqueles que entendem que é um interesse contraposto ao interesse individual, outros defendem que se trata da somatória de interesses individuais,

---

[31] JUSTEN FILHO, Marçal. *Curso de direito administrativo.* 7. ed. rev. e atual. Belo Horizonte: Fórum, 2011. p. 35.

passando pela soma de bens e serviços, bem como o conjunto de necessidades humanas indispensáveis na vida do particular.

O jurista Celso Antônio Bandeira de Mello[32] percebe o interesse público partindo da pluralização de interesses individuais, formando um todo de aspiração e identidade coletiva. Por isso, ao pensar em interesse público, segundo o renomado doutrinador, deve-se ter em mente o interesse do todo, ou seja, do conjunto social.

Há outros doutrinadores que discernem o interesse público como o somatório dos interesses individuais e coletivos, como bem expressou Gustavo Binenbojm:

> [...] o melhor interesse público só pode ser obtido a partir de um procedimento racional que envolve a disciplina constitucional de interesses individuais e coletivos específicos, bem como um juízo de ponderação que permita a realização de todos eles na maior extensão possível. O instrumento deste raciocínio ponderativo é o postulado da proporcionalidade.[33]

Já Justen Filho delimitou o núcleo do interesse público aos direitos fundamentais:

> [...] o núcleo do interesse público pode ser encontrado nos direitos fundamentais protegidos pela Constituição de 1988. Destarte, o conceito de interesse público passa, inequivocamente, pela carta de direitos fundamentais constitucionalmente assegurados, pelo princípio da dignidade da pessoa humana.[34]

---

[32] BANDEIRA DE MELLO, Celso Antônio. *Curso de direito administrativo*. 22. ed. São Paulo: Malheiros, 2007. p. 58.

[33] BINENBOJM, Gustavo. *Interesses públicos versus interesses privados: desconstruindo o princípio de supremacia do interesse público*. Rio de Janeiro: Lúmen Júris, 2007. p. 167.

[34] JUSTEN FILHO, Marçal. *Curso de direito administrativo*, p. 35.

A despeito de todas as divergências conceituais acerca do objeto e da abrangência de interesse público, ainda assim, é plenamente razoável afirmar que as atividades da capelania militar podem ser classificadas como de interesse público. Isto pelo motivo de que nelas é perceptível a presença do interesse público tanto da perspectiva dos interesses individuais, quanto da perspectiva dos interesses coletivos. Ademais, não seria nenhum exagero afirmar que o trabalho de capelania militar coopera, inclusive, com as ações de interesse estatal, mais especificamente com as ações dos interesses das Forças Armadas e das Forças Auxiliares, como será demonstrado no Capítulo V, "Fundamento estratégico da capelania".

Primeiramente, pela perspectiva de interesses individuais e coletivos, tem-se que o trabalho de assistência religiosa no contexto militar supre uma garantia individual constitucionalmente fixada. O artigo 5º, em seus incisos VI e VII da CF/88 estabelecem:

> VI - É inviolável a liberdade de consciência e de crença, sendo assegurado o livre exercício dos cultos religiosos e garantida, na forma da lei, a proteção aos locais de culto e a suas liturgias;
> VII - é assegurada, nos termos da lei, a prestação de assistência religiosa nas entidades civis e militares de internação coletiva;

O direito à liberdade religiosa, como já foi tratado, é uma garantia individual estendida a todos, inclusive aos ateus, pois o presente dispositivo protege não apenas a liberdade de professar crenças, mas também o direito de não professar crença nenhuma.

Pontes de Miranda[35] enfatizou bem a questão: "[...] o descrente também tem liberdade de consciência e pode pedir que se tutele juridicamente tal direito, assim como a liberdade de

---

[35] PONTES DE MIRANDA, Francisco Cavalcanti. *Comentários à Constituição de 1967...*, p. 119, nota 8.

crença compreende a liberdade de se ter uma crença e a de não ter uma crença."

O Poder Constituinte originário acrescentou o inciso VII do artigo 5º da CF/88, com vistas a garantir a todos o pleno exercício do direito à liberdade religiosa, inclusive àqueles cuja liberdade de locomoção acha-se por alguma razão prejudicada. Em outras palavras, no entendimento do legislador constituinte, a restrição à liberdade de locomoção implica necessariamente prejuízo ao exercício do direito à liberdade religiosa.

Note-se que o bem aqui tutelado é o direito de a pessoa exercer sua religiosidade, conforme sua confessionalidade, quando submetida a alguma situação que limite suas condições de fazê-lo por si só, a exemplo do aquartelamento, da internação hospitalar, do aprisionamento. À luz desse entendimento, faz-se necessário esclarecer dois equívocos muito comuns sobre a assistência religiosa e a laicidade do Estado.

O primeiro equívoco postulado por alguns é que o artigo 5º, VII garante a todas as religiões o direito igualitário de vagas nas capelanias institucionais. Como será demonstrado com mais detalhes adiante, esse raciocínio é equivocado, pois o direito em questão aplica-se à pessoa que estiver na condição de limitação supracitada em órgãos públicos ou privados, civis ou militares, não às religiões. Dessa forma, o espaço para o serviço de assistência religiosa é estabelecido pelo critério da proporcionalidade em relação à demanda, oriunda das pessoas, não das religiões, conforme estabelecem todas as leis que regulam esse serviço nas Forças Armadas e Auxiliares.

O segundo equívoco a ser rebatido é o raciocínio de que as atividades da capelania, bem como seus locais de culto, devem adotar o ecumenismo pleno[36], eliminando quaisquer manifestações de um credo específico, em razão da laicidade

---

[36] No Capítulo VIII – *Ação e interação na capelania* – haverá uma explanação mais aprofundada sobre este conceito e outros correlatos.

do Estado. No entanto, essa pressuposição fere frontalmente o artigo 5°, VI e VII da Constituição Federal, os quais garantem ao assistido o direito de ser atendido conforme suas crenças, segundo seus padrões religiosos. Ou seja, a Carta Magna assegura o direito à assistência religiosa confessional, conforme os parâmetros litúrgicos de cada religião.

A assistência religiosa e espiritual aos militares é plenamente compatível com as intenções expressas no inciso VII, do artigo 5° da CF/88. O aquartelamento e as missões de natureza prolongada inevitavelmente restringem o exercício do direito à liberdade religiosa. Assim sendo, a existência de um serviço religioso no âmbito das Forças passa a ser uma necessidade dos próprios militares e até mesmo um dever do Estado.

Outro aspecto de grande relevância é que a própria natureza do serviço militar possui um poder extraordinário de abalar as emoções e de produzir conflitos existenciais e de natureza moral. Cite-se, como um dos exemplos, o militar que no estrito cumprimento do dever legal, em legítima defesa de si mesmo ou de outrem, chegue a tirar a vida de alguém. Ainda que, nesse caso, o militar esteja amparado por lei, isto não significa que não terá conflitos de natureza moral e/ou espiritual. Diante de tal situação, a capelania militar, uma vez acionada, orientará e auxiliará acerca dessas questões, o que indiretamente contribuirá para o efetivo serviço de segurança estatal.

Logo, o Estado, por meio da capelania militar, busca equilibrar a balança em favor daqueles cuja natureza do trabalho não só dificulta o exercício do direito à liberdade religiosa, por ocasião do condicionamento e da natureza do serviço militar, como acentua a necessidade dessa garantia justamente em razão dos conflitos existenciais e morais que tendem a surgir com maior intensidade no ambiente castrense.

De outro ponto de vista, o interesse público fica evidente na medida em que a capelania militar, além de prestar assistência espiritual, também reforça valores e princípios que compõem a estrutura e as ações das Forças. Ou seja, a capelania militar cumpre uma função estratégica na formação ética e moral dos militares.

Os valores e princípios contidos nos Regulamentos Disciplinares das Forças Armadas e das Forças Auxiliares coadunam perfeitamente com os preceitos éticos e morais de grande parte das religiões, especialmente as de origem judaico-cristã. Citem-se alguns deles, como camaradagem, harmonia, amizade, cortesia, consideração entre os militares, civilidade, interesse, bondade, respeito, deferência, honra pessoal, dignidade, pundonor militar (conduta de alto padrão de comportamento ético), decoro de classe, obediência, disciplina, hierarquia, dedicação, respeito. Todos esses valores são enfatizados e ensinados por meio do serviço de capelania militar[37].

Esses preceitos éticos e morais, quando observados, contribuem exponencialmente para a diminuição de infração militar e de crime militar. Nesse sentido, a capelania militar trabalha como orientadora e formadora do caráter dos militares. Pois não se espera outra coisa dos militares, senão um elevado nível de conduta que condiga com as Forças Armadas e as Forças Auxiliares.

Cumpre, portanto, salientar que, em termos práticos, o interesse público presente no serviço de assistência religiosa e espiritual é inegavelmente, em suas metas e resultados, benéfico às Forças, bem como a seus integrantes. Há uma infinidade de ações que evidenciam todos esses benefícios, como, por exemplo, o enfrentamento ao suicídio, à violência doméstica, à dependência química, assim como o desenvolvimento de valores, motivação e outras atitudes que configuram claramente o bem comum.

Por todo o exposto é que se pode afirmar que a capelania militar, e qualquer outra capelania que atue na mesma

---

[37] *Regulamento disciplinar do Exército*. Decreto nº 4.346, de 26 de agosto de 2002.

linha, expressa-se inequivocamente como atividade de interesse público, pois contribui não apenas para suprir interesses individuais, como também para suprir interesses coletivos. Ainda, mesmo se analisada pelo crivo do interesse estatal, ela é contributiva, na medida em que tanto o bem-estar espiritual como o fortalecimento do caráter influenciam positivamente na manutenção das atividades e na qualidade do serviço, conforme será explanado no Capítulo IV, "Fundamento científico da capelania".

A falta de um conhecimento sobre a natureza do trabalho e dos inúmeros benefícios que a capelania militar promove no contexto das Forças de Segurança têm ensejado, vez por outra, algumas ações administrativas e/ou judiciais com o objetivo de discutir a constitucionalidade das leis que regulamentam a capelania militar e vagas para oficiais capelães. Segundo os autores dessas ações, tais leis estariam supostamente ferindo o princípio da laicidade e/ou princípio da igualdade.

O raciocínio simplório daqueles que questionam a legitimidade das atividades da capelania militar desdobra-se nos seguintes aspectos: primeiramente, o Estado não poderia subsidiar o serviço de atividade religiosa em contexto de entidade pública; ou, em segundo, o Estado estaria supostamente discriminando as religiões minoritárias, pois um dos critérios para o preenchimento das vagas é a proporcionalidade da orientação religiosa, segundo censo oficial.

Todavia, o posicionamento dos magistrados e do Ministério Público tem sido em outra direção. Vejam-se alguns exemplos:

1. Procedimento interno de n° 08190.050350/09-31 do Ministério Público do Distrito Federal e Territórios (MP-DFT), o qual apurou denúncia de discriminação das religiões afro-brasileiras no âmbito da Polícia Militar do Distrito Federal (PMDF), do Corpo de Bombeiros Militar do Distrito Federal (CBMDF) na distribuição de vagas para capelães:

Em resposta, a PMDF informou que a capelania militar da PMDF tem suas atividades reguladas pela Lei nº 6923/81, bem como pela portaria PMDF nº 790/2012, e que a Lei nº 12086/09 estabelece a previsão de 05 (cinco) capelães, embora a capelania militar conte com um efetivo de 04 (quatro) capelães, sendo 02 (dois) padres da Igreja Católica, 01 (um) pastor da Igreja Luterana e 01 (um) pastor da Igreja Batista Filadélfia.

A PMDF informou, ainda, que devido à impossibilidade de ter capelães de todos os credos na Corporação, a destinação das vagas contempla diretamente os dois segmentos religiosos majoritários, tendo em vista os critérios utilizados para decidir quanto à proporcionalidade da orientação religiosa, conforme resultado do censo realizado pelo IBGE em 2010.

No mesmo sentido, o CBMDF informou que o Decreto nº 13.264/91 regulamenta o Serviço de Assistência Religiosa e o Quadro de Oficiais Militares Capelães – QOBM/Cpl.

Quanto à quantidade de capelães existentes, o CBMDF informou que o órgão conta com 02 (capelães), sendo 01 (um) da Igreja Católica e 01 (um) da Igreja Evangélica. Sendo que os critérios utilizados para decidir quanto à proporcionalidade na definição da orientação religiosa dos capelães é apurada por estatística e tem por objetivo contemplar aquelas que constituem maiorias, desde que representem, em cada cômputo, o mínimo de 2000 (dois mil) adeptos.

Segue a conclusão do promotor de justiça do Ministério Público do Distrito Federal e Territórios, Thiago André Pierobom de Ávila:

> Analisando-se a situação apresentada, verifica-se não ser útil e/ou necessária a continuidade do acompanhamento da situação posta a exame, porquanto terem sido realizadas todas as providências possíveis a este Núcleo, tendo em vista a impossibilidade de atuar de forma mais efetiva no âmbito da PMDF e do CBMDF.

Neste sentido, verifica-se que o preenchimento e a distribuição de vagas de capelães militares nas duas Corporações encontram-se em consonância com os princípios da legalidade, da razoabilidade e do interesse público, não havendo qualquer tipo de discriminação contra qualquer segmento religioso.

É esclarecedor o fato de o promotor invocar três princípios constitucionais que legitimam as ações da PMDF e do CBMDF na distribuição das vagas. Analisemos individualmente cada um deles:

Primeiramente, tem-se o princípio da legalidade. Isto porque tanto a existência de um Serviço de Assistência Religiosa na estrutura orgânica da Força, como a criação e a distribuição de vagas de oficiais capelães estão previstas em lei. Assim como também a previsão para criação de lei que regulamenta esse tipo de matéria tem sua competência fixada pela própria CF/88 em seu artigo 5º, inciso VII, e no artigo 19, inciso I.

Em seguida, tem-se o princípio do interesse público. Levando em consideração que o serviço de capelania militar atende a interesses individuais, coletivos e estatais, o interesse público está presente em qualquer entendimento que a doutrina ou a jurisprudência empreste a ele. Ademais, como já foi fartamente demonstrado, o próprio inciso I do artigo 19 da CF/88 flexibiliza, em certa medida, o princípio da laicidade quando prevê a possibilidade de parcerias entre Igreja e Estado naqueles casos quando há interesse público.

Por último, tem-se o princípio da razoabilidade. Este diz respeito ao fato da distribuição de vagas ser realizada levando em consideração aquelas confissões que têm maior número de adeptos no âmbito da Força. Todavia, isto não significa dizer que os adeptos de religiões minoritárias ficarão necessariamente desassistidos. Em que pese as vagas existentes no quadro de capelães, previstas em lei, serem distribuídas pelo critério da proporcionalidade às religiões majoritárias, o serviço da capelania tem natureza inter-religiosa, e deve, portanto, providenciar, quando solicitado, assistência religiosa aos adeptos de religiões minoritárias. Esse aspecto será debatido com mais detalhes no Capítulo VIII, "Ação e interação na capelania".

Adiante, outro exemplo, mas agora em esfera judicial, o Excelentíssimo Desembargador Teófilo Caetano da 1ª Turma Cível, relator em Ação Popular nº 20060111179964RMO, Acórdão n.668575, discorre[38]:

CONSTITUCIONAL E ADMINISTRATIVO. AÇÃO POPULAR. CONCURSO PÚBLICO. CARGO. TENENTE CAPELÃO DA POLÍCIA MILITAR. REQUISITO. CANDIDATO CRISTÃO. OFENSA AO PATRIMÔNIO PÚBLICO. DANO AO ERÁRIO. AUSÊNCIA. ASSISTÊNCIA RELIGIOSA. LIBERDADE DE CRENÇA. GARANTIAS CONSTITUCIONAIS. ESTADO LAICO. CRITÉRIOS DE PROVIMENTO. OPORTUNIDADE E CONVENIÊNCIA. JUÍZO RESGUARDADO À ADMINISTRAÇÃO. DISCRICIONARIEDADE. DEBATE. VIA INADEQUADA. EXTINÇÃO DA PRETENSÃO POPULAR, SEM RESOLUÇÃO DO MÉRITO. REMESSA NECESSÁRIA IMPROVIDA.

1. Consubstancia pressuposto da ação popular a subsistência de ato ilegal praticado pelo administrador público passível de encerrar lesão ao erário, à moralidade administrativa, ao meio ambiente e ao patrimônio histórico e cultural - Lei nº 4.717/65, art. 1º; CF, art. 5º, LXXIII -, pois, traduzindo instrumento democrático de controle da legalidade da atuação administrativa pelo cidadão, está volvida exclusivamente ao controle de legalidade dos atos administrativos, não autori-

---

[38] Disponível em: < http://pesquisajuris.tjdft.jus.br/IndexadorAcordaos-web/sistj?visaoId=tjdft.sistj.acordaoeletronico.buscaindexada.apresentacao.VisaoBuscaAcordaoGet&numeroDoDocumento=668575>. Acesso em: 23 mar. 2017.

zando debate sobre a oportunidade e conveniência da atuação administrativa.

2. A opção do administrador pelo provimento de cargo de capelão militar de corporação militar por cidadão provido de formação cristã não encerra violação à liberdade de crença ou de consciência nem afeta a natureza laica do estado, traduzindo simples opção pelo oferecimento de assistência à liberdade aos integrantes da corporação que professem crença religiosa coadunada com a realidade de que a maioria substancial da população brasileira é cristã, coadunando-se a opção com os regramentos insertos no artigo 5º, incisos VI e VII, da Constituição Federal.

3. Consubstanciando a opção pelos critérios de preenchimento do cargo oferecido - tenente capelão da Polícia Militar do Distrito Federal - manifestação da discricionariedade assegurada ao administrador pautada por critérios de oportunidade e conveniência, não encerrando nenhuma ilegalidade nem vulneração à Constituição Federal, a ação popular não traduz o instrumento adequado para seu questionamento ou invalidação, notadamente quando o almejado com o provimento do cargo oferecido encontra respaldo na Constituição Federal, que resguarda ao estado oferecer assistência religiosa em entidades civis e militares de internação compulsória (CF, art. 5º, VII).

4. Remessa necessária conhecida e improvida. Unânime.

No referido acórdão, o desembargador relator fundamenta que a assistência religiosa, via capelania militar, aos integrantes da Corporação, não prejudica em nenhuma circunstância a natureza laica do Estado. Antes, alega que a existência dessa atividade encontra sustentação no artigo 5º, incisos VI e VII da CF/88.

Desse modo, ao analisar a constitucionalidade do Serviço de Assistência Religiosa presente nas Forças Armadas e nas Forças Auxiliares, deve-se levar em consideração que a concepção de Estado laico estabelecida pela própria CF/88, em seu artigo 19, inciso I, não é de forma alguma absoluta. Isto porque o interesse público sobrepõe qualquer outro princípio (nisto consiste o princípio da supremacia do interesse público). Em segundo lugar, é inequívoco haver interesse público na existência do Serviço de Assistência Religiosa Militar no âmbito das Forças e na nomeação de oficiais capelães, pois dita atividade garante o direito à liberdade religiosa e o direito à prestação de assistência religiosa nas entidades militares previstos na CF/88. Além disso, a assistência religiosa e espiritual contribui para a formação do caráter dos militares levando-se em conta os valores éticos e morais castrenses. Tais atividades são incontestavelmente de interesse público, na medida em que contribuem para a manutenção e para o êxito das missões das Forças.

Por fim, o que se espera de um Estado laico e democrático é que ele seja independente das ingerências de quaisquer segmentos religiosos no curso de sua administração, e, ao mesmo tempo, busque, acima de quaisquer outros interesses, assegurar os direitos individuais e coletivos. Isso posto, é perfeitamente plausível e constitucionalmente recomendável que as religiões e o Estado trabalhem em parceria em prol do interesse público, notadamente no serviço de capelania.

REFERÊNCIAS BIBLIOGRÁFICAS

BASTOS, Celso Ribeiro. *Curso de direito constitucional.* 21. ed. São Paulo: Saraiva, 2000.

BINENBOJM, Gustavo. *Interesses públicos versus interesses privados:* desconstruindo o princípio de supremacia do interesse público. Rio de Janeiro: Lúmen Júris, 2007.

BRASIL. Constituição da República dos Estados Unidos do Brasil, de 18 de setembro de 1946. Disponível em: <http://www.planalto.gov.br/ccivil_03/Constituicao/Constituicao46.htm>. Acesso em: 24 out. 2016.

BRASIL. Constituição da República dos Estados Unidos do Brasil, de 17 de outubro de 1967. Disponível em: <http://www.planalto.gov.br/ccivil_03/Constituicao/Constituicao67.htm>. Acesso em: 24 out. 2016.

BRASIL. Constituição da República dos Estados Unidos do Brasil, de 10 de novembro de 1937. Disponível em: <http://www.planalto.gov.br/ccivil_03/Constituicao/Constituicao37.htm>. Acesso em: 24 out. 2016.

BRASIL. Constituição da República dos Estados Unidos do Brasil, de 16 de julho de 1934. Disponível em: <http://www.planalto.gov.br/ccivil_03/constituicao/constituicao34.htm>. Acesso em: 24 out. 2016.

BRASIL. Constituição da República dos Estados Unidos do Brasil, de 24 de fevereiro de 1891. Disponível em: <http://www.planalto.gov.br/ccivil_03/Constituicao/Constituicao91.htm>. Acesso em: 24 out. 2016.

BRASIL. Constituição da República Federativa do Brasil de 1988. Disponível em: <http://www.planalto.gov.br. visto em 24/10/2016>. Acesso em: 24 out. 2016.

BRASIL. Constituição da República dos Estados Unidos do Brasil, de 25 de março de 1824. Disponível em: <http://www.planalto.gov.br/ccivil_03/Constituicao/Constituicao24.htm>. Acesso em: 24 out. 2016.

BRASIL. DECRETO nº 119-A, de 7 de janeiro de 1890. Disponível em <http://www.planalto.gov.br/ccivil_03/decreto/1851-1899/d119-a.htm>. Acesso em: 24 out. 2016.

CANOTILHO, José Joaquim Gomes. *Direito constitucional*. 7. ed. Coimbra: Almedina, 2008.

CARVALHO, Raquel Melo Urbano de. *Curso de direito administrativo*. Salvador: Jus Podivrm, 2008.

CONSELHO NACIONAL DO MINISTÉRIO PÚBLICO. *Roteiro de Atuação do Ministério Público: Estado Laico e ensino religioso nas escolas públicas*. Brasília: CNMP, 2016. Disponível em <http://www.cnmp.mp.br/portal_2015/publicacoes/245-cartilhas-e-manuais/9344-roteiro-de-atuacao-do-ministerio-publico-estado-laico-e-ensino-religioso-nas-escolas-publicas>.

COSTA, George Augusto Raimundo da; FERRAZ, Adilson Silva. Laicidade e direitos humanos no Brasil. *Revista internacional de direito e cidadania*, n. 7, p. 31-47, jun. 2010.

CUNHA JÚNIOR, Dirley da. *Curso de direito constitucional*. 5. ed. Salvador: Juspodivm, 2011.

DI PIETRO, Maria Sylvia Zanella. O princípio da supremacia do interesse público: sobrevivência diante dos ideais do neoliberalismo. In: DI PIETRO, Maria Sylvia Zanella; RIBEIRO, Carlos Vinícius Alves. (Org.). *Supremacia do interesse público e outros temas relevantes do direito administrativo*. 1. ed. São Paulo: Atlas, 2010.

EXÉRCITO BRASILEIRO. Regulamento disciplinar do Exército, Decreto n° 4.346, de 26 de agosto de 2002.

JUSTEN FILHO, Marçal. *Curso de direito administrativo*. 7. ed. rev. e atual. Belo Horizonte: Fórum, 2011.

LAFER, Celso. Estado Laico. In: *Direitos humanos, democracia e República: homenagem a Fábio Konder Comparato*. São Paulo: Quartier Latin do Brasil, 2009.

MELLO, Celso Antônio Bandeira de. *Curso de direito administrativo*. 19. ed.. São Paulo: Malheiros, 2005.

MENDES, Gilmar Ferreira; COELHO, Inocêncio Mártires; BRANCO, Paulo Gustavo Gonet. *Curso de direito constitucional*. 4. ed. rev. e atual. São Paulo: Saraiva, 2009.

MINISTÉRIO PÚBLICO DO DISTRITO FEDERAL E TERRITÓRIOS. *Procedimento interno de n° 08190.050350/09-31*. Coordenação dos Núcleos de Direitos Humanos, Núcleo de Enfretamento à Discriminação.

MORAES, Alexandre de. *Direito constitucional*. 25. ed. São Paulo: Atlas, 2004.

NOVELINO, Marcelo. *Direito constitucional*. 3. ed. rev., atual. e ampl. São Paulo: Método, 2009.

PINHO, Guilherme Rosa. Entre laicidades: hermenêutica do Art. 19, Inciso "I" da Constituição Federal. *E-Civitas*, Revista Científica do Instituto de Ciências Humanas do UNI-BH, Belo Horizonte, v. 8, n. 2, 2015. Disponível em: <http://revistas.unibh.br/index.php/dcjpg/article/view/1675>. Acesso em: 24 out. 2016.

PONTES DE MIRANDA, Francisco Cavalcanti. *Comentários à Constituição de 1967, com a emenda n. 1, de 1969*. Tomo I, (arts. 1o - 7o). 2. ed. rev. São Paulo: Revista dos Tribunais, 1970.

SILVA, José Afonso da. *Curso de direito constitucional positivo*. 16. ed. São Paulo: Malheiros, 1999, 2005.

SORIANO, Aldir Guedes. *Liberdade religiosa no direito constitucional e internacional*. São Paulo: Juarez de Oliveira, 2002.

CAPÍTULO IV

FUNDAMENTO CIENTÍFICO DA CAPELANIA

Gisleno Gomes de Faria Alves

Desde os primórdios dos tempos, a religiosidade está presente de alguma forma nas organizações humanas. Durante a Idade Média, período em que a capelania começa a ganhar os contornos que temos hoje, conforme vimos no Capítulo II, "Fundamento histórico da capelania", o raciocínio predominante era de que a religião explicava o mundo. No entanto, com o desenvolvimento e a consolidação da ciência moderna, isso foi fortemente questionado. O choque entre essas duas formas de conhecimento — teológico e científico — gerou uma ruptura total na cosmovisão de pessoas e instituições, sobretudo porque o conhecimento teológico era utilizado como forma de dominação e hegemonia da Igreja sobre todas as áreas. Comumente, a religião era utilizada para fazer o interesse privado prevalecer sobre o interesse público.

Em decorrência disso, em muitos momentos, religião e ciência foram tratadas como áreas opostas e irreconciliáveis. Embora essa visão ainda exista nos dias de hoje, o auge da tensão passou. A partir de meados do século passado começou a haver uma aproximação racionalmente aceitável. É inegável para ambas as partes que pessoas religiosas usufruem dos benefícios da ciência, assim como é cada vez mais crescente o número de cientistas que, além de cultivarem a espiritualidade, também constatam cientificamente sua importância para o desenvolvimento do ser humano e de suas organizações. Com a consolidação do Estado democrático de direito e do Estado laico especialmente nas civilizações ocidentais, a religiosidade passa a ser reconhecida, tutelada e até mesmo aceita na esfera do Estado, desde que contribua para o interesse público, matéria discutida anteriormente no Capítulo III, "Fundamento jurídico da capelania".

A partir da segunda metade do século 20, especialmente nas últimas décadas, vem crescendo o interesse pelo lado espiritual do ser humano. Isso se deve a diversos fatores relacionados à nova realidade do mundo pós-guerra e à nova dinâmica de vida imposta pelos avanços tecnológicos, especialmente na área das comunicações. Essa nova configuração acarretou algumas consequências: o despertamento da humanidade para os aspectos existenciais do indivíduo; uma maior valorização dos vínculos interpessoais; a expansão da visão holística sobre o homem e as organizações; bem como a busca das instituições por integrar os interesses corporativos, individuais e sociais.

Esse fato pode ser percebido na própria evolução do conceito de saúde: "Uma Resolução publicada na Emenda da Constituição de 7 de abril de 1999 da Organização Mundial da Saúde propõe incluir o âmbito espiritual no conceito multidisciplinar de saúde, que agrega, ainda, aspectos físicos, psíquicos e sociais".[1] Valadares, ao comentar o conceito de saúde, conclui:

> [...] assim, saúde é considerada neste texto como um estado de equilíbrio dinâmico multidimensional, envolvendo tanto aspectos da homeostasia (processos biofisicoquímicos e ambientais) como psicossociais (espiritual, mental, emocional,

---

[1] DAL-FARRA, R.A; GEREMIA, C. Educação em saúde e espiritualidade: proposições metodológicas. *Revista Brasileira de Educação Médica*, Rio de Janeiro, v. 34, n. 4, out./dez. 2010, p. 588.

perceptivo e comportamental) e culturais (saberes, fazeres, regras, normas, estratégias, crenças, ideias, valores, mitos) que se influenciam mutuamente.[2]

Embora esse ideal de saúde integral seja evidenciado em especial na capelania hospitalar, ele está na base do desenvolvimento da assistência religiosa e espiritual em todas as áreas, pois diz respeito ao trato com o ser humano de uma forma geral.

À luz de pesquisas relevantes sobre o tema no Brasil e no exterior, o presente capítulo discorrerá sobre os conceitos de espiritualidade e religiosidade, os benefícios pessoais do cultivo da espiritualidade, a espiritualidade como fator de proteção e enfrentamento do estresse, os benefícios da espiritualidade no ambiente de trabalho e, por fim, o papel da capelania e do capelão no fomento da espiritualidade em uma instituição.

1. ESPIRITUALIDADE E RELIGIOSIDADE

A dificuldade de se definir o conceito de espiritualidade está no fato de que este varia de cultura para cultura, de religião para religião, de pessoa para pessoa. Por vezes, espiritualidade e religiosidade são tratadas como sinônimos, o que também é problemático. No entanto, vários pesquisadores têm se debruçado sobre o assunto, chegando a conclusões que apontam para uma ideia relativamente pacífica de que a espiritualidade seria o gênero e a religiosidade a espécie.

A espiritualidade[3], *lato sensu*, é entendida pelos pesquisadores como uma força interna voltada para o sentido da vida, integridade interior, otimização do potencial interno, ética,

---

[2] VALADARES, V. M. Conforto, saúde e espiritualidade. In: SALGADO, Mauro Ivan; FREIRE, Gilson (Orgs.). *Saúde e espiritualidade*. v. II. Belo Horizonte: INEDE, 2013. p. 476.

[3] É importante frisar que aqui nos referimos ao conceito acadêmico de espiritualidade, não à espiritualidade cristã revelada na Bíblia, que consiste em ser guiado pelo Espírito Santo e fazer o que agrada a Deus.

moralidade, infinitude, valorização do sagrado, crença em Algo Maior etc. A religiosidade, por sua vez, é considerada a forma ou o padrão coletivamente estabelecido e pessoalmente escolhido pela pessoa para exercer sua espiritualidade, embora nem sempre o exercício da espiritualidade se enquadre em um padrão religioso tradicional. Em regra, a religiosidade é a vivência de um paradigma religioso compartilhado em um tempo ou local, na esfera das religiões.

Sobre a relação entre religiosidade e espiritualidade, Saad e Medeiros asseveram:

> [...] a espiritualidade pode ser forte em pessoas de diferentes religiões, bem como em pessoas com crenças pessoais que não se encaixam em uma religião formal. No sentido oposto, uma pessoa pode ter uma religiosidade forte (frequentando cultos regularmente), mas ter uma espiritualidade pouco desenvolvida (por não vivenciar esses aspectos em seu interior).[4]

Harold Koenig, médico psiquiatra norte-americano, um dos maiores pesquisadores mundiais sobre o tema, dedica um capítulo de seu livro *Medicina, religião e saúde* à definição dos termos espiritualidade e religião. Após debater conceituações complexas de vários autores, reconhecendo de alguma forma todos os aspectos já apresentados até aqui, Koenig parte da simples definição de Hufford (2005) e formula sua própria definição:

> No final, Hufford define espiritualidade simplesmente como 'relação pessoal com o transcendental' e religião como 'os aspectos comunitários e institucionais da espiritualidade'. Para fins de pesquisa, minha definição de espiritualidade aproxima-se mais da de Hufford. Para facilitar a medição como conceito único e distinto, acredito que devemos desenvolver

---

[4] SAAD, M.; MEDEIROS, R. Assistência espiritual em hospitais. In: SALGADO, Mauro Ivan; FREIRE, Gilson (Orgs). *Saúde e espiritualidade*. v. II. Belo Horizonte: INEDE, 2013. p. 353.

a definição de espiritualidade às suas origens na religião, seja tradicional ou não tradicional. [...] Como a palavra espiritualidade tem sido historicamente associada à religião ou ao sobrenatural e envolve linguagem religiosa, argumento que, para chamar algo de espiritual, é preciso haver alguma conexão com religião. [...] Minha definição da palavra religião também inclui tipos pessoais e privados de crenças e de atividades não associadas ao culto organizacional ou institucional. Religião também inclui a busca ou a procura do sagrado ou transcendental, como a dimensão de busca religiosa mediria. No entanto, se não existir uma conexão com a religião ou com o sobrenatural, então eu não chamaria uma crença, prática ou experiência de espiritual. Eu a chamaria de humanística .[5]

Koenig assevera ainda que é necessário definir bem o conceito de espiritualidade para fins de pesquisa, sem desconsiderar, no entanto, as peculiaridades das definições pessoais do paciente em ambiente clínico, haja vista que se tem por objetivo utilizar todos os recursos que o paciente tem em benefício de seu próprio tratamento. Em outros contextos, trata-se de utilizar a espiritualidade para potencializar e/ou otimizar os recursos pessoais.

Ferreira e Ziti ressaltam que "é bom lembrar que há uma diferença entre a assistência religiosa e assistência espiritual, apesar de essas duas estarem num mesmo nível".[6] Em regra, as leis que versam sobre capelania militar fazem distinção entre assistência religiosa e assistência espiritual, a exemplo da Lei nº 6.923, de 29 de junho de 1981, que dispõe sobre o Serviço de Assistência Religiosa nas Forças Armadas. Em seu artigo 2º, tal lei estabelece que "o Serviço de Assistência Religiosa tem por finalidade prestar assistência religiosa e espiritual aos

---

[5] KOENIG, H. *Medicina, religião e saúde*. Porto Alegre: L&PM, 2012. p. 16-17.
[6] FERREIRA, D. & ZITI, L. M. *Capelania hospitalar cristã: manual didático e prático para capelães*. São Paulo: SOCEP, 2010. p. 31.

militares, aos civis das organizações militares e às suas famílias, bem como atender a encargos relacionados com as atividades de educação moral realizadas nas Forças Armadas".[7]

Apesar de estabelecerem a distinção, essas leis geralmente não trazem definição objetiva do que seria cada tipo de assistência. Por isso, seguindo o raciocínio desenvolvido por Koenig bem como outros estudos na área, é razoável propor as seguintes definições:[8]

- *A assistência religiosa compreende o exercício de cultos, a celebração de ofícios, ordenanças, sacramentos e outros atos religiosos, de caráter confessional, em benefício dos integrantes da Instituição.*
- *A assistência espiritual compreende o exercício de atividades de caráter religioso que transcendem os limites confessionais, com o objetivo de promover o desenvolvimento pessoal e institucional, elevar o moral individual e coletivo, bem como possibilitar um convívio fraternal e harmonioso nos ambientes profissional, familiar e comunitário.*

BENEFÍCIOS PESSOAIS DA ESPIRITUALIDADE

Seguindo o conceito de saúde integral referido anteriormente, podemos afirmar que, se espiritualidade e religiosidade fazem bem à saúde humana, logo, hão de ser benéficas para a vida de uma pessoa como um todo, incluindo relacionamentos, trabalho etc. Existem inúmeros estudos no Brasil e no exterior sobre a influência da religiosidade e da espiritualidade na vida de uma pessoa. Em razão disso, serão utilizados como referência nesta parte apenas livros e artigos que fazem um apanhado geral sobre resultados de pesquisas na área.

---

[7] BRASIL. Lei nº 6.923, de 29 de junho de 1981. Dispõe sobre o Serviço de Assistência Religiosa nas Forças Armadas.

[8] No capítulo VI será desenvolvida maior discussão sobre esses conceitos.

Em linhas gerais, fundamentado na análise de uma coletânea de estudos e pesquisas sobre a relação entre religião e saúde, Koenig concluiu que é possível afirmar que a religião funciona como motivadora do comportamento de enfrentamento; como fonte de suporte social; como catalisadora de mudança comportamental e como agente pró-social, isto é, impulsionadora de atos de altruísmo e ajuda ao próximo. Dessa forma, todas as áreas da vida podem ser positivamente afetadas pela religiosidade.

Na mesma linha, Stroppa e Moreira, após levantamento de vários estudos sobre os efeitos do envolvimento religioso, afirmam:

> A ampla maioria dos estudos de boa qualidade realizados até o momento aponta que maiores níveis de envolvimento religioso estão associados positivamente a indicadores de bem-estar psicológico, como satisfação com a vida, felicidade, afeto positivo e moral elevado, melhor saúde física e mental. O nível de envolvimento religioso tende a estar inversamente relacionado à depressão, pensamentos e comportamentos suicidas, uso e abuso de álcool e outras drogas.[9]

Fazendo referência a uma pesquisa que realizou com sua equipe, Koenig[10] afirma ter encontrado cem estudos que examinaram ligações entre a religiosidade e medidas de bem-estar, como satisfação com a vida, felicidade, afeto positivo ou estado de espírito elevado. Segundo ele, "desses estudos, quase 80% verificaram que pessoas religiosas tinham bem-estar significativamente maior do que aquelas menos religiosas". Ao refletir sobre tal achado, concluiu que "a religião pode levar a maior bem-estar por uma série de caminhos. Pode ser pela promoção da esperança, do otimismo e da alegria, aumentando o suporte social e dando propósito e significado à vida".

---

[9] STROPPA, André; MOREIRA, Alexander. Religiosidade e saúde. In: SALGADO, Mauro Ivan; FREIRE, Gilson (Orgs). *Saúde e espiritualidade*. v. I. Belo Horizonte: INEDE, 2008. p. 427.

[10] KOENIG, *Medicina, religião e saúde*, p. 78, nota 5.

Sobre resultados como esses, Stroppa e Moreira[11] chamam a atenção para o fato de que "embora as correlações sejam modestas, elas igualam ou excedem as encontradas entre bem-estar e outras variáveis de suporte social consideradas importantes, como estado conjugal ou renda, que têm sido frequentemente investigadas". Ressaltam ainda que "essas associações positivas entre prática religiosa e bem-estar pessoal têm sido semelhantes em amostras de diferentes centros de pesquisa, envolvendo uma diversidade de religiões, raças e idades"[12]

As conclusões desses estudos revelam que a associação positiva entre religiosidade e bem-estar se mantém mesmo diante da alteração de outras variáveis como situação conjugal, idade, gênero, nível educacional e socioeconômico, as quais poderiam influenciar os resultados. Diante disso, podemos afirmar com bastante razoabilidade que, se temos em mente o bem-estar de alguém, não levar em conta sua religiosidade seria um grande equívoco.

A prática religiosa é um elemento de proteção contra o alcoolismo, contra a dependência química, contra a depressão, contra o suicídio e contra as doenças sexualmente transmissíveis. Isso significa que pessoas com envolvimento religioso têm menos chances de se encontrarem nessas situações. Não pela religião em si, mas devido aos comportamentos que as religiões em geral incentivam. A exemplo disso, Koenig, McCullough e Larson (2001) relatam que "mais de 80% dos 120 estudos publicados até 2000 relacionando religiosidade e uso e abuso de álcool e outras drogas apresentaram uma correlação inversa entre essas variáveis, tanto entre adolescentes quanto em adultos"[13].

---

[11] STROPPA, André; MOREIRA, Alexander. Religiosidade e saúde, p. 437, nota 9.
[12] STROPPA, André; MOREIRA, Alexander. Religiosidade e saúde, p.437, nota 9.
[13] KOENIG, Harold George; McCULLOUGH, Michael & LARSON, David. *Handbook of religion and health*. New York:Oxford University Press, 2001.

Na mesma linha, Stroppa e Moreira (2008) [14] registram:

> [...] um estudo brasileiro envolvendo 2.287 estudantes de Campinas (SP), da mesma forma, indicou que fatores religiosos estão fortemente associados com menor uso de drogas. Estudantes que não receberam educação religiosa na infância apresentaram um maior uso de *ecstasy*, cocaína e outros medicamentos.
> Outro estudo brasileiro, envolvendo 2.410 estudantes de Pelotas (RS), mostrou que a ausência de práticas religiosas estava associada a um aumento de 30% no uso de drogas.

Há uma série de achados de pesquisa nos Estados Unidos, grande parte deles catalogados por Koenig (2008) e Koenig, McCullough e Larson (2001),[15] constatando que pessoas mais assíduas nas práticas religiosas são menos suscetíveis ao uso de drogas lícitas como álcool, fumo e medicamentos, bem como de drogas ilícitas, em comparação com pessoas não religiosas.

Em relação à religiosidade como fator de proteção contra o suicídio, Stroppa e Moreira (2008) concluem que os resultados de várias pesquisas sobre o tema permitem afirmar que é verídica a associação entre maior religiosidade e menor frequência de comportamento suicida:

> Muitos estudos indicam que o nível de envolvimento religioso em uma dada área é inversamente proporcional ao número de mortes por suicídio. Além de propiciar uma rede social de apoio, outros mecanismos são propostos para explicar o efeito protetor do envolvimento religioso contra o suicídio. São eles: crenças na vida após a morte, autoestima e objetivos para a vida, modelos de enfrentamento de crises, significado para as dificuldades da vida, uma hierarquia social

---

[14] STROPPA, André; MOREIRA, Alexander. Religiosidade e saúde, p. 440, nota 9.
[15] Nota 5 e Nota 13.

que difere da hierarquia socioeconômica da sociedade, além de desaprovação enfática ao suicídio.[16]

O capelão Cláudio Pombal, ao discutir sobre o suporte científico da Logoterapia (psicologia do sentido da vida) de Viktor Frankl para a capelania hospitalar, aponta para algo que se aplica, na verdade, a todas as áreas de capelania, ao afirmar:

> O trabalho de capelania hospitalar lida de modo bastante premente com a tríade trágica. A dor, a culpa e a morte são experiências, em alguma medida, presentes na conjuntura do paciente hospitalar. O capelão deve trabalhar visando o encontro de sentido no cerne de tais experiências. Ou ainda visando o encontro do suprassentido diante das experiências não redutíveis a uma lógica clara e óbvia.[17]

Um forte fator advindo da prática religiosa diz respeito ao estilo de vida e à visão de mundo desenvolvida pela pessoa. Enquanto hábitos e comportamentos nocivos à saúde e ao convívio social são desestimulados, certas atitudes que trazem consequências positivas são reforçadas. Em regra, persistência, perdão, empatia, altruísmo e comedimento compõem o mote religioso. Segundo Koenig, McCullough e Larson (2001), "doenças graves estão frequentemente relacionadas a comportamento e estilo de vida. Religiosidade desestimula comportamentos e hábitos nocivos como tabagismo, uso excessivo de álcool, consumo de drogas e comportamento sexual de risco"[18].

No aspecto preventivo, o estilo de vida desenvolvido sob influência da religiosidade também demonstra um papel

---

[16] STROPPA, André; MOREIRA, Alexander. Religiosidade e saúde, p. 440-441, nota 9.

[17] POMBAL, C. M. *Logoterapia e capelania hospitalar: suporte científico e assistência religiosa*. Rio de Janeiro: Escola Superior de Comando de Bombeiro Militar, 2010. p. 19.

[18] KOENIG, Harold George; Mccullough, Michael & LARSON, David. Handbook of Religion and Health. New York:Oxford University Press, 2001.

preponderante, já que "o treinamento religioso em um contexto familiar, escolar ou eclesiástico durante a juventude ajuda a infundir honestidade, confiabilidade, pureza, responsabilidade e preocupação com os outros que podem influenciar decisões futuras no decorrer da vida".[19]

Quando se trata de necessidade de mudança comportamental, a religiosidade também pode ser um fator primordial. Em referência a estudos sobre o papel da religiosidade em programas cujo público-alvo era composto por presidiários, Koenig ressalta que "prisioneiros que concluíam um programa na prisão baseado em fé, incluindo oração e estudo de Escrituras, tinham probabilidade em torno de 50% menor de serem presos ou reencarcerados durante um acompanhamento de dois anos, comparados a um grupo de controle pareado de outros prisioneiros"[20].

Os achados mencionados reforçam a necessidade de participação da assistência religiosa e espiritual em programas institucionais de superação de dependência química e de ressocialização de custodiados que cumprem pena. Permitem inferir que um trabalho de capelania bem executado pode trazer grandes resultados para programas que envolvam necessidade de mudança comportamental em algum aspecto.

Pesquisas mostram que o envolvimento religioso também traz resultados positivos em situações que impliquem internação ou vivência de estresse. As conclusões de Murakami e Campos sobre isso são bastante relevantes e aplicáveis a diversos contextos, especialmente os que envolvam a superação de desafios:

> A participação em grupos religiosos que trazem suporte psicossocial confere benefícios para a saúde, como a promoção

---

[19] KOENIG, H. *Medicina, religião e saúde*, p. 59. Nota 5.
[20] KOENIG, H. *Medicina, religião e saúde*. P. 59. Nota 5.

de restabelecimento de vínculos com a comunidade, que está associado a sentimentos de autoestima e emoções positivas sobre si. O apoio social e psicológico que líderes religiosos oferecem a fiéis motivados em recebê-lo foi efetivo para o bem-estar pessoal, promovendo a resolução de conflitos e a redução de sintomas psiquiátricos.[21]

É bem possível que esse entendimento tenha influenciado a decisão da Assembleia Constituinte de 1988 de garantir a assistência religiosa em instituições civis e militares de internação coletiva (artigo 5º, VII da CF/88).[22]

Ao discorrer sobre as finalidades da assistência religiosa e espiritual, Saad e Medeiros propõem quatro razões pelas quais o cultivo da espiritualidade pode afetar positivamente a saúde:

> a) Respeito ao corpo, ensinado por muitas religiões (gerando melhor nutrição e hábitos de vida); b) melhor estado psicológico (por trazer esperança, perdão, altruísmo e amor); c) otimização de vias psiconeuroimunológicas, psiconeuroendócrinas e psicofisiológicas; d) melhor estratégia do cuidar e redução do estresse.[23]

Em suma, há uma alta gama de estudos que demonstram os efeitos positivos da espiritualidade e da prática religiosa para uma pessoa. Em linhas gerais, esses benefícios alcançam todas as áreas da vida e se estendem às relações sociais. Revelam que essa prática influencia a melhoria da saúde física e mental, com potencial preventivo e curativo para uma série de enfermidades, podendo gerar prolongamento de vida,

---

[21] MURAKAMI, R; CAMPOS, C. J. G. "Religião e saúde mental: desafio de integrar a religiosidade ao cuidado com o paciente". *Revista Brasileira de Enfermagem*, Brasília: 2012 mar-abr; 65(2): 361-7, p. 364.

[22] BRASIL. Constituição da República Federativa do Brasil de 1988.

[23] SAAD, M. & MEDEIROS, R. Assistência espiritual em hospitais. In: SALGADO, Mauro Ivan; FREIRE, Gilson (Orgs). *Saúde e espiritualidade*. v. II. Belo Horizonte: INEDE, 2013. p. 353.

melhorar a qualidade de vida e trazer sentido à vida. Ao citar a revisão de Wever e Koenig sobre os principais artigos correlacionando religião e saúde, publicados entre os anos de 2001 e 2005, Stroppa e Moreira apontam sua conclusão de que "a maior parte desses estudos confirma a conexão positiva entre envolvimento religioso e saúde física e mental, além de bem-estar social, qualidade de vida, atitudes e comportamentos saudáveis".[24]

3. ESPIRITUALIDADE E ENFRENTAMENTO DO ESTRESSE

Os benefícios da espiritualidade e da religiosidade para o desenvolvimento pessoal foram anteriormente relatados. No entanto, isso se evidencia muito mais em contextos onde há elevados níveis de estresse. "Habitualmente, o impacto positivo do envolvimento religioso na saúde mental é mais intenso entre pessoas sob estresse ou em situações de fragilidade. (...) Uma constatação sobremaneira importante é que pessoas religiosas, frequentemente, apresentam maior capacidade de lidar com circunstâncias adversas de vida ao utilizar o *coping* positivo".[25]

Um desdobramento natural do impacto da religiosidade sobre o estresse é que ela se caracteriza como um fator de grande valia em profissões em que há risco de morte, como militares, policiais e bombeiros, pois traz respostas para as questões existenciais, força para enfrentamento de dificuldades e esperança face à finitude e à limitação humana. Por essa razão, muitas pesquisas apresentam a prática religiosa como um elemento de proteção e como uma forma de enfrentamento. Stroppa e Moreira afirmam:

[24] STROPPA, André; MOREIRA, Alexander. Religiosidade e saúde, p. 442, nota 9.
[25] STROPPA, André; MOREIRA, Alexander. Religiosidade e saúde, p. 444, nota 9.

[...] a religião oferece uma variedade de métodos ou estratégias de *coping*, que, contrariando o estereótipo de que seriam meramente defensivos, passivos, focados na emoção ou formas de negação, se mostram cobrindo toda uma série de comportamentos, emoções, cognições e relações.".[26]

Estudos têm mostrado que encarar a espiritualidade e a religiosidade meramente como uma fuga da realidade é um grande equívoco. Há casos em que isso realmente se aplica, caracterizando muitas vezes uma forma doentia de prática religiosa. Todavia, na maioria dos casos, religiosidade e espiritualidade estão associadas ao aumento da resiliência, à capacidade de enfrentar dificuldades e ao maior índice de superação de situações estressantes.

Murakami e Campos, ao realizarem revisão bibliográfica em treze artigos publicados no Brasil relacionados à religião, religiosidade e saúde mental, organizaram seus achados em seis categorias: a religião como dimensão que contribui para uma melhor qualidade de vida; a religião como rede de apoio social; a religião como atribuidora de sentido ao sofrimento; a relação entre intensidade do envolvimento religioso e prevalência de transtornos mentais; a religião como causadora de danos à saúde mental; e a integração da religiosidade no cuidado com o paciente. Em suas discussões, sustentam que, embora seja possível que a religião esteja associada à gênese ou à intensificação de patologias, em regra, seus efeitos são muito positivos.

Saad e Medeiros afirmam que "é sabido que indivíduos com envolvimento espiritual tendem a enfrentar situações adversas com mais sucesso, e que isso está associado à remissão mais rápida de depressão".[27] Koenig afirma que "além de pesquisas que demonstram uma relação inversa entre envolvimento

---

[26] STROPPA, André; MOREIRA, Alexander. Religiosidade e saúde, p. 436, nota 9.

[27] SAAD, M. & MEDEIROS. *Assistência espiritual em hospitais*, p. 354, nota 26.

religioso e aflição emocional, também há diversos estudos que relatam associações entre religião e emoções positivas".[28]

Stroppa e Moreira trazem uma reflexão importante sobre isso:

> A tradição religiosa ocidental dá ênfase a uma relação pessoal com Deus e com o próximo. Essas relações podem ter importantes consequências sobre a saúde mental, especialmente com respeito ao enfrentamento de circunstâncias difíceis de vida que acompanham a doença e suas limitações. Crenças e práticas religiosas podem reduzir a sensação de desamparo e perda do controle que acompanham doenças físicas. A percepção de uma relação com Deus pode oferecer uma visão de mundo que proporciona socorro e sentido ao sofrimento e à doença. Pessoas enfermas podem colocar suas habilidades a serviço da comunidade proporcionando-lhes um sentido para a vida.[29]

As conclusões da revisão de Murakami e Campos (2012) também corroboram com esse pensamento:

> Mais de 850 estudos examinaram a relação entre envolvimento espiritualista e vários aspectos da saúde mental, sendo que a maioria obteve como resultado que pessoas vivenciam melhor saúde mental e se adaptam com mais sucesso ao estresse se são religiosas, além de terem estilos de vida mais salutares e fazerem menor uso de serviços de saúde. As práticas religiosas podem ajudar a manter a saúde mental e prevenir doenças mentais, porque elas influenciam psicodinamicamente, auxiliando o indivíduo a lidar com a ansiedade, medos, frustrações, raiva, sentimentos de inferioridade, desânimo e isolamento.[30]

---

[28] KOENIG, H. *Medicina, religião e saúde*, p. 78, nota 6.
[29] STROPPA, André; MOREIRA, Alexander. Religiosidade e saúde, p. 436, nota 9.
[30] MURAKAMI, R; CAMPOS, C. J. G. Religião e saúde mental, p. 364.

Com o intuito de explicar as razões pelas quais a religiosidade atinge essas situações de forma positiva, Koenig relata:

> Assim, se as crenças e as práticas religiosas, como a oração, ajudam as pessoas a enfrentar e reduzir o nível de estresse, então tais atividades também devem estar relacionadas à saúde física, considerando o que sabemos sobre os efeitos do estresse psicológico e da depressão sobre o corpo.[31]

Além disso, a vivência comunitária da religiosidade, em qualquer contexto, pode potencializar esses efeitos. "A continuidade nas relações com amigos, família e outros grupos de apoio, pode facilitar a adesão aos programas de promoção da saúde, pelo oferecimento de conforto em momentos de sofrimento, estresse e dor, diminuindo o impacto da ansiedade e outras emoções"[32].

Os resultados mencionados até aqui traduzem cientificamente a razão pela qual a existência de sacerdotes ao lado das tropas e dos locais de internação remonta ao início da existência humana, persistindo até aqui e tende a se ampliar. As atividades de segurança pública bem como as situações de hospitalização e encarceramento possuem alto potencial para gerar ansiedade, medo, frustração, raiva, sentimentos de inferioridade, desânimo e isolamento. Por isso, desde tempos remotos, as pessoas que se encontram nas organizações que atuam nessas áreas buscam, na religiosidade, forças para superar os desafios inerentes à realidade vivenciada no dia a dia.

Uma pesquisa realizada com 115 participantes, entre policiais militares e seus cônjuges, de diversas turmas de cursos oferecidos pela capelania militar da PMDF no ano de 2014, revelou dados que reforçam essa linha de raciocínio: 87,92% afirmou que o conteúdo do curso contribuiu para a melhoria

---

[31] KOENIG, H. *Medicina, religião e saúde*, p. 56.
[32] MURAKAMI, R; CAMPOS, C. J. G. Religião e saúde mental, p. 364, nota 33.

de seu serviço policial militar; 92,42% afirmou que o curso pode ajudar a evitar que um policial ou familiar cometa suicídio; 97,22 respondeu que o curso pode ajudar a evitar a violência doméstica praticada por policial; e 99,37% relatou que o curso o(a) incentivou a valorizar o ser humano e respeitar os direitos humanos[33]. Isso reforça inequivocamente que essas questões, que são todas fortemente influenciadas pelo estresse vivenciado no contexto de segurança pública, podem ser enfrentadas por meio do cultivo da espiritualidade.

4. BENEFÍCIOS DA ESPIRITUALIDADE NO AMBIENTE DE TRABALHO

Um dado que revela o crescimento do interesse pela espiritualidade é a sua inclusão nas discussões e práticas institucionais. É cada vez maior a quantidade de empresas que têm investido nessa dimensão, com o intuito de incrementar a qualidade de vida no trabalho e melhorar o desempenho. Isso pode ser feito de maneira informal ou formal, por meio de capelanias.

Para Kivitz o processo que explica por que e como surgiram esses fatores determinantes da relação espiritualidade, trabalho, negócios e mundo corporativo pode ser resumido em pelo menos quatro aspectos:

> (1) a superação do modelo Taylor/Ford como forma de estruturação do trabalho; (2) a substituição da física mecanicista pela ecologia profunda como paradigma de pensamento para os modelos de gestão; (3) o desencantamento do mundo e a secularização; (4) o surgimento de uma espiritualidade não religiosa na sociedade pós-moderna.[34]

---

[33] POLÍCIA MILITAR DO DISTRITO FEDERAL. Boletim do Comando Geral n° 170, de 14/09/2015, p. 16.

[34] KIVITZ, E. R. *Espiritualidade no mundo corporativo: aproximações entre prática religiosa e vida profissional*. Dissertação de mestrado. São Bernardo: UMESP, 2007. p.57.

Entre as razões para o crescente interesse das organizações pela espiritualidade, Robbins[35] cita: o anseio do homem contemporâneo por laços comunitários, envolvimento e conexão; a necessidade de outras referências capazes de preencher o crescente vazio que sentem com a vida; a necessidade de compreensão do sentido do trabalho, parte dominante da vida de uma pessoa; o desejo de integrar os valores pessoais e profissionais e a descoberta de que a busca por bens materiais não traz satisfação.

O estabelecimento do artigo 5°, inciso VII na Carta Magna brasileira também pressupõe esse viés. Essa norma visa estabelecer, no campo jurídico, condições para que o exercício profissional não impeça o indivíduo de usufruir de um de seus direitos fundamentais: o cultivo de sua religião e espiritualidade. O instituto traz consigo o conceito de que esse cultivo promove o bem-estar a quem o pratica, a seus familiares e à profissão.

No âmbito das pesquisas, ganham proporção os estudos relacionados à espiritualidade no ambiente de trabalho (EAT). Sobre isso, Barreto, Thompson e Feitosa afirmam:

> [...] a grande maioria dos trabalhos de base, tanto acadêmica quanto popular, tem se preocupado com o estudo de resultados positivos e, geralmente, considera o fenômeno da EAT como uma evolução positiva, sendo o mesmo reconhecido amplamente como "ganha-ganha-ganha": bom para o trabalhador, bom para os colegas de trabalho do empregado, e bom para a organização.[36]

Entretanto, para se falar em EAT e discutir seus benefícios para a organização, é preciso aplicar o conceito de espiritualidade à vivência no contexto corporativo. Vasconcelos o faz da seguinte forma:

---

[35] ROBBINS, S. *Comportamento organizacional*. São Paulo: Pearson Prentice Hall, 2005.

[36] BARRETO, T.; THOMPSON, A. C. R. T. F.; FEITOSA, M. G. G. *Espiritualidade no ambiente de trabalho: revisão dos conceitos, dimensões e críticas*. ANAIS DO XXXI ENEGEP. Belo Horizonte, 2011, p. 9.

[...] Espiritualidade é um processo de movimentação de poderosas forças universais que jazem no nosso íntimo em direção ao mundo exterior. No contexto do trabalho, implica externar plenamente todo o arsenal de virtudes e qualidades intelectuais que já possuíamos com vistas à construção de experiências mais enriquecedoras e realizadoras para nós e para os que nos cercam ou dependem do nosso esforço.[37]

Barreto, Thompson e Feitosa[38] formularam um quadro no qual apresentam, com base em análise de vários artigos relacionados à espiritualidade nas organizações, as principais dimensões da espiritualidade individual e da espiritualidade no ambiente de trabalho:

Quadro 1

Principais dimensões

Espiritualidade no ambiente humano	→	Espiritualidade

| Significado da vida
Valores éticos/morais
Dimensão de Infinito
Completude Interior
Busca pelo sagrado
Transcendência*
Crença em algo Maior | → | Atitudes
Transformação
Qualidades do espírito
Conexão com os outros
Conexão com tudo | → | Significado do trabalho
Alegria no trabalho
Sentimento de comunidade
Vida integrada

Colaborador | Líderes | • Humanização
• Responsabilidade Social
• Cidadania Corporativa
• Compartilhamento de riqueza e conhecimento
• Promoção da saúde
Organização |

Fonte: Barreto, Thompson e Feitosa (2011).

O quadro mostra que o conceito de espiritualidade é apontado pelos diversos escritores considerados na pesquisa como algo relacionado ao significado da vida, valores éticos/morais, dimensão de infinito, completude interior, busca pelo sagrado, transcendência e crença em Algo Maior. Nesse contexto, o

---

[37] Vasconcelos, A. F. *Espiritualidade no ambiente de trabalho: dimensões, reflexões e desafios*. São Paulo: Atlas, 2008. p. 17.

[38] Barreto, T., Thompson, A. C. R. T. F.; Feitosa, M. G. G. *Espiritualidade no ambiente de trabalho*, p. 8, nota 38.

estudo de Barreto, Thompson e Feitosa mostra também que a maioria dos autores da área refere-se à espiritualidade como um elemento fundamental das religiões. Todavia, não se pode afirmar o contrário, já que as dimensões da transcendência e da crença em Algo Maior (marcadas com asterisco no quadro) não estão sempre presentes na espiritualidade em geral.

Já a espiritualidade no ambiente de trabalho é mostrada na figura como fruto da espiritualidade individual e como fator integrante da cultura organizacional. Em termos de espiritualidade no ambiente de trabalho (EAT), o colaborador e a organização influenciam-se mutuamente, em especial pela ação de líderes. Para o colaborador, ela reflete sobre o significado do trabalho e a alegria nele, bem como sobre o sentimento de comunidade e a integração entre vida pessoal e profissional. Com relação à organização, ela redunda em maior humanização, responsabilidade social, cidadania corporativa, compartilhamento de riqueza, conhecimento e promoção da saúde.

Robbins[39] entende que "a espiritualidade no ambiente de trabalho apenas reconhece que as pessoas possuem uma vida interior, que alimenta e é alimentada por um trabalho com significado, realizado dentro do contexto de uma comunidade". Para esse autor, a espiritualidade no ambiente de trabalho "remete às discussões sobre temas como valores, ética, motivação, liderança e equilíbrio entre a vida profissional e a vida pessoal"[40].

Entretanto, apesar de a espiritualidade, tanto no sentido particular quanto no corporativo, estar relacionada a questões éticas, morais e profissionais, Barreto, Thompson e Feitosa alertam para o cuidado que se deve ter ao analisar seus resultados:

> [...] enfatiza-se neste momento que tanto a espiritualidade como consequentemente a EAT são um processo evolutivo,

---

[39] ROBBINS, S. *Comportamento organizacional*, p. 389.

[40] ROBBINS, S. *Comportamento organizacional*, p. 390.

e não uma qualificação estática, mas um movimento de transformação, ou seja, não significa que uma pessoa espiritualizada tenha todas as virtudes, mas sim que [esta se] encontra num processo de busca para atingi-las.[41]

Mesmo que seus benefícios sejam processuais e avancem com o tempo, são passíveis de verificação. Ao citar Garcia-Zamor, em seu artigo *Workplace spirituality and organizational performance*, Vasconcelos elenca três aspectos vitais da espiritualidade que são relevantes para o ambiente de trabalho: "(1) reconhecimento e aceitação da responsabilidade individual pelo bem comum, (2) pelo entendimento da interconexão em tudo na vida e (3) pelo ato de servir à humanidade e ao planeta".[42]

De acordo com Vasconcelos, uma empresa que leve em conta a espiritualidade no trabalho, estimula os seguintes fatores:

> a qualidade pessoal dos seus membros; (2) a responsabilidade profissional de cada um; (3) a qualidade dos relacionamentos; (4) a qualidade nos seus produtos; (5) a qualidade dos processos de gestão; (6) a declaração, o desenvolvimento e a assimilação de valores; e (7) o estabelecimento de uma parceria ativa com os *stakeholders*[43].[44]

Reportando-se a pesquisas na área, Vasconcelos aponta para a "possibilidade de maximização do capital humano como consequência da orientação à espiritualidade no trabalho".[45] Essa afirmação encontra guarida na revisão teórica realizada por Reave, no artigo *Spiritual Values and practices releated to*

---

[41] BARRETO, T.; THOMPSON, A. C. R. T. F.; FEITOSA, M. G. G. *Espiritualidade no ambiente de trabalho*, p. 7, nota 38.

[42] VASCONCELOS, A. F. *Espiritualidade no ambiente de trabalho*, p. 20.

[43] *Stakeholders*: termo que se refere aos legítimos interessados nas ações de uma organização e que, de alguma forma, podem afetar seu desempenho.

[44] VASCONCELOS, A. F. *Espiritualidade no ambiente de trabalho*, p. 43.

[45] VASCONCELOS, A. F. *Espiritualidade no ambiente de trabalho*, p. 55.

leadership effectiveness, no qual analisou mais de 150 estudos, chegando ao seguinte resultado:

> [...] identificou elevada consistência entre os valores (em termos de ideais estabelecidos), práticas encontradas em diversos ensinos de cunho espiritualizante e valores e práticas empregados por líderes aptos a motivar seus seguidores, a criar um clima positivamente ético, a inspirar confiança, a promover relacionamentos positivos no trabalho e a alcançar metas organizacionais, tais como produtividade elevada, reduzidos níveis de *turnover*,[46] maior sustentabilidade e aumento na saúde dos empregados (VASCONCELOS, 2008, p. 46).[47]

Corrobora com isso a pesquisa realizada por Souto e Rego (2006), publicada nos Anais do Encontro Anual da Associação Nacional de pós-graduação em Administração, em que se buscou correlacionar produtividade pessoal, comprometimento organizacional (afetivo, normativo e instrumental) e espiritualidade nas organizações:

> As evidências empíricas coletadas nesse estudo sugerem que os indivíduos desenvolvem laços afetivos e normativos mais fortes com a organização, um laço instrumental mais fraco e uma maior produtividade quando sentem que: (a) trabalham para um ambiente rico em sentido de comunidade; (b) os seus valores estão alinhados com os da organização; (c) realizam trabalho útil à comunidade e (d) obtêm alegria no que fazem profissionalmente (VASCONCELOS, 2008, p. 64-65).[48]

Diante do exposto, fica evidente que a espiritualidade no ambiente de trabalho pode ser uma abordagem importante

---

[46] *Turnover:* termo utilizado em Recursos Humanos para designar a rotatividade de pessoal.

[47] Apud VASCONCELOS, A. F. *Espiritualidade no ambiente de trabalho*, p. 46.

[48] Apud VASCONCELOS, A. F. *Espiritualidade no ambiente de trabalho*, p. 64-65.

para a administração de uma instituição. Com relação à gestão de pessoas, ela apresenta-se capaz de contribuir com a disseminação de valores positivos, bem como de interferir na motivação e no comprometimento dos trabalhadores, resultando em maior produtividade e qualidade de vida no trabalho. Paralelamente, tem potencial para agregar valor à imagem institucional, tanto diante do público interno quanto externo. Quanto a esse aspecto, também se revela como elemento estratégico, já que pode servir de ponto de aproximação entre a organização e a comunidade, quando isso é desejado. Os efeitos positivos da espiritualidade no ambiente de trabalho podem ser maiores quando se tem um órgão específico de fomento e um profissional qualificado para a missão.

5. O PAPEL DA CAPELANIA E DO CAPELÃO NO FOMENTO DA ESPIRITUALIDADE NO MEIO INSTITUCIONAL

Como vimos até aqui, as pesquisas mostram majoritariamente que a religiosidade e a espiritualidade podem trazer uma série de benefícios pessoais a quem as cultiva, bem como grandes benefícios às organizações que adotam a espiritualidade no ambiente de trabalho, em especial nos casos em que há elevado nível de estresse na atividade profissional.

Historicamente, instituições militares, hospitalares e prisionais têm lançado mão do recurso da assistência religiosa. Em outras áreas isso tem se tornado realidade, em razão dos resultados positivos que têm sido alcançados. Esses resultados apontam inevitavelmente para o fato de que uma capelania institucional e seus capelães devem atuar como catalisadores do processo que visa ao desenvolvimento do indivíduo e da instituição, fomentando o exercício da espiritualidade por meio de ações coordenadas.

Outra razão para a existência de uma capelania institucional é que espiritualidade e religiosidade são temas sensíveis, que também podem suscitar problemas. Dessa forma, entre as funções do capelão institucional, podem ser citadas: realizar, nortear e orientar essa abordagem, bem como dirimir conflitos que possam advir. Ao discorrer sobre as dificuldades relativas à abordagem espiritual em hospitais, Saad e Medeiros (2013) afirmam:

> Embora as religiões tragam conforto espiritual, sua interpretação descuidada poderia atrapalhar a assistência à saúde. Os profissionais de saúde podem se deparar com situações com potencial para: a) afetar o processo de decisões clínicas; b) gerar crenças que conflitam com tratamento; c) introduzir estigmas espirituais que criam tensão e afetam resultados; d) interferir com aderência ao diagnóstico ou ao tratamento.[49]

Essa constatação aplica-se a todas as áreas de atuação da capelania, resguardado o devido contexto. Em todos os casos, é da capelania, como responsável maior pelo cultivo da espiritualidade no ambiente institucional, a incumbência de velar para que o exercício da espiritualidade sempre redunde positivamente em desenvolvimento pessoal e organizacional.

Saad e Medeiros destacam a razão por que cabe aos capelães essa incumbência, ao afirmarem que "capelães profissionais são clérigos ou pessoas leigas, teológica e clinicamente treinadas".[50] Das qualificações de um capelão apontadas por eles, vale ressaltar a sensibilidade à diversidade cultural e religiosa, o respeito às escolhas de terceiros, o entendimento sobre a problemática enfrentada pela pessoa, o conhecimento sobre o funcionamento da organização, a responsabilidade como integrante da equipe e o compromisso perante o grupo religioso

---

[49] SAAD, M.; MEDEIROS, R. *Assistência espiritual em hospitais*, p. 358, nota 26.

[50] SAAD, M.; MEDEIROS, R. *Assistência espiritual em hospitais*, p. 359.

do qual faz parte. Reforçando a importância do papel do capelão, Koenig cita as constatações de Hausmann (2003), em seu artigo *Chaplain Contacts Improve Treatment Outcomes in Residential Treatment Programs for Delinquent Adolescents*, que indicaram que "a quantidade de tempo com um capelão também foi indicativo de resultados positivos em jovens delinquentes em um programa de tratamento residencial"[51].

Em relação à assistência religiosa voluntária, especialmente quando é realizada por religiosos leigos, é importante que haja uma figura institucional que regulamente e supervisione sua atuação. O ideal é que seja um capelão institucional, participante da equipe profissional da organização. Murakami e Campos, fazendo referência à assistência religiosa hospitalar afirmam:

> [...] o pouco diálogo entre os serviços voltados para a assistência em saúde mental e as entidades representantes das igrejas reforça mitos e desconhecimentos em ambas as partes, gerando o preconceito. Enquanto as instituições religiosas aparecem como fundamentalistas e autoritárias para os profissionais de saúde, estes são considerados arrogantes e onipotentes em suas práticas.[52]

Ao observar a tentativa de Saad e Medeiros em formular uma abordagem padrão para a assistência espiritual à luz de pesquisas e experiências de instituições que a realizam, pode-se concluir que é imprescindível que a equipe profissional consiga identificar a importância que a espiritualidade possui na vida da pessoa atendida bem como sua forma de exercitá-la. Necessário também dispor de meios e pessoas que possam auxiliar a pessoa a pôr sua espiritualidade a serviço da superação de adversidades e da otimização de seus recursos internos. A presença de um

---

[51] KOENIG, H. *Medicina, religião e saúde*, p. 59, nota 5.
[52] MURAKAMI, R; CAMPOS, C. J. G. Religião e saúde mental, p. 364, nota 33.

órgão e um profissional específico para prestação de assistência religiosa e espiritual parece ser o caminho mais seguro.

Algo que se evidencia nos trabalhos mais sólidos de assistência religiosa institucional no Brasil e nos Estados Unidos é a atuação do capelão em equipe interdisciplinar. Nessa perspectiva, todos os profissionais devem ter conhecimento geral sobre os objetivos da instituição e seus protocolos de ação. Além disso, é necessário que o capelão tenha conhecimento sobre a atuação dos demais profissionais e que estes conheçam a forma de atuação do capelão. Importante haver comunicação efetiva entre os diversos segmentos profissionais da equipe e que haja registro dos resultados.

Além de desenvolver campanhas informativas sobre o trabalho de assistência religiosa para os demais integrantes da instituição, a capelania também deve se inteirar e informar os colaboradores sobre os objetivos da instituição e sua forma de funcionamento. O capelão também deve atuar como mediador entre os gestores da instituição e a espiritualidade de cada integrante, com a finalidade de prevenir conflitos.

Muitas vezes, as resistências que uma capelania encontra no dia a dia são consequência de sua negligência em informar a instituição e seus integrantes sobre seu próprio trabalho e em dar publicidade aos resultados alcançados.

Outro aspecto importante é a interação do capelão com os demais profissionais da instituição no desenvolvimento de estratégias organizacionais para o alcance dos objetivos institucionais, em especial para que a espiritualidade seja levada em conta nas ações planejadas. Porto e Reis realizaram uma revisão integrativa com 19 publicações entre teses, dissertações e artigos de revisão que contemplam a temática do estudo e concluíram:

> [...] as pesquisas evidenciaram que o número de estudos envolvendo saúde mental e religiosidade aumentou consideravelmente nos últimos anos, no entanto, ainda não se pode

descrever efetivamente a relação existente entre esse binômio. Identificou-se que a religiosidade assume papel fundamental na qualidade de vida das pessoas, bem como contribui para a melhoria da saúde mental e, de maneira geral, auxilia no enfrentamento das adversidades do existir, possibilitando a construção de sentido e ação no mundo. Entretanto, a despeito desse reconhecimento, ressalta-se que a religiosidade raramente é considerada como possibilidade terapêutica pelos pesquisadores.[53]

A lacuna relativa à consideração da religiosidade como possibilidade terapêutica deve ser preenchida pela atuação do capelão não somente na assistência propriamente dita, mas também na área acadêmica, em interação com outras disciplinas, possibilitando a verificação dos resultados de seu trabalho em diversos níveis e contextos.

Já Stroppa e Moreira[54] sugerem algumas perguntas básicas a se fazer a uma pessoa quando se quer levar em conta sua espiritualidade no atendimento:

> [...] quatro questões são fundamentais para a investigação acerca do papel da religiosidade na saúde do paciente:
> • O paciente tem alguma forma de religiosidade ou espiritualidade? Qual a importância que o paciente atribui a estes aspectos da vida?
> • O paciente usa a religião ou a espiritualidade para ajudá-lo a lidar com sua doença ou essas são fontes de estresse?
> • Pertence a uma comunidade religiosa? Caso afirmativo, esta tem sido fonte de apoio ou de conflitos?
> • Tem alguma crença espiritual que possa influenciar nos cuidados médicos? Apresenta algum conflito ou questão espiritual que o preocupa? Tem alguém com quem conversar sobre estes tópicos?

---

[53] PORTO, P. N.; REIS, H. F. T. "Religiosidade e saúde mental: um estudo de revisão integrativa". *Revista Baiana de Saúde Pública*, v. 37, n. 2, p.375-393, abr./jun. 2013, p. 375.

[54] STROPPA, André; MOREIRA, Alexander. Religiosidade e saúde, p. 443, nota 9.

Essas questões, com as devidas adaptações, podem ser aplicadas a qualquer contexto onde se realize uma abordagem que pretenda considerar a dimensão espiritual. São válidas para atender pessoas e resolver situações em quartéis, presídios, empresas, escolas etc., pelo simples fato de que a espiritualidade de uma pessoa exerce influência sobre todas as áreas de sua própria vida. É por essa razão que Robbins menciona que há empresas que incluem no treinamento de pessoal "sessões sobre como ser uma pessoa melhor, mais acessível e mais disponível para os amigos, familiares e colegas".[55]

Diante disso, é possível afirmar que a capelania institucional deve ser o órgão veiculador da espiritualidade no ambiente de trabalho — EAT — em uma organização. Semelhantemente, o capelão institucional e os voluntários devem atuar como catalisadores do processo de desenvolvimento individual e institucional, no que se refere ao cultivo da espiritualidade no ambiente corporativo. O enquadramento dessa atuação no panorama geral da organização será detalhadamente discutido no Capítulo V, "Fundamento estratégico da capelania".

REFERÊNCIAS BIBLIOGRÁFICAS

BARRETO, T., THOMPSON, A. C. R. T. F.; FEITOSA, M. G. G. *Espiritualidade no ambiente de trabalho: revisão dos conceitos, dimensões e críticas*. ANAIS DO XXXI ENEGEP. Belo Horizonte, 2011.

BRASIL. Constituição da República Federativa do Brasil de 1988.

DAL-FARRA, R.A; GEREMIA, C. "Educação em saúde e espiritualidade: proposições metodológicas". *Revista Brasileira de Educação Médica*, Rio de Janeiro, v. 34, n. 4, out. /dez. 2010. Disponível em: <http://dx.doi.org/10.1590/S0100-55022010000400015>. Acesso em: 5 out. 2012.

FERREIRA, D.; ZITI, L. M. *Capelania hospitalar cristã: manual didático e prático para capelães*. São Paulo: SOCEP Editora, 2010.

KIVITZ, E. R. *Espiritualidade no mundo corporativo: aproximações entre prática religiosa e vida profissional*. Dissertação de mestrado, UMESP, 2007.

---

[55] ROBBINS, S. *Comportamento organizacional*, p. 390.

KOENIG, H. *Medicina, religião e saúde*. Porto Alegre: L&PM, 2012.

KOENIG, Harold George; MCCULLOUGH, Michael & LARSON, David. *Handbook of religion and health*. New York: Oxford University Press, 2001.

MURAKAMI, R; CAMPOS, C. J. G. "Religião e saúde mental: desafio de integrar a religiosidade ao cuidado com o paciente". *Revista Brasileira de Enfermagem*, Brasília: 2012 mar-abr; 65(2): 361-7.

POLÍCIA MILITAR DO DISTRITO FEDERAL. Boletim do Comando Geral n° 170, de 14/09/2015, p. 16.

PORTO, P. N. R.; REIS, H. F. T. "Religiosidade e saúde mental: um estudo de revisão integrativa". *Revista Baiana de Saúde Pública*. v. 37, n. 2, p. 375-393, abr./jun. 2013.

ROBBINS, S. *Comportamento organizacional*. São Paulo: Pearson Prentice Hall, 2005.

SAAD, M.; MEDEIROS, R. Assistência espiritual em hospitais. In: SALGADO, Mauro Ivan; FREIRE, Gilson (Orgs). *Saúde e espiritualidade*. v. II. Belo Horizonte: INEDE, 2013.

STROPPA, André; MOREIRA, Alexander. Religiosidade e saúde. In: SALGADO, Mauro Ivan; FREIRE, Gilson (Orgs). *Saúde e espiritualidade*. v. I. Belo Horizonte: INEDE, 2008. p. 427-448.

VALADARES, V. M. Conforto, saúde e espiritualidade. In: SALGADO, Mauro Ivan; FREIRE, Gilson (Orgs). *Saúde e espiritualidade*. v. II. Belo Horizonte: INEDE, 2013. p. 471-788.

VASCONCELOS, A. F. *Espiritualidade no ambiente de trabalho: dimensões, reflexões e desafios*. São Paulo: Atlas, 2008.

CAPÍTULO V

FUNDAMENTO ESTRATÉGICO DA CAPELANIA

Gisleno Gomes de Faria Alves

Até aqui, vimos que a existência das capelanias, especialmente nas Forças Armadas e Auxiliares, está claramente enraizada em seus fundamentos históricos e jurídicos. O fundamento científico, por sua vez, vem ganhando força e repercussão nas últimas décadas por demonstrar pragmaticamente os resultados dessa atividade. O fato de se saber tecnicamente que a assistência religiosa produz bons resultados mostra-nos que devemos atentar para uma perspectiva que vai além das já citadas: a perspectiva estratégica. De tudo o que se fala sobre capelania no Brasil, talvez esse seja o ponto menos abordado.

Seria medíocre um capelão contentar-se com a existência de seu cargo ou com a presença de uma capelania prevista no organograma de sua instituição simplesmente porque a história conduz a isso ou porque a lei assim determina. Alguém com visão de excelência precisa se preocupar com quanto sua atuação contribui para o desenvolvimento de sua corporação e para o alcance de seus objetivos institucionais. Nessa perspectiva, estamos falando do fundamento estratégico, algo muito antigo na administração militar, que se tornou intrínseco ao pensamento de qualquer bom gestor moderno.

Toda instituição que subsiste e se aperfeiçoa com o tempo, faz uso do pensamento estratégico, seja de forma metodológica seja de forma mais informal. É fato que, no Brasil, no que se refere à assistência religiosa, essa realidade tem sido vivida mais no aspecto informal, embora todas as corporações militares possuam um plano estratégico.

O objetivo deste capítulo é discorrer sobre o fundamento estratégico da capelania, englobando alguns conceitos importantes sobre o pensamento estratégico e discutindo a necessidade de enquadramento estratégico e institucional da capelania. Será proposto um norte básico para o desenvolvimento de uma metodologia de planejamento que facilite o delineamento de estratégias de ação, voltadas para a consolidação e para o avanço da capelania no Brasil.

Importante frisar dois aspectos antes de seguir. Primeiramente, não se trata de um esforço para esgotar um assunto tão vasto. Em segundo lugar, apesar de focarmos a capelania militar, o conteúdo aqui proposto aplica-se em larga medida a qualquer área de atuação da capelania.

1. SITUAÇÃO DA CAPELANIA NO BRASIL

Nos Estados Unidos da América, existe a profissão de capelão. Empresas e instituições públicas contratam capelães. Existem milhares de capelães nas Forças Armadas e policiais desse país. Há grandes escolas que se dedicam exclusivamente à formação de capelães. Não é coincidência que as principais pesquisas sobre o assunto tenham se originado aí. Tudo isso em uma democracia cujo conceito de Estado laico é exatamente o mesmo adotado pela Constituição Brasileira de 1988. Por que é tão diferente no Brasil?

Como vimos, desde a chegada dos portugueses ao Brasil, os sacerdotes acompanhavam as comitivas para prestar-lhes assistência religiosa. A obra *Capelas navais*, lançada pela Marinha do Brasil reafirma isso:

> [...] ao longo da história, a assistência religiosa prestada a bordo dos navios nas longas viagens oceânicas foi amplamente conhecida. A capelania naval brasileira tem suas origens na tradição naval portuguesa. Os capelães na Armada Real Portuguesa remontam às épocas das grandes navegações e estiveram presentes em importantes momentos. As atividades religiosas e as missas ocupavam um lugar de destaque...[1]

É inegável que de lá para cá a assistência religiosa avançou, mas ainda é muito pouco perto do potencial contido. Nos dias de hoje, existem muitas áreas de atuação da capelania em nosso país, além da militar, tais quais prisional, hospitalar, fúnebre, escolar, parlamentar e empresarial. No entanto, a grande maioria das iniciativas é voluntária, ou seja, não está incorporada à estrutura ou forma de ser da instituição. Frequentemente, conta somente com a boa vontade dos que se dispõem a realizar o trabalho, por vezes, sem padrão nem treinamento. À exceção da capelania militar, que por lei integra o organograma das corporações e cujo provimento de vagas se dá por concurso público, somente em algumas escolas e hospitais confessionais o capelão é identificado como um colaborador em pé de igualdade com outros profissionais. Na área empresarial, são pouquíssimas iniciativas nesse nível.

A pergunta que precisamos nos fazer é: Por quê?

Não obstante ao desenvolvimento e ao avanço da capelania no Brasil, ainda existe grande carência de estudos específicos na área, especialmente no que concerne a seu papel institucional. Como consequência disso, tem havido um entendimento superficial sobre o tema e ainda pairam dúvidas sobre qual é de

---

[1] MARINHA DO BRASIL. *Capelas navais*. Rio de Janeiro: Laboratório de Ideias, 2013. p. 20.

fato a razão de ser da assistência religiosa e espiritual nas organizações, até mesmo nas militares. É nesse contexto que surge um questionamento administrativo simples, mas de grande relevância: qual é a utilidade de uma capelania para a instituição?

À luz do estudo sobre o fundamento jurídico no capítulo III, sabemos que a resposta a essa pergunta não pode ter seu foco no interesse das denominações religiosas. Não pode ser, por exemplo, "aumentar o número de adeptos da religião A ou B". A razão de ser de uma capelania em uma instituição não pode ser imposta por um conceito puramente teológico, por mais que este seja correto e legítimo. Por exemplo: "ganhar vidas para Jesus", "livrar pessoas do inferno" ou "adorar a Deus". Essas coisas devem caracterizar a razão de ser da vida do capelão ou mesmo de uma instituição propriamente religiosa, criada especificamente para isso. A capelania institucional precisa demonstrar como suas atividades auxiliam sua instituição no cumprimento de sua missão, sob pena de ser entendida de forma simplista como uma igreja dentro da instituição, perdendo assim seu valor organizacional. Algo que precisa ficar claro é que capelania não é igreja.[2]

Jamais o espaço cedido à assistência religiosa e espiritual deve ser utilizado em benefício próprio ou mesmo em benefício de uma religião. Isso seria utilizar o espaço público para benefício particular. No entanto, o que se admite nessas atividades de assistência religiosa e espiritual é que haja uma

---

[2] Cabe salientar que as capelas-congregação presentes nas vilas militares são o componente da capelania militar que mais se assemelha ao trabalho de uma igreja denominacional. Mas é importante frisar que, ainda assim, existe uma série de diferenças e que o trabalho da capela é apenas uma das atribuições do capelão que nela assiste. Em uma vivência de igreja, admite-se o proselitismo, não há tanta necessidade de interação com outros credos, há obrigações eclesiásticas a serem cumpridas e as pessoas vão até o ministro oficiante para serem atendidas. Na capelania, no entanto, o proselitismo não é admitido, a interação com outros credos é necessária, a participação é facultativa, o capelão vai até o assistido, que, em tal ocasião, vivencia o papel social de parte integrante da instituição assistida, não de uma instituição religiosa.

colaboração que tenha em vista o interesse público, como já foi tratado no Capítulo III, "Fundamento jurídico da capelania". O interesse de uma denominação ao enviar um de seus ministros para atuar como capelão em ambiente público deve ser o de contribuir para o bem-estar da coletividade, exercitar o amor ao próximo e engrandecer o reino de Deus.

Uma análise mais superficial do tema daria ao questionamento anterior a resposta de que a finalidade da atividade da capelania é a mera reprodução de atividades de igrejas e religiões dentro de uma instituição. Por outro lado, como fruto de uma consideração mais ampla, pode-se identificar que a atividade da capelania traz consigo uma série de contribuições institucionais e estratégicas para a organização, que podem ser visualizadas a partir do plano estratégico estabelecido institucionalmente.

Isso ficou demonstrado no estudo que realizei em 2012 sobre o papel institucional e estratégico da capelania militar:

> A capelania militar vai muito além da mera reprodução da prática religiosa exercida no meio civil, pois interfere positiva e transversalmente nos processos de gestão de pessoas (cultura organizacional, valores, motivação e qualidade de vida), e gestão da imagem da instituição e de difusão de sua filosofia de ação: a polícia comunitária. No cumprimento de sua missão, opera no contexto estratégico da Corporação, gerando contribuições que, a despeito dos seus diferentes graus de visibilidade, todas corroboram para o alcance dos propósitos institucionais e estratégicos da PMDF.[3]

Vale ressaltar o próprio posicionamento do Estado brasileiro sobre o tema. Vimos no Capítulo II, "Fundamento histórico da Capelania", como a assistência religiosa foi tratada em cada Constituição. Desde a Constituição que realizou a separação

---

[3] ALVES, Gisleno Gomes de Faria. "O papel institucional e estratégico da capelania militar". *Revista Ciência & Polícia.* n. 3, v. 1, junho de 2015, p. 85.

entre Igreja e Estado até a época da Segunda Guerra Mundial. Por força do entendimento da época sobre o conceito de Estado laico, a assistência religiosa nas Forças Armadas passou a ser realizada por civis, sem ônus para o Estado. A capelania perdeu em estrutura e em reconhecimento.

No entanto, com o advento da Guerra, o serviço foi reativado por tempo específico. É importante notar a justificativa para isso:

> O PRESIDENTE DA REPÚBLICA, usando da atribuição que lhe confere o artigo 180 da Constituição, e considerando:
> – Que a assistência religiosa contribui para fortalecer as energias morais, a disciplina e os bons costumes;
> – que a educação moral e cívica é fator preponderante na formação da têmpera militar, e que, por isso, deve continuar a ser ministrada sem solução de continuidade, às tropas em operações de guerra;
> – que em operações de guerra as forças brasileiras sempre tiveram assistência religiosa,
>
> DECRETA:
> Art. 1º Fica instituído o "Serviço de Assistência Religiosa" (S.A.R.) para as forças em operações de guerra (Decreto-lei nº 6.535, de 26 de maio de 1944).[4] [ortografia atualizada]

Aqui fica claro o fundamento estratégico. O país estava em guerra, prestes a enviar tropas para o campo de combate. Essa tropa precisava ser enérgica, disciplinada e com bons costumes, já que seria exposta a situações das mais extremas. Logo, era necessário ter capelães não somente ao lado da tropa, mas compondo a tropa. E naturalmente com ônus para o Estado.

O resultado foi tão positivo que o Estado brasileiro achou por bem tornar permanente essa iniciativa que foi criada, à

---

[4] BRASIL. Decreto-lei nº 6.535, de 26 de maio de 1944.

priori, somente para a época de guerra, remetendo-nos mais uma vez ao fundamento estratégico:

> O Presidente da República, usando da atribuição que lhe confere o artigo 180 da Constituição e considerando:
> - que a instrução religiosa aprimora as energias morais e os bons costumes, contribuindo, por via de consequência, para o fortalecimento da disciplina militar;
> - que a educação religiosa tem inegável influência na formação moral e cívica do soldado, em favoráveis reflexos sobre o seu caráter e virtudes militares, convindo incentivá-la por todos os meios nas Forças Armadas;
> - que o Serviço de Assistência Religiosa junto à Força Expedicionária Brasileira cumpriu suas altas finalidades, justificando plenamente em manutenção e desenvolvimento em tempo de paz;
>
> DECRETA:
> Art. 1º Fica instituído, em caráter permanente, nas Forças Armadas, o Serviço de Assistência Religiosa (S. A. R.), criado pelo Decreto-lei número 6.535, de 26 de maio de 1944 (Decreto-lei nº 8.921, de 26 de janeiro de 1946)[5].
> [ortografia atualizada]

Ficou claro que a assistência religiosa nas Forças Armadas, com essa nova roupagem, poderia muito bem atentar para o interesse público, auxiliando as corporações a atingirem seus objetivos.

Essa constatação está intimamente ligada ao fundamento científico, que, por sua vez, lança raízes em muitas pesquisas e demonstrações de que a assistência religiosa institucional organizada traz uma série de resultados particulares e organizacionais, que só podem ser obtidos com intervenções que levem em conta a área da existência humana alcançada pela assistência religiosa e espiritual.

---

[5] BRASIL. Decreto-lei nº 8.921, de 26 de janeiro de 1946.

Robbins nos revela a vantagem estratégica da existência de um serviço de assistência espiritual em uma organização:

> [...] uma pesquisa realizada por uma importante empresa de consultoria revelou que as organizações que adotaram a abordagem espiritualista melhoraram sua produtividade e reduziram significativamente a rotatividade. Um outro estudo revelou que as empresas que oferecem a seus funcionários oportunidades de crescimento espiritual tiveram um desempenho melhor do que as outras. Outros estudos também indicam que a espiritualidade nas organizações está positivamente relacionada à criatividade, à satisfação no trabalho, ao desempenho da equipe e ao comprometimento organizacional.[6]

No meio militar, a capelania, enquanto órgão religioso e militar legalmente instituído, transcende a prática religiosa exercida regularmente no meio civil, exercendo papéis institucionais e estratégicos específicos e constituindo-se elemento relevante para a execução do plano estratégico da instituição. Essa realidade é aplicável a toda instituição que possua capelania em seu quadro organizacional.

Cabe realçar nesse momento a discussão do Capítulo IV, "Fundamento científico da capelania", sobre a necessidade de que as atividades de assistência religiosa e espiritual sejam coordenadas por um ente institucional capacitado e reconhecido para isso, tendo em vista a sensibilidade do tema e sua capacidade de influir em uma série de aspectos da vida particular e corporativa.

2. CONCEITOS GERAIS SOBRE ESTRATÉGIA

Para se falar de estratégia, é necessário tratar de uma série de conceitos relacionados a esse contexto. O primeiro deles é estratégia, propriamente.

---

[6] ROBBINS, S. *Comportamento organizacional*, p. 392.

Nicolau, em artigo que discorre sobre o conceito de *estratégia*, analisa as concepções dos principais autores na área e chega à seguinte conclusão:

[...] em gestão empresarial, alguns autores separam a definição dos objectivos e a formulação da estratégia. Estratégia é então "a principal ligação entre fins e objectivos e políticas funcionais de vários sectores da empresa e planos operacionais que guiam as actividades diárias" (Hofer e Schendel, 1978: 13), isto é, compreende a escolha dos meios e articulação de recursos para atingir os objectivos (Hofer e Schendel, 1978; Thietart, 1984), que pode tomar a forma de um "plano unificado, compreensivo e integrado relacionando as vantagens estratégicas com os desafios do meio envolvente" (Jauch e Glueck, 1980: 12). Um ponto de vista mais alargado do conceito é partilhado por outros autores, que consideram os objetivos inseparáveis da definição de políticas e das ações organizadas com vista a atingi-los. Neste sentido, estratégia é a determinação dos objectivos de longo prazo, das políticas e acções adequadas para os atingir e a correspondente afectação de recursos, isto é, a estratégia compreende a definição dos objectivos e dos meios, conforme Chandler (1962); Learned, Christensen, Andrews e Guth (1965); Ansoff (1965); Katz (1970); Andrews (1971); Steiner e Miner (1977), Hax e Majluf (1988); Quinn (1980).[7]

À luz dessa compilação de autores, é possível afirmar que definir uma estratégia passa essencialmente pela definição de objetivos e de meios para atingi-los. Sem isso, o que há são iniciativas desorganizadas.

Avançando nesse tema, verifica-se que os autores fazem uma certa diferenciação entre *pensamento estratégico* e *planejamento estratégico*. Enquanto o primeiro diz respeito a algo cotidiano, informal e natural, o segundo refere-se a um processo

---

[7] NICOLAU, I. *O conceito de estratégia*. Lisboa: INDEG, 2001, p. 7.

formal e metodológico. Essa diferenciação apresenta-se claramente nas palavras de Moresco, Marchiori e Gouveia:

> O pensamento estratégico pode ser entendido como um processo contínuo, dinâmico e interativo (Certo; Peter, 2005; Goldman, 2012; Goldman; Casey, 2010; Mintzberg, 1994), no qual a organização passa a ser um conjunto integrado ao seu ambiente (Certo; Peter, 2005) com ideias que as tornam capazes de avistarem seu futuro. Caracterizado por um processo criativo e dinâmico, o propósito do pensamento estratégico é descobrir novas estratégias, de modo que possa tornar a organização mais competitiva e prepará-la para um futuro em potencial a partir do presente (Heracleous, 1998). Em outras palavras, sua preocupação é reconstruir o futuro da organização articulando-o com o presente e com o passado [desta] de uma forma estratégica.[8]

Essa conceituação revela-se coesa haja vista estar fundamentada em um conjunto de teóricos renomados na área. Após essa visão panorâmica do conceito de pensamento estratégico, Moresco, Marchiori e Gouveia discorrem acerca de alguns dos principais posicionamentos sobre o que vem a ser planejamento estratégico:

> Ademais, Peter Drucker define o planejamento estratégico como "um processo contínuo de decisões empresariais sistemáticas" (DRUCKER, 1972, p. 23). Devido sua característica de processo sistemático, convencional, prescritivo, lógico e convergente (GRAETZ, 2002), o propósito do planejamento estratégico consiste em operacionalizar e apoiar as estratégias desenvolvidas por meio do pensamento estratégico, além de integrá-las de volta aos negócios (GRAETZ, 2002; HERACLEOUS, 1998). Dessa maneira, entende-se que

---

[8] MORESCO, Marcielly; MARCHIORI, Marlene; GOUVEIA, Daniela Modolo. "Pensamento estratégico e planejamento estratégico: possíveis inter-relações". *Revista Gestão e Planejamento*, Salvador, v. 15, n. 1, p. 63-79, jan./abr. 2014, p. 66.

o planejamento surgiu no ambiente organizacional com o objetivo de manter a organização estável para alcançar a sua própria sobrevivência no mercado.[9]

Com isso em vista, fica claro que se pode atuar com estratégia de maneira mais informal ou mais formal. Em regra, as instituições modernas primam por ter um processo formal de planejamento e por desenvolver em seus colaboradores o pensamento estratégico, para que tanto o direcionamento processual e institucional quanto as ações informais do dia a dia sejam movidos por estratégia.

Como resultado de um processo de planejamento estratégico, tem-se o *plano estratégico*, que é a "formulação do produto final da utilização de determinada metodologia de planejamento estratégico. Documento formal que consolida as informações, atividades e decisões desenvolvidas no processo. Descrição do curso pretendido das ações".[10]

Identidade estratégica, por sua vez, é o que caracteriza uma instituição em sua singularidade. É o que a identifica como organização diante do público externo e internamente direciona os processos e ações de seus integrantes. A identidade estratégica é composta da seguinte forma:

Negócio - aponta a área de atuação à qual a organização pública ou empresa privada quer se dedicar;

Missão - estabelece o que a instituição faz hoje, para quem o faz e o seu propósito. É uma declaração explícita das razões de sua existência";[11]

Visão - estabelece o que a instituição quer ser no futuro. É o que sonha para si mesma. A perseguição desse sonho é o que deve manter a instituição viva. É o que a energiza e inspira;

---

[9] MORESCO, Marcielly; MARCHIORI, Marlene; GOUVEIA, Daniela Modolo. *Pensamento estratégico e planejamento estratégico,* p. 66.

[10] POLÍCIA MILITAR DO DISTRITO FEDERAL. *Plano estratégico 2011-2022.* 2. ed. rev. e atual.. Rio de Janeiro: Talagarça, 2015, p. 9.

[11] POLÍCIA MILITAR DO DISTRITO FEDERAL. *Plano Estratégico 2011-2022,* p. 9.

Valores - são conjuntos de padrões éticos que norteiam a vida cotidiana da organização e a dos seus integrantes".[12]

Tendo em vista que em um processo de planejamento estratégico se faz necessário realizar uma avaliação o mais global possível, é importante lançar mão de uma ferramenta que permita fazê-lo de forma inteligível a todos e descomplicada. Nesse contexto tem se destacado a Análise SWOT. A disposição em ordem das letras iniciais das palavras *strengths, weaknesses, opportunities* e *threats* dá origem ao termo "SWOT". Em português, essas palavras significam forças, fraquezas, oportunidades e ameaças, dando origem à versão brasileira conhecida pela sigla FOFA.

A Análise SWOT leva em conta as forças e fraquezas no ambiente interno e as oportunidades e ameaças no ambiente externo, possibilitando que se visualizem os fatores que ajudam ou atrapalham o desempenho da organização, conforme ilustrado na tabela:

TABELA 1[13]

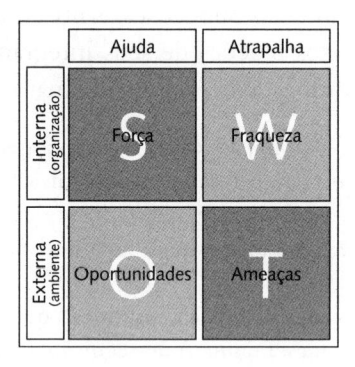

	Ajuda	Atrapalha
Interna (organização)	Força	Fraqueza
Externa (ambiente)	Oportunidades	Ameaças

A análise de forças, fraquezas, oportunidades e ameaças é algo fundamental para a definição de prioridades, a

---

[12] POLÍCIA MILITAR DO DISTRITO FEDERAL. *Plano Estratégico 2011-2022*, p. 11.

[13] Disponível em <http://www.portal-administracao.com/2014/01/analise-swot--conceito-e-aplicacao.html> acessado em 26/12/2016.

concentração de esforços, a delimitação de recursos humanos, materiais etc. Por vezes, a excelência fica distante por falta de planejamento, previsão de recursos ou negligência de algum dos fatores da análise SWOT.

Essa análise deve ser realizada por cada capelania, mas, a título de exemplo, podemos tentar identificar alguns elementos que farão parte da análise de qualquer capelania no Brasil.

FORÇAS: A capelania tem respostas para alguns dos principais dilemas do ser humano, tais como o sofrimento, a morte, o sentido da vida e do trabalho; além disso, possui grande potencial de intervenção na questão do suicídio, da violência, das relações familiares e do enfrentamento do estresse.

FRAQUEZAS: Em regra, encontramos aqui a escassez de recursos e o excesso de demandas. Outra fraqueza é que a capelania, suas atribuições e resultados, em geral, são pouco conhecidos no ambiente interno da instituição.

OPORTUNIDADES: A intensificação de problemas como o suicídio, a violência, a dependência química e o endividamento, para os quais os gestores não estão encontrando solução, bem como as recorrentes crises pessoais e coletivas, são oportunidades para o avanço da capelania. Além disso, várias pesquisas vêm confirmando o papel preponderante da espiritualidade no enfrentamento dessas situações.

AMEAÇAS: O conceito equivocado de Estado laico que alguns possuem, bem como o preconceito e a generalização a respeito da conduta e de escândalos envolvendo líderes religiosos são ameaças contra as quais precisamos nos precaver.

De forma bem objetiva, qualquer plano de ação que não leve em conta tais aspectos terá sua eficácia reduzida. Por exemplo, focar toda a equipe na execução da atividade de assistência religiosa, sem prever alguém para coordenar a logística, os recursos, acompanhar processos etc., pode levar a uma situação de ausência de recursos para executar a atividade de assistência. Isso quer dizer que uma fraqueza foi negligenciada. E toda fraqueza é um ponto que tende a crescer.

Consideremos ainda que, ao se executar uma atividade assistencial, fraquezas e ameaças virão à tona. Mesmo que o capelão esteja bem preparado para sua atividade religiosa, se não tiver conhecimento sobre sua instituição, sobre a lei ou mesmo capacidade de se posicionar frente aos questionamentos e até acusações, seu trabalho pode ser prejudicado e portas podem ser fechadas.

Segundo Kotler, "depois de ter realizado uma análise SWOT, a empresa pode desenvolver metas específicas para o período de planejamento. Essa etapa do processo é denominada formulação de metas".[14] Ele chama a atenção para o fato de que "a transformação de objetivos em metas mensuráveis facilita o planejamento, a implementação e o controle"[15].

O Ciclo PDCA pode auxiliar bastante nesse ponto, pois fornece uma visão panorâmica e simples sobre planejamento, permitindo vislumbrar todas as fases do que foi planejado, focando o aperfeiçoamento onde houver falha e a consolidação dos avanços. A figura a seguir é autoexplicativa:

FIGURA 1[16]

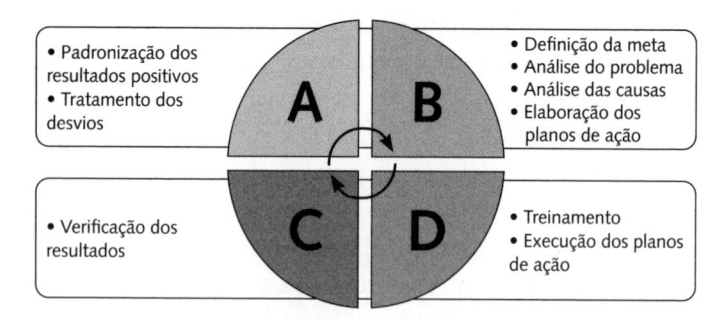

A	B
• Padronização dos resultados positivos • Tratamento dos desvios	• Definição da meta • Análise do problema • Análise das causas • Elaboração dos planos de ação
C	**D**
• Verificação dos resultados	• Treinamento • Execução dos planos de ação

---

[14] KOTLER, P. *Administração de marketing*. São Paulo: Prentice Hall, 2006. p. 101.

[15] KOTLER, P. *Administração de marketing*. São Paulo: Prentice Hall, 2006. p. 101.

[16] Disponível em: <https://www.google.com.br/search?q=ciclo+pdca&biw=1440&bih=745>. Acesso em: 26 dez. 2016.

As fases (planejar, executar, checar e agir) devem girar continuamente para que os resultados possam aparecer e ser consolidados. É uma forma de controle de qualidade. Muitos trabalhos prendem-se à execução e, por mais que sejam de tamanha relevância, como é o da capelania, acabam se tornando medíocres com o tempo, por falta de verificação, correção e planejamento.

A utilização de recursos como os apontados até aqui pode ser feita por qualquer pessoa. Não exige altos conhecimentos na área e permite a consolidação de uma capelania na medida em que favorece uma atuação pautada no cientificismo e a produção de memória técnica, o que é fundamental para a sobrevivência dos serviços em gerações futuras.

3. ALINHAMENTO ESTRATÉGICO DA CAPELANIA

A gestão da capelania deve se dar com pensamento estratégico. Deve haver um processo de planejamento interno, com vistas à consolidação e ao avanço da assistência religiosa. Obviamente, esse processo deve estar enquadrado no contexto estratégico geral da instituição. Em regra, a instituição tem um plano estratégico, que se desdobra em planos diretores ou setoriais, no nível tático. Estes, por sua vez, fundamentam os planos de ação, de nível operacional, isto é, na parte de execução. Uma capelania precisa trabalhar com um plano de ação. Geralmente, usa-se a denominação *plano pastoral*. Isso porque em qualquer instituição trata-se sempre de uma atividade–meio, não de uma atividade-fim. No entanto, levando em conta o pensamento estratégico, faz-se necessário que seus gestores exerçam alguma influência nesse processo como um todo e que jamais desenvolvam um plano de ação sem alinhamento estratégico com o plano setorial de sua área ou com o plano estratégico de sua instituição.

Nesse espaço, é impossível analisar os planos estratégicos de várias instituições militares ou até mesmo de outras áreas como a prisional, a hospitalar e a escolar. Por essa razão, vamos nos limitar a utilizar somente um exemplo, de forma a facilitar o entendimento e estender a aplicação à capelania em geral.

Todavia, mesmo sem abordar o plano de diversas instituições, pode-se arriscar a afirmar que todos eles trarão conteúdo relevante para a formulação do plano de ação da capelania ao definirem a missão, a visão e os valores da instituição. Também é possível afirmar que todo Plano Estratégico moderno vai, em algum momento, trazer algo relacionado à qualidade de vida, motivação do pessoal, aperfeiçoamento dos recursos humanos etc., que são aspectos com os quais a atuação da capelania tem muito a colaborar. Somam-se a isso as questões existenciais, familiares, de saúde, entre outras, que afetam todas as áreas da vida.

Para ilustrar, pode-se citar o Plano Estratégico 2016-2019 do Exército Brasileiro[17], que estabelece como ação estratégica 13.1.3 – "Otimizar e ampliar os Sistemas de Assistência Social, de Assistência Religiosa e de Atividades de Lazer". Essa ação está inserida na estratégia 13.1 – "desenvolvimento de ações de apoio à família militar", que, por sua vez, compõe o escopo da Orientação Estratégica 13: "Fortalecer a dimensão humana".

O tenente-coronel Felipe Sá, em artigo no qual discorre sobre o ensino de valores cristãos como fonte motivadora do soldado brasileiro, relaciona alguns princípios do cristianismo com alguns valores do Exército Brasileiro e conclui:

> O cristianismo motiva o ser humano a cumprir os seus deveres não com a motivação de receber uma recompensa natural, tal como dinheiro, medalhas ou reconhecimentos, mas para cumprir tarefas como se estivesse fazendo para o próprio Criador do universo. O conceito de fazer para Deus, quando devidamente assimilado, motiva o ser humano a sempre fazer o melhor.[18]

---

[17] Exército Brasileiro. "Plano Estratégico 2016-2019". *Boletim Especial do Exército*, Brasília, DF, n. 28, 2014, p. 28.

[18] Sá, Felipe Alexandre Paiva Dias de. *O ensino de valores cristãos como fonte motivadora do soldado brasileiro*. Varginha-MG: Centro Universitário do Sul de Minas, 2016. p. 05.

A seguir, faremos um estudo de caso levando em conta a realidade da Polícia Militar do Distrito Federal, com a finalidade de demonstrar como pode ser desenvolvido o alinhamento estratégico de uma capelania.

Plano estratégico

Na PMDF, está em vigor a segunda edição do Plano Estratégico 2011-2022, revisado e atualizado em 2015, o qual descreve o curso pretendido das ações e vincula todos os atos no âmbito da corporação para o período. Dessa forma, nada que esteja fora desse escopo se justifica. Nada. Inclusive as ações da capelania.

A tabela[19] a seguir mostra a identidade estratégica dessa corporação:

TABELA 2

	POLÍCIA MILITAR DO DISTRITO FEDERAL
Missão	"Promover a segurança e o bem-estar social por meio da prevenção e repressão imediata da criminalidade e da violência, baseando-se nos direitos humanos e na participação comunitária".
Visão	"Ser reconhecida como instituição policial moderna e de referência nacional na prevenção e na repressão imediata da criminalidade e da violência, pautada na defesa e respeito aos direitos humanos, na filosofia de polícia comunitária, na análise criminal, no policiamento orientado para o problema e na qualidade profissional de seus integrantes".
Valores	A honestidade
	A ética profissional
	O cientificismo
	O respeito aos direitos humanos

Diante dessa declaração de missão, os integrantes da capelania devem se perguntar: o que tenho a ver com essa missão? Posso fazer algo para ajudar a prevenir a criminalidade e a violência? Tenho algo a dizer sobre direitos humanos? Posso

---

[19] POLÍCIA MILITAR DO DISTRITO FEDERAL. *Plano estratégico 2011-2022*, p. 23.

promover a participação comunitária? A reposta é sim! E devem ser desenvolvidas ações com cunho de assistência religiosa e espiritual voltadas para isso. Não basta realizar cultos e missas (ou outra programação qualquer) alheios à realidade da instituição a que pertencem. Tudo precisa ter um significado religioso e institucional.

Em relação à visão acima, além dos aspectos mencionados na missão, a capelania deve refletir: posso ajudar minha corporação a ser reconhecida? Posso contribuir com a qualidade profissional de seus integrantes? A reposta é sim! E devem ser desenvolvidas ações com cunho de assistência religiosa e espiritual com esse intuito.

Ao vislumbrar os valores mencionados, o capelão deve se perguntar: A assistência religiosa e espiritual tem algo a dizer sobre honestidade, ética, cienticismo e respeito aos direitos humanos? Claro que sim! Por isso, esses valores devem ser frequentemente trabalhados nas atividades de capelania. De uma forma evidente, todos esses valores fazem parte do fundamento bíblico-teológico de uma capelania cristã.

Com base na identidade estratégica e a partir do negócio institucional, é desenvolvido o mapa estratégico da corporação, com identificação de objetivos institucionais para cada perspectiva de atuação definida. Segue o mapa estratégico da PMDF[20], conforme a tabela:

TABELA 3

POLÍCIA MILITAR DO DISTRITO FEDERAL
Promover a segurança e o bem-estar social

Sociedade	Aumentar a confiança da população em relação à polícia.
	Elevar a sensação de segurança da população.
	Fomentar o respeito aos direitos humanos e garantias constitucionais.
	Melhorar a qualidade dos serviços prestados à população.

[20] POLÍCIA MILITAR DO DISTRITO FEDERAL. *Plano estratégico 2011-2022*, p. 24.

Processos internos
- Fomentar as estratégias de aproximação com a população.
- Otimizar o policiamento ostensivo e preventivo.
- Ampliar a capacidade de resposta imediata.
- Ampliar a comunicação e marketing institucional proativo.
- Aprimorar a gestão logística.
- implementar a gestão estratégica.
- Garantir as informações necessárias à tomada de decisão.

Aprendizado e crescimento
- Incrementar as atividades disciplinares e correicionais.
- Promover a motivação dos recursos humanos.
- Fortalecer o desenvolvimento dos recursos humanos.
- Aprimorar a gestão dos recursos humanos.
- Estimular o desenvolvimento técnico científico em segurança pública.

Gestão financeira
- Assegurar os recursos orçamentários necessários.
- Garantir a Execução financeira dos recursos orçamentários.

No caso anterior, o negócio institucional é "Promover a segurança e o bem-estar social". Essa é a finalidade da PMDF. Em princípio, as atividades de assistência religiosa e espiritual não se enquadram nessa atividade-fim, mas na atividade-meio. Como atividade-meio, cumpre à capelania cuidar para que os responsáveis pela atividade-fim estejam em condições de realizá-la com seu potencial máximo. Esse é um fato que se aplica à realidade de todas as áreas de atuação em capelania. O público-alvo da instituição bem como os profissionais de sua atividade-fim devem ser assistidos pelo capelão.

A breve visualização do mapa estratégico anterior mostra que há relações claras entre as atividades da capelania e alguns objetivos institucionais presentes na perspectiva do aprendizado e crescimento, dos processos internos e na perspectiva da sociedade. Como já visto no Capítulo IV, "Fundamento científico da capelania", a capelania tem muito a contribuir com o desenvolvimento e motivação dos recursos humanos. Também lança sua colaboração sobre o relacionamento entre a corporação e a comunidade, sobre a difusão dos direitos humanos e sobre a percepção do público interno e externo em relação à corporação. Além disso, precisa dar sua contribuição administrativa no que se refere à perspectiva da gestão financeira, apesar de não se envolver diretamente nas questões técnicas relacionadas.

Em meu artigo "O papel institucional e estratégico da capelania militar", depois de relacionar os resultados de pesquisas científicas sobre os benefícios do cultivo da espiritualidade no ambiente de trabalho, a legislação interna da capelania militar e o plano estratégico da corporação, concluí que os benefícios da assistência religiosa para a corporação são muitos.

Como benefícios, podemos citar a disseminação de valores positivos, interferência na motivação, no comprometimento dos trabalhadores, melhoria da produtividade, aumento da qualidade de vida no trabalho, capacidade de agregar valor à imagem institucional perante o público interno e externo e servir de ponto de aproximação entre a corporação e a comunidade. Essas contribuições convergem, de maneira clara e precisa, para vários objetivos e iniciativas estratégicas previstas no Plano Estratégico da PMDF de 2011-2022. É natural que esses aspectos estejam presentes nos planos estratégicos das corporações em geral.

Algumas afirmações de ex-comandantes gerais da PMDF sobre a capelania, as quais foram apresentadas na Revista da Ação Missionária dos Militares Evangélicos – AMME, reforçam isso.

De acordo com o coronel Martins, comandante-geral no ano de 2010,

> [...] a pressão é muito grande, as expectativas imensas e o policial militar é apenas um homem com suas fragilidades, incertezas e defeitos. E, assim sendo, a capelania é imprescindível para a busca do equilíbrio do policial militar tanto na sua vida profissional quanto em sua vida privada.[21]

---

[21] Ação Missionária dos Militares Evangélicos. Revista n. 2, Edição de Testemunhos. Brasília, 2014, p. 18.

Na visão do coronel Rosback, que comandou a PMDF em 2011,

> [...] a capelania, mais do que uma estrutura dentro da organização da instituição, é uma referência. Nela encontraremos sempre a mão amiga de Deus, que vai acolher o Policial nas mais diversas situações.
> [...]
> Durante o comando geral, a capelania atuou em diversos eventos e no meu assessoramento estratégico, por meio do apoio espiritual e da ministração da Palavra de Deus, para que melhor tomássemos as decisões de comando, que sempre envolvem vidas, tanto dos policias quanto dos cidadãos.[22]

Em seu relato, o coronel Suamy, comandante da PMDF no ano de 2012, afirmou:

> [...] entendo que a capelania militar desenvolve papel singular no conforto espiritual do profissional, contribuindo para resgatar valores éticos e morais fundamentais, redução dos índices de patologias como o *stress* e a dependência química, assim como a desagregação familiar e o absenteísmo.[23]

O coronel Jooziel, que comandou em 2013, destacou a atuação da capelania na aproximação entre a corporação e a comunidade:

> [...] durante todo o meu comando, a capelania teve participações importantes. Promovemos a aproximação entre a corporação e a comunidade religiosa por meio de reuniões organizadas pela capelania com lideranças religiosas. Estimulamos o compromisso dessa importante parcela da sociedade com a oração pela PMDF e com a disseminação de informações sobre hábitos de segurança.[24]

---

[22] Ação Missionária dos Militares Evangélicos, p. 18.
[23] Ação Missionária dos Militares Evangélicos , p. 19.
[24] Ação Missionária dos Militares Evangélicos, p. 19.

Para o coronel Anderson, comandante-geral no ano de 2014:

> [...] a capelania é fundamental, porque ela cuida do ser humano policial, ela cuida da sua parte espiritual, do seu equilíbrio. Isso se reflete diretamente na atividade do policial, que é penosa e exige muito de nós. [...] Vejo a capelania hoje como uma das unidades mais importantes, porque cuida das pessoas que fazem parte dessa instituição, que é o ser humano, que são os homens e mulheres que trabalham na Polícia Militar.[25]

Quando se tem em mente esses benefícios apontados por comandantes na matéria citada, é fácil concluir que, se uma instituição negligencia a assistência religiosa e espiritual, ela comete um grande equívoco estratégico. Os fundamentos históricos e científicos da capelania revelam isso de forma clara.

Plano setorial

O Plano Diretor do Departamento de Saúde e Assistência ao Pessoal é o plano setorial da área em que a capelania da PMDF está inserida.

A missão institucional do departamento é "Promover atenção integral à saúde e assistência social aos beneficiários legais, a fim de apresentar o policial militar em condições plenas de atividade laboral"[26]. Entre as políticas corporativas adotadas, podemos citar: "garantir a assistência integral à saúde e prestar assistência religiosa e espiritual com foco institucional e estratégico"[27]. Isso revela o entendimento da corporação de que a dimensão espiritual é um componente da saúde. Por isso, o uso do termo saúde integral deve estar em consonância com

---

[25] Ação Missionária dos Militares Evangélicos, p. 20.
[26] Polícia Militar do Distrito Federal. *Plano diretor do Departamento de Saúde e Assistência ao Pessoal*. Brasília, 2013, p. 2.
[27] Polícia Militar do Distrito Federal. *Plano diretor do Departamento de Saúde e Assistência ao Pessoal* p. 3.

o conhecimento acadêmico, mencionado no capítulo anterior. Revela também a convergência para o interesse público, presente no foco da assistência religiosa e espiritual.

Essa linha de atenção integral à saúde converge para o que há de mais moderno em relação ao tema. Como ilustração, pode-se apontar um programa do Departamento de Defesa dos Estados Unidos da América denominado "Total Force Fitness for the 21st Century".[28] Esse programa leva em conta oito áreas na interação mente-corpo: psicológica, comportamental, social, física, ambiental, nutricional, médica e espiritual.

A título de exemplo, seguem alguns tópicos do Plano Diretor de Saúde e Assistência ao Pessoal da PMDF[29] nos quais a capelania está envolvida direta ou indiretamente:

9.1. Estratégia: MELHORAR A INFRAESTRUTURA DE ATENDIMENTO AO BENEFICIÁRIO.
9.1.2. Iniciativa: Ampliação e reforma das capelanias.
[...]
9.3.3. Iniciativa: Desenvolver projetos e ações orientadas a melhoria das condições de saúde e qualidade de vida dos policiais militares, seus dependentes e pensionistas (Programa de Saúde da Família Policial Militar).
[...]
9.4.1. Iniciativa: Apoiar ações referentes à motivação do pessoal, comprometimento com a instituição e satisfação no trabalho realizado por outras Organizações Policiais Militares.
9.4.2. Iniciativa: Incluir elementos referentes à motivação do pessoal, comprometimento com a instituição e satisfação no trabalho em atividades de caráter psicossocial ou religioso.
9.4.3. Iniciativa: Ampliação dos programas de prevenção e tratamento de dependências físicas e psíquicas.

---

[28] SAMUELI INSTITUTE. *Military Medicine - Supplement*. USA. vol. 175, August, 2010.

[29] POLÍCIA MILITAR DO DISTRITO FEDERAL. *Plano diretor do Departamento de Saúde e Assistência ao Pessoal* , p. 4-15.

[...]
10. OBJETIVO: Promover a melhoria da assistência psicossocial e religiosa.
10.1.2. Iniciativa: Implementar programa de educação financeira nas unidades.
10.3. Estratégia: Ampliar as ações de Assistência Religiosa.
10.3.1. Iniciativa: Estabelecer núcleo de assistência nas unidades.
[...]
13. OBJETIVO: Garantir que o efetivo esteja em condições de saúde para atuação.
[...]
14. OBJETIVO: Promoção de saúde para os dependentes, pensionistas e inativos.
[...]
16. OBJETIVO: Contribuir com iniciativas referentes à motivação de pessoal, comprometimento com a instituição e satisfação no trabalho.
[...]
20. OBJETIVO: Fomentar o respeito aos Direitos Humanos e Garantias Constitucionais.

Obviamente, boa parte desses objetivos e iniciativas sequer seria mencionada se não houvesse na comissão que elaborou o Plano Diretor pessoas com conhecimento sobre o papel da capelania e suas necessidades. A direção da capelania deve atentar para a importância de participar dos processos de gestão estratégica na corporação e de *marketing* interno da capelania, com respaldo em seu plano de ação.

Plano de ação

Sou da opinião de que é preferível utilizar o termo Plano de Ação da Capelania do que simplesmente Plano Pastoral. A razão para isso é que a atenção pastoral é apenas uma das áreas de ação da capelania. Capacitação, supervisão, interação, administração, comunicação, entre outros aspectos, são imprescindíveis quando se pensa em efetividade e em enquadramento institucional. As atividades pastorais não suprem tudo isso, apesar de serem atribuições primordiais da capelania. Como este espaço não é suficiente para trabalhar um plano de ação completo, ilustraremos o alinhamento estratégico por meio de dois componentes permanentes do Plano de Ação da Capelania da PMDF: o Projeto Sentinela e os Cursos da Capelania para a Família Policial.

Existem dois dados que incomodam muito as Forças de Segurança: a taxa de suicídio é muito maior que a da população geral e o índice de violência doméstica é altíssimo. Além de expor as corporações à vergonha, esses números nos confrontam com a nossa incapacidade de pôr fim a esses problemas.

No ano de 2013, a PMDF experimentou um pico de suicídio. Foram realizados estudos que constataram a ocorrência de transtorno mental com tratamento interrompido como causa primordial e conflitos conjugais e endividamento, em alguns casos associados ao abuso de álcool, como principais elementos desencadeadores do ato, isto é, elementos geradores da crise decisiva que levou ao suicídio.

Diante de tais informações, o capelão deve se perguntar: como podemos ajudar a reduzir os casos de suicídio? A resposta lógica é: incentivando os policiais a buscar ajuda e tratamento e auxiliando-os a lidar com suas dificuldades conjugais e financeiras! A partir disso, foram criados o Projeto Sentinela e os Cursos da Capelania para a Família Policial.

O Projeto Sentinela nasceu em parceria com o Centro de Assistência Social, que conta com uma equipe de psiquiatria, psicologia e assistência social. A capelania disponibilizou sua rede de lideranças em cada quartel para que houvesse uma capacitação bimestral visando à identificação de situações de risco, especialmente suicídio, e o devido encaminhamento à rede assistencial da corporação. Paralelamente, foram realizados eventos e palestras com o intuito de incentivar a ajuda mútua entre os policiais, quebrar o estereótipo da "invulnerabilidade" por vezes presente nos integrantes das Forças de Segurança e orientar sobre fatores de risco e de proteção em relação ao suicídio.

O Programa de Educação Moral do Efetivo, também conhecido como Cursos da Capelania para a Família Policial, trata-se de cursos bíblicos, de caráter interdenominacional, com participação facultativa, desenvolvidos conforme os parâmetros da Universidade da Família e conduzidos por policiais militares habilitados. O portfólio foi montado com cursos cujo conteúdo e metodologia pudessem valorizar o compartilhamento e a solução de conflitos. O objetivo é a intervenção em um problema institucional. Basta observar um trecho da Portaria nº 922[30], que regulamentou o Programa:

> Art. 3º São objetivos do Programa de Educação Moral:
> I- Reforçar os valores institucionais da PMDF expressos no Plano Estratégico (honestidade, ética profissional, respeito aos direitos humanos e cientificismo);
> II- desenvolver e reforçar nos policiais militares um conjunto de valores que otimize suas condições de prevenir e enfrentar situações problemáticas inerentes à prática policial militar;
> III- desenvolver e reforçar nos policiais militares um conjunto de valores que otimize suas condições de prevenir e enfrentar situações problemáticas no âmbito pessoal, de forma a minimizar sua influência negativa sobre o exercício da atividade policial militar;
> IV- prevenir o suicídio, a violência doméstica, a dependência química e o endividamento por parte dos policiais militares e seus familiares;
> V- promover o respeito aos direitos humanos na atividade policial militar.

---

[30] POLÍCIA MILITAR DO DISTRITO FEDERAL. Portaria PMDF nº 922, de 9 de setembro de 2014. Regulamenta o Programa de Educação Moral do Efetivo no âmbito da corporação.

É importante observar que os objetivos da ação de uma capelania jamais serão voltados para o interesse pessoal do capelão ou de sua religião. O enquadramento estratégico leva a capelania a fomentar a religiosidade e a espiritualidade com o intuito de atingir o interesse público, claramente demonstrado nos objetivos acima. Ao realizar a assistência religiosa, deve-se fornecer sua contribuição para o enfrentamento dos dilemas vividos pela instituição e seus integrantes.

Em sua reflexão sobre a função do capelão na atualidade, o capelão Ivanaldo Santos conclui:

> No momento em que os recursos humanos são insuficientes para atender aos anseios da alma, o ser humano comumente recorre ao transcendental, a fim de encontrar respostas, orientação, consolo. Em algumas ocasiões, o sagrado torna-se o último recurso e a última esperança para a pessoa, tal como em situações em que os recursos materiais e humanos disponíveis não alcançaram o resultado desejado. Nessa condição de ansiedade, aflição e angústia, as pessoas encontram no capelão a esperança de obterem alívio para suas dores, além do apoio e fortalecimento para vencerem a adversidade por meio de sua ministração pautada no sagrado, onde o exercício da fé é primordial, visto que a pessoa será atendida em seu próprio ambiente com a vantagem da oportunidade, o que potencializa a eficiência para alcançar o objetivo almejado na vida da pessoa que está sob seus cuidados.[31]

As pesquisas inicial (Tabela 4) e final (Tabela 5) do Programa de Educação Moral do Efetivo[32] ilustram bem esse assunto.

---

[31] SANTOS, Ivanaldo Ferreira. Reflexões sobre a origem do capelão e seus fundamentos. In: SOUZA, Edilson; NETO, Willibaldo (Orgs). *Cuidando de vidas*. Curitiba: FABAPAR, 2015. p. 85.

[32] POLÍCIA MILITAR DO DISTRITO FEDERAL. Boletim do Comando Geral nº 170, de 9 de setembro de 2015, p. 14-17.

Tabela 4

PESQUISA INICIAL DO PROGRAMA DE EDUCAÇÃO MORAL DO EFETIVO				
PERCENTUAL GERAL - PESQUISA INICIAL - 2014				
QUAL A SUA RELAÇÃO COM A PMDF?				
PM da ativa	PM da reserva	PM Reformado	Cônjuge de PM	Em branco
72,68%	1,96%	0,00%	25,36%	0,00%
SE FOR PM DA ATIVA, QUANTO TEMPO DE SERVIÇO VOCÊ TEM?				
Até 5 anos	De 6 a 15 anos	De 16 a 25 anos	26 anos ou mais	Em branco
2,87%	20,14%	35,55%	15,17%	26,27%
EM SUA AVALIAÇÃO, COMO ESTÁ SUA VIDA CONJUGAL?				
Bem	Regular	Mal	Não se aplica	Em branco
65,22%	18,04%	6,03%	8,23%	2,49%
EM SUA AVALIAÇÃO, COMO ESTÁ SUA RELAÇÃO COM OS FILHOS?				
Bem	Regular	Mal	Não se aplica	Em branco
65,89%	26,03%	3,78%	4,31%	0,00%
EM TERMOS GERAIS COMO ESTÁ SUA VIDA FAMILIAR?				
Bem	Regular	Mal	Não se aplica	Em branco
70,29%	23,16%	4,59%	0,53%	1,44%
VOCÊ ACHA QUE A SUA SITUAÇÃO FAMILIAR INFERFERE NA QUALIDADE DO SEU SERVIÇO POLICIAL MILITAR?				
Interfere	Não interfere	--------		Em branco
63,78%	13,49%			22,73%
VOCÊ ACHA QUE A PROFISSÃO POLICIAL MILITAR INTERFERE NA QUALIDADE DE SUA VIVÊNCIA FAMILIAR?				
Interfere	Não interfere	--------		Em branco
64,78%	18,61%			16,60%
EM SUA AVALIAÇÃO, COMO ESTÁ SUA VIDA FINANCEIRA?				
Bem	Regular	Mal	--------	Em branco
22,34%	56,60%	20,14%	0,00%	0,91%
VOCÊ ACHA QUE A SUA SITUAÇÃO FINANCEIRA INTERFERE NA QUALIDADE DO SEU SERVIÇO POLICIAL MILITAR?				
Interfere	Não interfere	--------		Em branco
65,07%	16,89%			18,04%
COMO ESTÃO OS SEUS RELACIONAMENTOS NO AMBIENTE DE TRABALHO?				
Bem	Regular	Mal	--------	Em branco
67,61%	18,28%	1,44%	0,00%	12,68%
VOCÊ ACHA QUE A SITUAÇÃO DOS SEUS RELACIONAMENTOS NO AMBIENTE DE TRABALHO INTERFERE NA QUALIDADE DO SEU SERVIÇO POLICIAL MILITAR?				
Interfere	Não interfere	-------		Em branco
65,07%	14,93%			20,00%
TOTAL DE PARTICIPANTES DA PESQUISA		150		

Tabela 5

PESQUISA FINAL DO PROGRAMA DE EDUCAÇÃO MORAL DO EFETIVO			
PERCENTUAL GERAL - PESQUISA FINAL - 2014			
O CURSO O/A AJUDOU A MELHORAR SUA VIDA CONJUGAL			
Sim	Não	Não se aplica	Em branco
100,00%	0,00%	0,00%	0,00%
O CURSO O/A AJUDOU A MELHORAR SUA RELAÇÃO COM SEUS FILHOS?			
Sim	Não	Não se aplica	Em branco
98,00%	1,33%	0,00%	0,67%
EM TERMOS GERAIS, O CURSO O/A AJUDOU A MELHORAR SUA VIDA FAMILIAR?			
Sim	Não	Não se aplica	Em branco
100,00%	0,00%	0,00%	0,00%
O CURSO O/A AJUDOU A MELHORAR SUA VIDA FINANCEIRA?			
Sim	Não	Não se aplica	Em branco
80,67%	13,31%	0,00%	6,02%
O CONTEÚDO DO CURSO CONTRIBUIU PARA MELHORIA DA QUALIDADE DO SEU SERVIÇO POLICIAL			
Contribuiu	Não contribuiu	Não se aplica	Em branco
87,92%	0,68%	0,00%	11,39%
O CURSO PODE AJUDAR A EVITAR QUE UM POLICIAL OU FAMILIAR COMETA SUICÍDIO?			
Sim	Não	--------	Em branco
92,42%	3,41%	0,00%	4,17%
O CURSO PODE AJUDAR A EVITAR VIOLÊNCIA DOMÉSTICA PRATICADA POR POLICIAL MILITAR?			
Sim	Não	--------	Em branco
97,22%	0,00%	0,00%	2,78%
O CURSO O/A INCENTIVOU A VALORIZAR O SER HUMANO E RESPEITAR OS DIREITOS HUMANOS?			
Incentivou	Não incentivou	--------	Em branco
99,37%	0,63%	0,00%	0,00%
O CURSO CONTRIBUIU PARA A MELHORIA DOS SEUS RELACIONAMENTOS NO AMBIENTE DE TRABALHO?			
Contribuiu	Não contribuiu	Não se aplica	Em branco
95,87%	0,00%	0,00%	4,13%
VOCÊ JA SE ENCONTROU (OU SE ENCONTRA) EM ALGUMA DESSAS SITUAÇÕES? (marque quantas quiser)				
Em programas do CASo (PRADEQ ou PRAEV)	Internação no NCPM	Com intenção de cometer suicídio	Com intenção de cometer homicídio	Nenhuma dessas
53,51%	1,43%	14,81%	5,97%	70,21%

SE TIVESSE REALIZADO ESSE CURSO ANTES DA SITUAÇÃO ASSINALADA NO ITEM ANTERIOR, ELE TERIA TE AJUDADO A EVITAR OU SUPERAR ESSA SITUAÇÃO?			
Sim	Não	Não se aplica	Em branco
82,86%	0,00%	0,00%	17,14%

ACHA QUE O CURSO É PROSELITISTA? (TE PRESSIONOU A MUDAR DE RELIGIÃO OU A FAZER PARTE DE ALGUMA IGREJA ESPECÍFICA)				
Sim	Não	-------	-------	Em branco
1,27%	84,56	0,00%	0,00%	14,17%
TOTAL DE PARTICIPANTES DA PESQUISA			115	

Vários dados das pesquisas poderiam ser discutidos aqui. O elevado índice de respostas em branco em algumas questões, por exemplo, levou a algumas alterações posteriores no instrumento e na forma de aplicação, tendo em vista que muitas pessoas relataram dúvidas e algumas esposas de policiais não sabiam como responder a alguns questionamentos. No entanto, por ora, é importante analisar o fato de que todos os questionamentos feitos aos participantes visualizam exatamente aquilo que, de alguma forma, é relevante para a corporação. Vale salientar também que isso não implica dizer que o que é relevante para o indivíduo não seja importante. Mas exatamente o contrário: uma mudança significativa na vida do indivíduo tem um reflexo relevante em sua atividade profissional e na instituição onde atua.

Especialmente em situações quando é necessária mudança de comportamento, ou a prevenção de comportamentos (contrários à moral ou delituosos) não se pode ignorar que "a questão ética se estende aos valores pessoais – as crenças e atitudes intrínsecas que ajudam a determinar o comportamento individual".[33] Daí a necessidade de se levar a organização a compreender a importância e a forma de atuação da capelania. O potencial preventivo dos cursos da capelania em relação a problemas gravíssimos, como dependência química,

[33] SCHERMERHORN, J. *Administração*. Rio de Janeiro: RTC, 2007. p. 51.

cometimento de crimes, suicídio e homicídio foi atestado por 82,86% dos participantes que já haviam vivenciado algo relacionado a essas situações.

Cabe salientar ainda que o alinhamento estratégico apresenta-se na linguagem utilizada, nos temas trabalhados e na forma de se portar de um capelão. O capelão deve conhecer bem sua corporação, tanto nos aspectos formais — leis que a regem, quanto nos aspectos informais — cultura e clima organizacional, sob pena de se tornar um clérigo comum e exercer seu ofício de forma descontextualizada e até mesmo irrelevante. Isso porque existem milhares de sacerdotes que poderiam atuar dentro de uma instituição sem ter um compromisso institucional e estratégico com ela, simplesmente reproduzindo seu ambiente eclesiástico. Mas, como vimos até aqui, este não é o ideal e pode trazer até mesmo um efeito contrário.

4. PENSAMENTO ESTRATÉGICO E CAPELANIA

Para auxiliar no desenvolvimento do pensamento estratégico na capelania, serão apresentados a seguir, ainda que de forma simplificada, alguns passos importantes. No entanto, ressaltamos que este deve ser um processo institucional, construído com os integrantes da capelania e conduzido pela chefia, haja vista que a atuação individual, por si só, não redunda em identidade estratégica. A identidade estratégica envolve necessariamente o compartilhamento entre os diversos componentes da equipe, do início ao fim. Apresento alguns passos fundamentais:

1º - Entenda a visão, a missão, o negócio, os valores e os objetivos estratégicos da sua instituição, expressos no plano estratégico;

2º - Visualize como a área/setor/departamento em que a capelania está inserida se posiciona em relação aos aspectos anteriores. Geralmente isso está presente em um plano setorial;

3º - Defina o negócio, a missão, a visão, os valores e os objetivos estratégicos de sua capelania, de acordo com os fundamentos teológico, histórico, jurídico, científico e estratégico, com a finalidade de contribuir com o todo institucional;

4º - Aplique a análise SWOT, avalie o ambiente interno (pontos fortes e pontos fracos em relação ao cumprimento dos seus objetivos) e o ambiente externo (oportunidades e ameaças). Não negligencie nenhum desses quesitos;

5º - Confeccione um plano de ação ou plano de trabalho que leve em conta todo esse processo, a classificação de demandas (prioritárias, secundárias, terciárias), as qualificações e limitações da equipe;

6º - Preveja avaliações e ajustes periódicos, conforme o ciclo PDCA. Faça por escrito e publique resultados. Os registros são muito importantes para rebater ataques, obter recursos e solidificar a memória técnica.

Dessa forma, toda atividade da capelania, ainda que uma simples oração, será fundamentada em um valor da capelania, o qual leva ao alcance de um objetivo, este enraizado em uma missão cujo objetivo é levar à vivência de uma visão institucional, dentro de um contexto estratégico maior. Ou seja, tudo que o capelão faz, bem como sua forma de fazer e de se portar, devem convergir para o enquadramento estratégico. Toda atividade religiosa e espiritual da capelania colaborará com objetivos da instituição, direta ou indiretamente. E isso ficará cada vez mais claro.

Atuar dessa forma fará com que todo gestor, independentemente de seu credo religioso, perceba a capelania como uma colaboradora da administração. Ainda que ele não creia em Deus ou não professe a mesma fé do capelão, não porá obstáculos a seu trabalho, posto que ficará patente o interesse público nessas ações. Ademais, tal conduta do capelão, além de abrir "portas administrativas", também abrirá "portas espirituais", despertando o interesse de muitos secularistas pela fé do capelão.

No Capítulo VIII, "Ação e interação na capelania", será dada maior atenção à elaboração de um plano de ação.

REFERÊNCIAS BIBLIOGRÁFICAS

ALVES, Gisleno Gomes de Faria. "O papel institucional e estratégico da capelania militar". *Revista Ciência & Polícia*, n. 3 v. 1, junho de 2015. Disponível em: <http://revista.pm.df.gov.br/index.php/Revista/article/view/23/60> Acesso em: 10 nov. 2016.

AÇÃO MISSIONÁRIA DOS MILITARES EVANGÉLICOS. Revista nº 2 – Edição de Testemunhos. Brasília, 2014.

BRASIL. Decreto-lei nº 6.535, de 26 de maio de 1944.

BRASIL. Decreto-lei nº 8.921, de 26 de janeiro de 1946.

EXÉRCITO BRASILEIRO. Portaria nº 1.507, de 15 de dezembro de 2014. Aprova o Plano Estratégico do Exército 2016-2019. Brasília, 2014.

KOTLER, Philip. *Administração de marketing*. São Paulo: Prentice Hall, 2006.

MARINHA DO BRASIL. *Capelas navais*. Rio de Janeiro: Laboratório de Ideias, 2013.

MINTZBERG, Henry; AHLSTRAND, Bruce; LAMPEL, Joseph. *Safári de estratégia*. 2. ed.. Porto Alegre: Bookman Cia. Editora, 2010.

MORESCO, Marcielly; MARCHIORI, Marlene; GOUVEIA, Daniela Modolo. "Pensamento estratégico e planejamento estratégico: possíveis inter-relações". *Revista Gestão e Planejamento*. Salvador, v. 15, n. 1, p. 63-79, jan./abr. 2014.

NICOLAU, Isabel. *O conceito de estratégia*. Lisboa: INDEG, 2001. Disponível em: <http://cedo.ina.pt/docbweb/MULTIMEDIA/ASSOCIA/INTERNO/ELECTRON/E160.PDF.> Acesso em: 31 ago. 2016.

POLÍCIA MILITAR DO DISTRITO FEDERAL. *Plano estratégico 2011-2022*. 2. ed. rev. e atual. Rio de Janeiro: Talagarça, 2015.

POLÍCIA MILITAR DO DISTRITO FEDERAL. *Plano Diretor do Departamento de Saúde e Assistência ao Pessoal*. Brasília, 2013.

POLÍCIA MILITAR DO DISTRITO FEDERAL. Boletim do Comando Geral nº 170, 9 de setembro de 2015.

ROBBINS, Stephen. *Comportamento organizacional*. São Paulo: Pearson Prentice Hall, 2005.

SÁ, Felipe Alexandre Paiva Dias de. *O ensino de valores cristãos como fonte motivadora do soldado brasileiro*. Varginha-MG: Centro Universitário do Sul de Minas, 2016.

SAMUELI INSTITUTE. *Military Medicine - Supplement*. USA, v. 175, August, 2010.

SANTOS, Ivanaldo Ferreira. *Reflexões sobre a origem do capelão e seus fundamentos*. In: SOUZA, Edilson; NETO, Willibaldo (Orgs). *Cuidando de vidas*. Curitiba: FABAPAR, 2015.

SCHERMERHORN, John. *Administração*. Rio de Janeiro: RTC, 2007.

CAPÍTULO VI

PRINCÍPIOS GERAIS DE CAPELANIA E ÁREAS DE ATUAÇÃO

Gisleno Gomes de Faria Alves
Aluísio Laurindo da Silva

O presente capítulo propõe-se a dissertar sobre os princípios gerais da capelania e suas principais áreas de atuação, de forma que interligue a teoria e a prática de uma maneira bastante acessível tanto aos capelães por formação quanto aos irmãos que os auxiliam em suas atividades. Serão debatidos os conceitos de capelania, assistência religiosa, assistência espiritual e educação moral, geralmente presentes nas legislações relacionadas ao tema e, em seguida, partiremos para o cumprimento dos objetivos expressos neste capítulo.

1. CONCEITUAÇÃO TÉCNICA

Em regra, toda legislação de capelania nos estados, no Distrito Federal e municípios sofre influência da Lei 6.923, de 29 de junho de 1981, que regula o Serviço de Assistência Religiosa nas Forças Armadas. Esta é a lei-matriz das demais no Brasil, no que se refere ao assunto. Em geral, uma lei que versa sobre capelania traz em seus artigos iniciais uma redação semelhante ao artigo 2º da Lei 6.923[1], a seguir: "O Serviço de Assistência Religiosa tem por finalidade prestar assistência religiosa e espiritual aos militares, aos civis das organizações militares e às suas famílias, bem como atender a encargos relacionados com as atividades de educação moral realizadas nas Forças Armadas".

A compreensão de alguns termos presentes na redação acima é fundamental para que avencemos aos princípios gerais a serem propostos.

Como as origens e a história do termo capelania foram tratados no Capítulo II, "Fundamentos históricos da capelania", aqui nos ateremos puramente ao conceito. De forma mais específica, denomina-se "capelania cristã" o tipo de serviço cristão realizado pela igreja em obediência ao mandado de Cristo, em determinados espaços, sejam institucionais ou não, públicos ou privados, para prestação de assistência religiosa especializada, pela perspectiva do cuidado pastoral, atendendo às peculiaridades de cada espaço, como expressão do amor compassivo de Deus para com o ser humano, independentemente da orientação filosófica ou religiosa das pessoas assistidas.

Por um viés mais genérico, o termo "capelania":

> [...] pode dizer respeito ao serviço de assistência religiosa e espiritual em uma instituição, bem como a uma área de atuação — militar, hospitalar, escolar, prisional etc. — ou a uma filosofia de trabalho que correlaciona questões religiosas e institucionais".[2]

Vieira afirma que capelania é "uma espécie de espaço do sagrado, de apoio espiritual e ético e de consolo dentro das

---

[1] BRASIL. Lei 6.923, de 29 de junho de 1981, regula o Serviço de Assistência Religiosa nas Forças Armadas.

[2] ALVES, Gisleno Gomes de Faria. "O papel institucional e estratégico da capelania militar". *Revista Ciência & Polícia*, n. 3, v. 1, junho de 2015, p. 75. Disponível em: < http://revista.pm.df.gov.br/index.php/Revista/article/view/23/60>.

instituições que a adotam".³ Ferreira e Ziti consideram que "capelania consiste no trabalho de religioso devidamente qualificado para assistência espiritual a internos de qualquer entidade, seja hospital, prisão, colégio, quartel e outros contextos fechados".⁴ Depreende-se disso que podemos utilizar a palavra capelania com três significados: 1- um serviço ou órgão de execução da assistência religiosa e espiritual; 2- uma área de atuação; e 3- um ministério peculiar cujo desenvolvimento depende de um chamado pessoal específico.

Como citamos, a legislação de capelania faz diferenciação entre assistência religiosa e assistência espiritual. Isso está de acordo com os estudos científicos na área, conforme estudamos no Capítulo IV, "Fundamento científico da capelania". Para tratarmos dessa diferença, vale resgatar os conceitos de religiosidade e de espiritualidade:

Enquanto a espiritualidade, *lato sensu*, é entendida pelos pesquisadores como uma força interna voltada para o sentido da vida, integridade interior, otimização do potencial interno, ética, moralidade, infinitude, valorização do sagrado, crença em Algo Maior etc.; a religiosidade é considerada a forma ou o padrão coletivamente estabelecido e pessoalmente escolhido pela pessoa para exercer sua espiritualidade, embora nem sempre o exercício da espiritualidade se enquadre em um padrão religioso tradicional. De modo geral, a religiosidade é a vivência de um paradigma religioso compartilhado em um tempo ou local, na esfera das religiões.

Vale resgatar também os princípios presentes no Artigo 5º, VII, e 19, I, da Constituição Federal de 1988, discutidos no Capítulo III, "Fundamento jurídico da capelania". No artigo

---

³ VIEIRA, Walmir. *Capelania escolar: desafios e oportunidades*. São Paulo: Rádio Trans-Mundial, 2011. p. 9.

⁴ FERREIRA, Damy; ZITI, Lizwaldo Mário. *Capelania hospitalar cristã: manual didático e prático para capelães*. São Paulo: SOCEP Editora, 2010. p. 40.

5°, VII, o bem tutelado é o direito que a pessoa tem de exercer sua religiosidade, conforme sua confissão de fé, quando houver alguma condição que a impeça de fazê-lo pelos seus próprios meios, a exemplo de uma internação hospitalar, do encarceramento prisional, bem como formação ou mobilização militar. Já o artigo 19, I, resguarda ao interesse público a exceção para o estabelecimento da colaboração entre religião e Estado. Isso significa que a atividade religiosa realizada não pode ferir direitos fundamentais de terceiros e deve estar condicionada ao alcance do bem comum, sempre que seu exercício envolver algum tipo de aliança entre religião e Estado.

À luz do fundamento científico e do fundamento jurídico da capelania, é possível estabelecer uma diferença básica entre a assistência religiosa e a assistência espiritual. A primeira é tipicamente confessional, incluindo todas as idiossincrasias do credo religioso do capelão e do assistido. A segunda concentra-se em elementos básicos da fé e nos dilemas enfrentados pela pessoa e pela instituição assistidas, sem adentrar pelas peculiaridades de um ou outro credo.

Dessa forma, pode-se afirmar que a "assistência religiosa" compreende o exercício de cultos, a celebração de ofícios, ordenanças, sacramentos e outros atos religiosos, de caráter confessional, em benefício dos integrantes da instituição, conforme o credo professado. Já a "assistência espiritual" compreende o exercício de atividades de caráter religioso que transcendem os limites confessionais, direcionadas ao público geral, com o objetivo de promover o desenvolvimento pessoal e institucional, elevar o moral individual e coletivo, bem como possibilitar um convívio fraternal e harmonioso nos ambientes profissional, familiar e comunitário.

Em muitos momentos, um capelão presta assistência espiritual a uma pessoa de outro credo religioso. Isso ocorre em momentos de oração, reflexões em atividades coletivas, confraternizações, aconselhamento pastoral, visitas hospitalares, prisionais etc. No entanto, quando ocorre uma demanda típica de assistência religiosa, como a solicitação de extrema-unção (unção dos enfermos) ou casamento, por exemplo, o capelão deve atentar para a convergência entre seu credo e o credo do solicitante, dando o encaminhamento a outro capelão ou a um ministro de religião solicitada, quando o credo for diferente do seu. Esse cuidado é importante para que não sejam feridas a liberdade de fé e consciência do capelão (sendo obrigado a fazer algo que não se insere dentre de seus princípios de fé ou não adotado por sua prática religiosa) ou do solicitante (este sendo negligenciado em sua demanda ou atendido de forma diversa de sua fé).

A "educação moral" objetiva o bem-estar do policial militar e de seus familiares e compreende as ações e atividades destinadas à formação, ao cultivo e ao fortalecimento de valores morais e éticos adotados pela instituição. Em regra, a educação moral institucional é iniciada nas ambientações, nos cursos de formação e de habilitação, oferecidos nos instantes que seguem o ingresso do profissional na organização.

Obviamente, assistência religiosa, assistência espiritual e educação moral são conceitos que caminham juntos, às vezes de maneira mais distante, outras de maneira mais próxima, e, em algumas atividades, de forma quase coincidente. Apesar de, na maioria das vezes, essa diferenciação ocorrer mais no campo didático, há momentos em que se torna imprescindível delimitá-los, sobretudo em ocasiões em que esteja em xeque a liberdade religiosa e a supremacia do interesse público.

2. PRINCÍPIOS GERAIS DE CAPELANIA

Um caminho necessário para a construção de princípios gerais de capelania é o estudo de seus fundamentos bíblico-teológico, histórico, jurídico, científico e estratégico, apresentados nos capítulos anteriores. Com base nisso, podemos definir agora alguns princípios que devem nortear todo serviço de capelania, os quais se expressam da seguinte forma:

1º O serviço de capelania é devotado ao sagrado e fundamentado no exercício da compaixão.

Em suas reflexões sobre a origem da capelania e seus fundamentos, o capelão Ivanaldo Santos, do Exército Brasileiro, afirma que Matinho de Tours, ao repartir sua capa com o mendigo, "estabeleceu o princípio que rege a atitude do capelão e a capelania, ou seja, o exercício da compaixão e a presença do sagrado". Sobre o sagrado e a compaixão, o capelão prossegue:

> [...] são elementos intrínsecos ao trabalho do capelão, não sendo possível conceber uma capelania sem que os [estes] estejam presentes. O sagrado remete ao transcendental e aproxima a criatura do Criador, enquanto a compaixão é o motor de toda a estrutura da capelania, pois os capelães são movidos pelo profundo amor ao próximo, caracterizado pela capa que foi repartida com o mendigo.[5]

A dimensão do sagrado é o ponto básico da diferença entre uma ação de capelania e uma ação social ou um ato puramente humanístico ou uma reflexão filosófica, motivados por razões alheias à esfera religiosa. Nessa linha, Koenig afirma que, "se não existir uma conexão com a religião ou com o sobrenatural, então eu não chamaria uma crença, prática ou experiência de espiritual. Eu a chamaria de humanística".[6] Desse modo, cabe ao capelão promover a aproximação da pessoa assistida a Deus, pelo exercício dos ofícios ou sacramentos religiosos, pela ministração das Sagradas Escrituras, pela oração, pelo aconselhamento pastoral e por outros atos peculiares

---

[5] Santos, I. F. Reflexões sobre a origem do capelão e seus fundamentos. In: Souza, E. S. S.; Neto, W. R. *Cuidando de vidas*. Curitiba: Faculdade Batista do Paraná, 2015. p. 84.

[6] Koenig, H. *Medicina, religião e saúde*. Porto Alegre: L&PM, 2012. p. 17.

de assistência religiosa e espiritual, que não dizem respeito ao protocolo de ações dos demais profissionais.

O pastor Glédston Reis, papiloscopista policial federal, que realizou por muitos anos capelania voluntária em sua instituição, discorre sobre como a compaixão se apresenta na prática cotidiana de alguém que se dedica à capelania:

> [...] estes responsáveis-cuidadores são aqueles que, em tempos de crise ou não, optaram pela aplicação do paradigma-cuidado nos seus locais de trabalho porque, antes de qualquer outra ponderação, são cristãos, católicos ou evangélicos, que são inspirados e movidos pelas verdades que creem e por isso praticam o cuidado, pois amam o próximo, seu colega de trabalho.[7]

Esse primeiro princípio é uma premissa fundamental para que se possa definir uma atividade que pertença à capelania. Também serve de critério central para que alguém avalie sua aptidão para exercer a assistência religiosa e espiritual: capacidade de viver e compartilhar a fé e capacidade de exercitar a compaixão. Alguém incapaz disso pode ser qualquer outra coisa, menos capelão.

2º O serviço de capelania está focado na necessidade pessoal do assistido.

O altruísmo está na base da ação de um capelão. O ato de repartir a capa, realizado na lenda, é refletido hoje em dia quando o capelão reparte seu tempo, sua atenção, seus conhecimentos com alguém que necessita. É muitas vezes um ato de abnegação, de exposição a situações que geralmente as pessoas evitam, como desentendimentos, tragédias, luto; ou a locais que, em regra, ninguém quer ir, como presídios, cemitérios guerras, etc.

---

[7] REIS, Glédston Campos. *Assistência espiritual ou religiosa na Polícia Federal: proposta de implantação*. Brasília: Academia Nacional de Polícia, 2009.

Um capelão não pode se esquecer de que, se não fosse pela necessidade do indigente que passava frio naquele dia de inverno em Amiens, a capa de Martinho não teria sido repartida. Igualmente, nossa ação como capelães só faz sentido se focarmos as necessidades dos nossos assistidos. Importante lembrar que isso nos é imposto pelo fundamento bíblico-teológico, conforme tratado no capítulo I, que nos remete ao valor do ser humano criado por Deus, ao exercício da misericórdia e ao chamado para servir.

Para sermos bem práticos, não se deve propor uma série de estudos sobre o tabernáculo do Antigo Testamento ou sobre escatologia enquanto a necessidade premente dos assistidos são os relacionamentos familiares; aliás, o tema que tem acarretado um número crescente de casos de violência doméstica. Vale lembrar que tais temas não são adequados para a atividade da capelania, devendo ser, portanto, tratados nas igrejas. Um capelão desconectado das necessidades de seu público-alvo é ineficaz e cai em descrédito.

Vale ressaltar que os textos bíblicos relativos à parábola do bom samaritano (Lc 10.25-37), ao grande julgamento (Mt 25.31-46) e às inúmeras carências sociais que mereceram a atenção de Jesus e seus apóstolos, revelam que Deus aprova ações de assistência, nas quais o interesse maior de quem as pratica não é angariar benefícios para si ou para sua própria religião, mas agradar a Deus e servir ao próximo. O texto de Mateus deixa claro que o Senhor trata o preso, o hospitalizado e o necessitado com amor, e espera de nós atos de amor como se ele fosse o alvo direto das nossas ações, ou seja, uma consequência de quem já foi alcançado por ele. Por isso, do próprio Cristo vem a recompensa.

Muitas vezes, o capelão não possui os recursos necessários para suprir imediatamente a necessidade do assistido. Nesses casos, o capelão deve realizar o que for possível, despertar na pessoa a possibilidade de se fortalecer na fé e acionar a rede de apoio disponível em sua instituição. Em muitos casos, o atendimento do capelão é somente o primeiro passo de muitos necessários para a solução de um problema. A interação do capelão com outros profissionais e áreas afins, como a psicologia, a medicina, a ação social, bem como com a gestão da instituição onde serve, é fundamental para o suprimento pleno das necessidades dos assistidos. Um capelão que trabalha isolado está fadado a duas situações: 1- ou vai negligenciar boa parte das demandas decorrentes de sua missão; 2- ou acabará por assumir sozinho uma carga impossível de se carregar.

Em suma, a natureza da atividade de capelania é basicamente assistencial, da perspectiva do cuidado pastoral, tendo por fim estabelecer uma relação de ajuda que auxilie a pessoa assistida no enfrentamento de suas dificuldades.

3º O serviço de capelania é voltado para um segmento social específico e/ou para uma instituição específica.

O fundamento histórico mostra-nos que o serviço de capelania nasceu e se desenvolveu com a prática de se mobilizar sacerdotes de locais típicos de culto (templo, igreja etc.) para prestar seus ofícios em locais em que grupos específicos, com características e necessidades peculiares, careciam dessa assistência. Tropas militares em mobilização, hospitais e presídios foram os primeiros a demandar esse serviço.

Isso foi assimilado também pelos senhores feudais, na Idade Média, que mantinham um sacerdote em suas propriedades, com a finalidade de prestar serviço religioso à família e funcionários, seja em razão da distância a ser percorrida até chegar a uma igreja, seja por comodidade. Por isso, a presença de capelas, pequenos locais de culto, é muito comum nas grandes propriedades antigas.

O fundamento jurídico, especialmente o artigo 5º, VII, da Constituição Federal também nos remete ao fato de que a Constituinte Brasileira de 1988 atentou para o direito fundamental individual de receber assistência religiosa, garantido às pessoas que se encontram em situação de internato. Leis infraconstitucionais regulam a assistência religiosa no meio militar, em hospitais e presídios, por exemplo.

Diante disso, fica claro que o serviço de capelania é caracterizado pela atenção a um segmento social específico (pessoas atingidas por um desastre, militares, internos de um presídio, pacientes de um hospital etc.). Difere do trabalho de uma igreja, pois o trabalho de capelania implica necessariamente que o ministro religioso vá ao encontro do assistido, não o inverso. Desse modo, o ministro religioso, em algum nível, está envolvido no contexto que vivencia o assistido.

Em decorrência disso, além de sua formação religiosa, o capelão necessita conhecer bem o contexto em que atua. Em termos práticos, em uma capelania pós-desastre, o capelão lidará diretamente com as consequências da catástrofe que atingiu um determinado número de pessoas. Por vezes, chegará até os assistidos com a situação de catástrofe em curso. O capelão militar faz parte da tropa e estará com ela onde ela estiver, por vezes em meio a confrontos bélicos. O capelão prisional frequenta a penitenciária e está sujeito a todo o protocolo de segurança que a situação exige. E o mesmo raciocínio se repete em cada área.

Por isso, podemos afirmar que o ministério de capelania é exercido em um campo missionário específico, seja um grupo social com uma vulnerabilidade em comum, seja uma instituição que reúne um grupo de pessoas com necessidades afins. A rigor e de certa forma, pode-se afirmar que seu campo de trabalho se situa fora dos portões de uma igreja. Portanto, podemos dizer que todo capelão tem o sobrenome do campo missionário em que atua: capelão militar, capelão escolar, capelão parlamentar, capelão empresarial etc. Em razão disso, a formação de um capelão deve se dar na convergência do conhecimento religioso com a vivência no campo em que deseja atuar.

4° O serviço de capelania é concebido a partir do compromisso institucional de fomentar a espiritualidade como instrumento de desenvolvimento.

O fundamento científico mostra-nos quanto o cultivo da espiritualidade e da religiosidade traz benefícios individuais e organizacionais, especialmente em profissões que lidam com alto nível de estresse. Como vimos, muitos estudos revelam que essa prática influi positivamente na qualidade de vida, na produtividade, na satisfação pessoal e no trabalho, entre outros fatores. Além disso, pesquisas demonstram que programas que visam a mudanças comportamentais ou de estilo de vida possuem melhores resultados quando trabalham a questão da espiritualidade em suas atividades.

Já o fundamento estratégico adverte-nos para o fato de que tudo que é realizado em uma instituição deve contribuir para o desenvolvimento de seus integrantes, da coletividade e da própria organização.

A exemplo disso, temos todas as capelanias que atuam em instituições do Estado. O fundamento jurídico, firmado no entendimento do artigo 19, I, da CF/88 deixa claro que a existência do serviço de assistência religiosa e espiritual no ambiente estatal está condicionada ao interesse público. Em outras palavras, a capelania deve apresentar uma contribuição relevante para a instituição onde atua e para a sociedade. Pragmaticamente, deve apresentar resultados relacionados aos objetivos da organização e à superação de suas problemáticas.

A partir desse pragmatismo, nasce um compromisso que a capelania e todo capelão deve ter com a instituição onde está servindo: fomentar a espiritualidade como instrumento de desenvolvimento. Naturalmente, o cultivo da fé leva a isso. A vivência equilibrada da fé inequivocamente transforma pessoas e ambientes para melhor. Mas o capelão atua como um catalisador do processo quando realiza sua abordagem de forma contextualizada, levando em conta as necessidades de seu público-alvo e de sua instituição. Por isso, é importante que a capelania possua um diagnóstico de sua instituição, para que os capelães atuem de forma focada, auxiliando na prevenção e na resolução dos principais problemas enfrentados. Os temas e as práticas mais peculiares das religiões devem ser deixados a cargo das igrejas, e só devem fazer parte das ações da capelania quando houver demanda específica para isso. Portanto, é necessário que o capelão saiba organizar bem suas atividades de assistência religiosa e de assistência espiritual.

O serviço de capelania possui dois vínculos institucionais: o vínculo eclesiástico, estabelecido com a organização religiosa que lhe dá origem, sustentação e orientação eclesiástico-pastoral; e o vínculo administrativo com a instituição parceira representante do público assistido. A motivação de uma religião ou denominação religiosa para enviar seus missionários capelães para servir em alguma instituição ou grupo social deve passar pela responsabilidade social da igreja e pelo desejo de expandir o reino de Deus. Com características bem diferentes, a motivação de um gestor ao abrir as portas para esse serviço é a melhoria do ambiente e dos resultados de sua instituição, ainda que este também seja da família da fé. Em outras palavras, a motivação do capelão deve ter suas raízes lançadas em ambos os vínculos com grande dose de maturidade.

Quando um capelão pende desequilibradamente para um desses dois vínculos, as consequências são extremamente negativas. Ele não deve se submergir nos interesses institucionais ou dos altos gestores de forma que perca a autenticidade de seu ofício religioso. Também não pode afundar-se no envolvimento com sua religião, tornando-se denominacionalista, de forma que negligencie seu compromisso com a instituição onde assiste. A primeira hipótese transforma o capelão em um palestrante motivacional, muitas vezes secularizado ou em um instrumento de dominação da chefia pela via religiosa, um profeta da corte[8]. A segunda faz com que ele seja proselitista, aliciador e, portanto, irrelevante para a instituição.

5º O serviço de capelania é estabelecido em meio ao respeito à liberdade religiosa e à cooperação.

No fundamento jurídico, vimos que o serviço de capelania tem suas bases no direito à liberdade de consciência e fé. A Constituição Federal, no artigo 5º, VI, rege que "é inviolável a liberdade de consciência e de crença, sendo assegurado o livre exercício dos cultos religiosos e garantida, na forma da lei, a proteção aos locais de culto e a suas liturgias"[9]. Isso se estende também à liberdade de crer e de não crer. É um princípio que se aplica a todas as áreas da capelania, tanto em ambientes públicos quanto em privados.

O fundamento teológico também aponta para o fato de que o amor ao próximo e o serviço prestado a ele não partem do pré-requisito de que o assistido deva ser da mesma fé ou da imposição de mudança de religião. A parábola do bom samaritano (Lc 10.25-37) e o texto do grande julgamento (Mt 25.31-46), em nenhum momento põem a questão da religião como fator condicionante para o serviço de capelania. Além do mais, com foco na cosmovisão cristã, o centro de qualquer ação de alguém que se diz cristão deve ser Cristo, não sua denominação religiosa. Naturalmente, algumas pessoas vão se identificar com o capelão a ponto de querer acompanhá-lo em sua vivência de fé fora da capelania, mas o capelão não deve ter uma atuação proselitista ou aliciadora, isto é, aproveitar as situações em que se encontram os assistidos para levá-los a mudar de fé ou igreja.

---

[8] Referência aos profetas que serviam aos antigos reis, acalentando suas consciências com profecias e ensinamentos que sempre confirmavam as vontades das autoridades em detrimento dos princípios de Deus, em troca de benefícios e mordomias do palácio.

[9] BRASIL. Constituição da República Federativa do Brasil de 1988.

Paralelamente, o fundamento científico chama nossa atenção para o fato de que um dos principais problemas relacionados à assistência religiosa institucional são os conflitos ocasionados pela falta de respeito à diferença de credos. Daí a importância de o serviço de capelania ser coordenado por um órgão ou profissional qualificado por sua religião e pela instituição. A disputa religiosa só traz malefícios à organização. Exatamente esse fator, aliado à falta de entendimento do contexto institucional, são as principais causas de muitas portas terem se fechado em várias áreas. No Capítulo VIII, "Ação e interação na capelania", serão abordadas pormenorizadamente as diversas formas de interação que um capelão deve desenvolver (sua denominação, outros credos etc.).

Dessa forma, qualquer serviço que tenha por objetivo fazer as pessoas mudarem de religião ou aumentar o número de fiéis de determinada igreja, não pode ser chamado de capelania. Um capelão deve respeitar a liberdade religiosa de todos, evitar as polêmicas doutrinárias, os "ranços" denominacionais e focar a essência do evangelho, cuja ministração certamente trará benefícios a todos, se não propriamente salvíficos, pelo menos sociais, familiares e éticos.

Vale frisar que todos os fundamentos da capelania reforçam a cooperação como atitude fundamental. A partilha da capa de Martinho foi um ato de cooperação. O chamado para servir é cooperação. A exceção legal para o envolvimento entre religião e Estado é a colaboração de interesse público, o que configura uma forma de cooperação. Os resultados do trabalho da capelania e sua função estratégica na instituição também são decorrentes da cooperação.

A própria capelania é uma cooperação entre pessoas bem como entre organizações religiosas e o Estado, organizações particulares ou, ainda, com segmentos sociais em situação de risco. Além de tudo que foi explanado até aqui, vale ressaltar que a capelania, devido a todos os seus princípios, e em especial devido à vivência da cooperação genuína, serve de modelo para várias iniciativas da sociedade. Na capelania, atende-se o apelo contemporâneo à cooperação entre os diferentes em prol do bem comum, sem, no entanto, negligenciar as peculiaridades e crenças de cada pessoa ou grupo social. Nesse sentido, ela se transforma num referencial situado no horizonte idealizado por toda sociedade civilizada: a possibilidade de convivência pacífica, solidária, com justiça social e altruísta, construída sob inspiração do amor compassivo do divino Criador.

O capelão deve reconhecer-se como cooperador. Isso nos remete ao fato de que o capelão não é o principal elemento no processo. No foco está a pessoa assistida. E, no contexto de atuação, em regra, o capelão é um assistente, um elo nas relações de ajuda. Para ilustrar, em um hospital, onde o objetivo institucional é a superação da enfermidade, as ações são direcionadas pelo médico. A capelania presta seu auxílio. Em uma corporação policial, cujo objetivo é o policiamento ostensivo e a manutenção da ordem pública, as ações são direcionadas pelo quadro combatente, responsável pela atividade-fim. A capelania leva sua contribuição. E isso se aplica às demais áreas de forma semelhante.

Em suma, para que uma atividade possa ser caracterizada como pertencente à capelania, ela deve ser realizada de acordo com os seguintes princípios gerais:

1º O serviço de capelania é devotado ao sagrado e fundamentado no exercício da compaixão;

2º O serviço de capelania está focado na necessidade pessoal do assistido;

3º O serviço de capelania é voltado para um segmento social específico e/ou para uma instituição específica;

4º O serviço de capelania é concebido a partir do compromisso institucional de fomentar a espiritualidade como instrumento de desenvolvimento;

5º O serviço de capelania é estabelecido em meio ao respeito à liberdade religiosa e à cooperação.

3. ÁREAS DE ATUAÇÃO

O serviço de capelania, cujas raízes remontam ao contexto militar do século 4 da era cristã, encontra-se presente e atuante atualmente em diversos outros espaços institucionais e sociais, em muitos países do mundo. É que os resultados positivos alcançados por esse ministério cristão naquela área, no decurso dos séculos, tornaram-se referência histórica que tem exercido forte influência na concepção e prática do ministério cristão instituído em outras áreas, sob a regência dos princípios elencados no tópico anterior. Todavia, respeitados aqueles princípios, à medida que o serviço de capelania tem se estabelecido em novos contextos, vem assumindo, *ipso facto*, uma configuração constituída por elementos que lhe conferem perfil próprio, no qual se vislumbram reflexos do rosto e da voz da igreja e de cada nova instituição, organização ou segmento social parceiro desse tipo de missão.

No Brasil, o serviço de capelania já se encontra estabelecido em diversos espaços, públicos e particulares, ora em fase pioneira, ora em fase mais avançada, seja com base em legislação específica, no caso de instituições públicas, seja com base em normas adotadas pelas instituições particulares interessadas, as quais incluem as seculares e as confessionais. Eis alguns exemplos de áreas alcançadas: capelania militar, capelania policial (civil), capelania de guarda municipal, capelania prisional (ou carcerária), capelania hospitalar, capelania escolar e universitária, capelania empresarial, capelania pós-desastre, capelania parlamentar, capelania esportiva, capelania portuária e capelania cemiterial.

O processo de criação e funcionamento de um serviço de capelania, em qualquer área, deve ser desenvolvido com base em normas próprias. Sua configuração orgânico-funcional geralmente contempla os seguintes componentes: definição, finalidade, público-alvo, estrutura, composição, plano de trabalho, avaliação, vínculo eclesiástico, vínculo administrativo, legislação (ou normas) de referência, recursos, ética, entre outros.

Demandas: identificação e limites

É de fundamental importância que os responsáveis por um serviço de capelania, em qualquer de suas áreas, identifiquem com clareza e objetividade suas demandas específicas, cujo grau de precisão se condiciona à participação do próprio público-alvo a ser assistido durante o processo de planejamento. A necessidade de delimitação do alcance ou da forma de atendimento daquelas demandas durante a execução das atividades, em qualquer área, deve fundamentar-se em motivos respeitados pelas partes envolvidas, entre eles aqueles estabelecidos no artigo 12 da Convenção Americana de Direitos Humanos (Pacto de São José da Costa Rica), especialmente em seus parágrafos 3º e 4º:

> A liberdade de manifestar a própria religião e as próprias crenças está sujeita apenas às limitações previstas em lei e que se façam necessárias para proteger a segurança, a ordem, a saúde ou a moral públicas ou os direitos e as liberdades das demais pessoas.
>
> Os pais e, quando for o caso, os tutores, têm direito a que seus filhos e pupilos recebam a educação religiosa e moral que esteja de acordo com suas próprias convicções.[10]

Via de regra, as finalidades de um serviço de capelania, independentemente da área de atuação, incluem:

---

[10] Convenção Americana sobre Direitos Humanos. Assinada na Conferência Especializada Interamericana sobre Direitos Humanos, San José, Costa Rica, em 22 de novembro de 1969.

- Prestação de assistência religiosa e espiritual;
- Atendimento a encargos relacionados com atividades de educação moral e assistencial;
- Participação em campanhas educativas e humanitárias;
- Promoção ou viabilização de atividades de lazer e recreação;
- Ação docente direcionada ao civismo e ao exercício da cidadania;
- Promoção do voluntariado.

Tudo isso, pelo que vimos até aqui, com o objetivo maior de promover a aproximação entre o assistido e Deus, de forma que se possa colaborar com seu desenvolvimento, enfrentamento da situação de necessidade na qual se encontra e melhoria de sua qualidade de vida. Esse serviço traz benefícios específicos para a constituição ou segmento social onde se presta o serviço de capelania.

Descrição das áreas de atuação

As peculiaridades de cada área de atuação da capelania estão intrinsecamente relacionadas aos objetivos da instituição ou às necessidades do segmento social ao qual é prestado o serviço. Segue sinopse de cada uma das principais áreas de atuação:

Capelania militar ou castrense: atua em instituições militares, na prestação de assistência religiosa e espiritual bem como na educação moral dos militares e seus familiares, nas campanhas educativas, no estreitamento das relações entre as corporações e a comunidade, nas situações pós-desastre e ações assistenciais humanitárias em geral. Seu objetivo primordial é contribuir para que os militares estejam no máximo de seu potencial para cumprir com sua missão de segurança nacional e segurança pública, desenvolvendo um convívio harmonioso em seu ambiente de trabalho, familiar e comunitário, compreendendo os desígnios divinos para sua vida profissional, superando crises existenciais e outras que possam advir de sua experiência de trabalho ou pessoal, fomentando a melhoria de sua qualidade de vida, bem como cultivando o ânimo e os valores morais imprescindíveis ao bom cumprimento de seus serviços. A capelania militar abarca atividades de todas as demais áreas e sua vertente ao lado das forças de segurança civis pode ser denominada **capelania policial**. No âmbito municipal tem surgido a capelania das guardas municipais que geralmente, preservadas as devidas proporções, se inspira na estrutura e no funcionamento da capelania militar.

Capelania hospitalar: atua em instituições de saúde, como hospitais e clínicas, prestando assistência religiosa e espiritual aos pacientes, familiares e funcionários, bem como ajuda na área da assistência social e humanitária relacionadas ao público-alvo assistido, quando necessário. Seu objetivo é contribuir para a saúde integral e a qualidade de vida de seus assistidos, propiciando a eles a vivência da fé e o incremento de suas condições de enfrentamento da enfermidade, do sofrimento e de crises relacionadas a essa situação.

Capelania prisional ou carcerária: atua em penitenciárias e outras instituições de cumprimento de pena em razão do cometimento de crimes ou atos infracionais. Seu público-alvo inclui os custodiados, seus familiares, os funcionários e a sociedade. O objetivo da capelania prisional é colaborar com a restauração e com a reinserção na sociedade da pessoa que praticou delito ou infração, auxiliando-a, por meio da assistência religiosa e espiritual, a refletir sobre seus atos, encontrar propósito em sua vida e em seus relacionamentos, lidar com os desafios do encarceramento, elaborar e dar significado ao luto, à culpa e ao isolamento bem como se preparar para a vida pós--cárcere. O cuidado pastoral com os agentes tem por objetivo seu bem-estar, sua qualidade de vida e a compreensão de seu papel como autoridade constituída pela sociedade e por Deus. Deve auxiliá-los a lidar com as pressões e com os desafios típicos do ambiente prisional e a desenvolver relacionamentos saudáveis com seus familiares, com colegas de trabalho e com os custodiados. Já a atuação da capelania prisional na sociedade tem por finalidade levá-la a enfrentar o problema da delinquência e da situação da prisão a partir de suas causas e soluções, do ponto de vista dos criminosos, infratores e vítimas.

Capelania escolar: atua em estabelecimentos de ensino fundamental, médio e universitário. Seu público-alvo são os alunos, professores e funcionários. O objetivo da assistência religiosa e espiritual na escola é colaborar com o processo ensino-aprendizagem por meio da vivência da fé e do desenvolvimento de relacionamentos saudáveis. A capelania escolar coopera com a formação dos alunos por meio da consolidação de valores morais, cívicos e religiosos, auxiliando-os na superação de crises advindas em razão dos desafios impostos pela idade ou por questões de ordem pessoal, familiar ou de outra natureza. A assistência aos professores e funcionários foca seu desenvolvimento pessoal, sua qualidade de vida e seu relacionamento com os alunos e seus pais ou responsáveis. Especialmente nas escolas confessionais, a capelania participa também da coordenação pedagógica e da formulação de diretrizes internas de ensino. A capelania escolar pode ser chamada a colaborar na promoção de campanhas educativas e assistenciais também.

Capelania parlamentar: atua nas casas legislativas federal, distrital, estaduais e municipais. Seu público-alvo são os parlamentares, mas suas atividades estendem-se aos familiares e servidores. O objetivo primordial é fortalecer espiritualmente as autoridades legislativas para que reflitam a vontade de Deus e o bem social em sua conduta, em seus relacionamentos, nas leis produzidas e em sua ação fiscalizatória, independentemente de questões partidárias. A capelania parlamentar pode ser chamada a prestar assessoramento ao público-alvo com relação a matérias que envolvem assuntos de natureza religiosa, moral e ética.

Capelania empresarial: atua em empresas privadas ou públicas. Suas ações são direcionadas aos funcionários e podem se estender aos familiares. O objetivo da assistência religiosa e espiritual nas empresas é promover a qualidade de vida no trabalho, a melhoria dos relacionamentos, o cultivo de valores éticos presentes na relação com o público interno e a clientela, o compromisso social, entre outros fatores que redundam em aumento de produtividade, de satisfação com o trabalho, redução de absenteísmo, além de outras consequências positivas para os funcionários, para a empresa e para a sociedade em geral.

Capelania esportiva: atua com grupos de atletas e instituições esportivas. Presta assistência aos atletas e aos componentes da equipe de suporte às atividades esportivas, promovendo sua qualidade de vida, melhoria dos relacionamentos e consequentemente a possibilidade de melhoria no rendimento. Assiste também as famílias dos atletas bem como auxilia na superação de crises pessoais, familiares ou profissionais, e na organização de ações sociais e evangelísticas.

Capelania pós-desastre: atua com grupos que estejam vivenciando consequências de desastres naturais ou de outra ordem, geralmente integrando uma rede de parcerias composta por órgãos públicos, empresas privadas, ONGs, igrejas e instituições paraeclesiásticas. Seu objetivo é levar o conforto divino e fortalecer os assistidos para superação de sua condição por meio da fé, da esperança e da busca de alternativas propiciadoras da reconstrução de suas vidas. Numa escala mais ampla, atua também no levantamento de ajuda humanitária e na mobilização da comunidade afetada para tomada de atitudes que visem à solução dos problemas enfrentados.

Capelania portuária: atua nos portos e navios mercantes. Seu público-alvo é formado pelos tripulantes e passageiros, caso se trate de navio de transporte de passageiros. O objetivo da capelania portuária é trabalhar em função do bem-estar material, moral e espiritual dos marinheiros, onde quer que se encontrem, independentemente de sua nacionalidade, religião, raça e fatores culturais. Visa ajudá-los a lidar com a solidão, o estresse, a angústia, a ausência da família, baixos salários, trabalho duro, o medo, entre outras situações. A atuação da capelania portuária inclui as seguintes atividades: transportes e passeios gratuitos, viabilização de contato dos marinheiros com suas famílias, com serviços de internet, apoio no cuidado com a saúde, atividades de lazer, estudo bíblico, evangelização e oração.

Capelania cemiterial ou fúnebre: atua em cemitérios, locais de velório e com famílias enlutadas. O serviço prestado nessa área em regra caracteriza-se como assistência religiosa, tendo em vista que as religiões possuem crenças e ritos específicos em relação à morte e ao ofício fúnebre. Como exemplo disso, enquanto os católicos e evangélicos creem na existência de uma única vida e na ressurreição, os espíritas creem na reencarnação e evolução do espírito. A liturgia fúnebre católica tem seu foco no falecido, ao passo que o rito evangélico geralmente foca os familiares. Todavia, em linhas gerais, pode-se afirmar que a capelania fúnebre visa ao conforto espiritual dos familiares e amigos e à autorreflexão sobre suas vidas, com a finalidade de melhoria de relacionamentos e crescimento pessoal. Há capelães que prestam serviço de forma fixa nesses locais. No entanto, o mais comum é que capelães das demais áreas realizem esse atendimento quando ocorrer o falecimento de alguém ligado à sua própria instituição. Além da assistência religiosa propriamente dita, há casos em que o capelão precisa assessorar a família do (a) falecido (a) quanto a providências relacionadas ao sepultamento do ente querido e a outras questões, tais como requerimento de benefícios.

A visão panorâmica das características peculiares de cada área deve ser aprofundada mediante a consulta a capelães, a documentos, livros, *sites*, *blogs*, vídeos, *folders* e outros meios de comunicação disponibilizados pelos respectivos serviços de capelania. É importante que o capelão ou capelã interessados em determinada área de capelania busque identificar com essas fontes os dados que ajudam a descrevê-la. É de grande relevância conhecer a definição, a criação, o público-alvo, as demandas, as atividades, o processo de admissão de capelães, a legislação ou as normas pertinentes, entre outros dados.

Além dos aspectos referidos, é necessário que sejam conhecidas organizações relacionadas a cada área de interesse, bem como aquelas que são consideradas parceiras ministeriais e, por fim, livros, filmes, vídeos e demais materiais existentes relacionados ao assunto.

Sintonia, parceria e cooperação

É condição *sine qua non* que os capelães de todas as áreas atuem em plena sintonia com instituições, organizações ou órgãos eclesiásticos, privados e públicos relacionados a suas atividades, nos níveis municipal, distrital, estadual e federal, a depender de cada caso. Além disso, faz-se necessário que os serviços de capelania busquem estabelecer parcerias com entidades possuidoras de interesses afins, fator que pode contribuir significativamente para a viabilização do atendimento de demandas específicas apresentadas por seus públicos-alvo. Por fim, é recomendável que os capelães de religiões diferentes, integrantes de cada área de atuação, planejem e executem, de forma cooperativa, atividades de natureza não confessional. Esse assunto será abordado com mais detalhes no Capítulo VIII, "Ação e interação na capelania".

Entidades e órgãos que atuam nas áreas de capelania

A título de exemplificação, veja abaixo algumas entidades e órgãos que atuam nas áreas de capelania citadas, com seus respectivos endereços de acesso:

- Capelania militar: Ordinariado Militar do Brasil/Arquidiocese Militar do Brasil (www.arquidiocesemilitar.org.br), Aliança Pró-capelania Militar Evangélica do Brasil – ACMEB (www.acmeb.org.br);
- Capelania policial (civil): Capelania da Polícia Civil do Estado de Pernambuco (http://www.policiacivil.pe.gov.br/grh/index.php/unidades-e-divisoes/uniassap.html);
- Capelania católica para Guardas Municipais do Brasil (www.facebook.com/capelaniacatolica);
- Capelania prisional: Pastoral Carcerária da Conferência Nacional dos Bispos do Brasil - CNBB (http://carceraria.org.br);
- Capelania hospitalar: Pastoral da Saúde Nacional – CNBB (www.cnbb.org.br) e Associação de Capelania Evangélica Hospitalar (www.capelaniahospitalar.org.br);
- Capelania Escolar/Universitária: Associação Nacional de Educação Católica do Brasil – ANEC (http://anec.org.br), Mocidade para Cristo – MPC (www.mpc.org.br), e Rádio Transmundial - RTM (www.transmundial.com.br);
- Capelania Pós-desastre: Serviço Nacional de Capelania Pós-desastre – SENCAP (http://sencapbrasil.blogspot.com.br);
- Capelania empresarial: Capelania Empresarial (www.capelaniaempresarial.com.br);
- Capelania parlamentar: Frente Parlamentar Evangélica do Congresso Nacional: http://www.camara.leg.br/internet/deputado/frenteDetalhe.asp?id=53658 (www.facebook.com/frenteparlamentarevangelica.fpe);
- Capelania esportiva: Coalização Brasileira de Esportes – CBE (www.coalizaobrasileira.com.br), Atletas de Cristo (www.atletasdecristo.org) e Atletas em Ação (http://atletasemacao.com.br);

- Capelania portuária: Sailor's Society (www.sailors-society.org) e capelania portuária (missoesrio.com.br/capelania-portuaria).

Organizações parceiras

Ao lado das entidades e dos órgãos que atuam nas diversas áreas de capelania encontram-se as chamadas organizações parceiras; estas possuem uma diversidade de material destinado aos objetivos de cada área de capelania, bem como formas de apoio que são de valor inestimável. Eis uma lista de algumas dessas organizações, com seus respectivos endereços de acesso:

- Alcoólicos Anônimos (http://www.alcoolicosanonimos.org.br/);
- Comunicações Evangélicas – COMEV (www.comev.org.br);
- Militar Cristão (http://www.militarcristao.com.br);
- Ministério Pão Diário (www.paodiario.com.br);
- Os Gideões Internacionais do Brasil (www.gideoes.org.br);
- Associação dos Policiais Militares Evangélicos do Estado de São Paulo - PMs de Cristo (http://www.pmsdecristo.org.br);
- Rádio Transmundial (www.transmundial.com.br);
- Sociedade Bíblica do Brasil – SBB (www.sbb.org.br);
- União dos Militares Cristãos Evangélicos do Brasil – UMCEB (http://www.umceb.com.br);
- Universidade da Família (www.udf.org.br).

REFERÊNCIAS BIBLIOGRÁFICAS ESPECIALIZADAS

Além da Bíblia Sagrada, principal fonte de inspiração, orientação e prática de toda pessoa que se dedica ao ministério da capelania, e do conjunto de obras que compõem o acervo particular de todo líder cristão, torna-se necessário que cada capelão possua livros, trabalhos de pesquisa e outros materiais especializados relacionados à sua área específica de atuação. Sugerimos a seguir um conjunto por área de especialização:

Capelania militar

ALVES, Gisleno Gomes de Faria. "O papel institucional e estratégico da capelania militar". *Revista Ciência & Polícia*, n. 3,Vv. 1, junho de 2015. Disponível em: <http://revista.pm.df.gov.br/index.php/Revista/article/view/23/60;>. Acesso em: 10 jan. 2017.

ALVES, Evandro Teixeira. *A Polícia e a Igreja*. São Paulo: UDF, 2012.

ALMEIDA, Marcelo Coelho de. *A religião na caserna: o papel do capelão militar*. Dissertação de mestrado, Universidade Presbiteriana Mackenzie, São Paulo, SP, 2006. Disponível em: <http://tede.mackenzie.br/jspui/handle/tede/2455>. Acesso em 10/01/2017.

BLACK, Barry. *Sonho impossível*. Tatuí-SP: Casa Publicadora Brasileira, 2013.

BRINK, Eben. Cobb. *Deus estava conosco*. Rio de Janeiro: Empresa Gráfica O Cruzeiro, 1945.

CARVALHO LIMA, Rogério de. *Apostolado heroico: a atuação do Serviço de Assistência Religiosa do Exército Brasileiro*, no Teatro de Operações da Itália no período de 1944 a 1945. Monografia de bacharelado, Universidade Federal do Rio de Janeiro, 2005.

MACEDO, BM Josué Campos. Capelania militar evangélica e sua importância para o CBMERJ. *Heróis do fogo*, Órgão Oficial da Caixa dos Oficiais do CBMERJ, Edição Nacional, 1995, p. 50-66.

MELLO, Walter Pereira de. *O capelão militar: interlocutor entre a religião e a guerra*. Pontifícia Universidade Católica de Goiás, Goiânia, 2011. Disponível em: <http://tede2.pucgoias.edu.br:8080//handle/tede/860>. Acesso em: 10 jan. 2017.

PALHARES, Gentil. *Frei Orlando: o capelão que não voltou*. 2. ed. Rio de Janeiro: Biblioteca do Exército Editora, 1982. p. 193-214.

SANTOS, I. F. "Reflexões sobre a origem do capelão e seus fundamentos". *Curitiba: Faculdade Batista do Paraná*, 2015.

SILVA, Aluísio Laurindo da. Capelão Juvenal. *A voz missionária*, São Bernardo do Campo: Edims, IV trimestre/95, p. 12-14.

SILVA, Aluísio Laurindo da. *Capelania carcerária: contribuições pastorais de João Wesley*. Ensaio monográfico, Universidade Metodista de São Paulo, São Paulo, SP, 2005. Disponível em: <http://acmeb.com.br/gallery/

ensaio_monog_j_wesley_capelania_carceraria.pdf>. Acesso em: 20 jan. 2017.
SOREN, João Filson. *O combatente de Cristo*. Rio de Janeiro: Ed. Eletrônica Carlos Terra, 1995.

> No endereço www.acmeb.org.br , no link "biblioteca", estão disponibilizados muitos outros trabalhos elaborados por capelães militares e colaboradores da capelania castrense. Alguns inclusive citados no decorrer deste *Manual*.

Capelania policial (civil)

REIS, Gledston Campos dos. *A assistência espiritual ou religiosa na Polícia Federal: uma proposta de implantação*. Academia Nacional de Polícia, 2009.
REIS, Gledston Campos dos. *A assistência espiritual e a Polícia Federal*. Faculdade Evangélica de Brasília, 2015.
SILVA, Carlos Alberto da. *Serviço de capelania na Polícia Civil do Distrito Federal*. Academia de Polícia Civil do Distrito Federal, Faculdades Fortium: Brasília. 2009. Disponível em: <http://www.conteudojuridico.com.br/monografia-tcc-tese,servico-de-capelania-na-policia-civil-do-distrito-federal,23717.html>. Acesso em: 10 jan. 2017.

Capelania prisional

BRASIL. Câmara dos Deputados. *CPI do sistema carcerário*. 2009. Disponível em: <http://bd.camara.leg.br/bd/bitstream/handle/bdcamara/2701/cpi_sistema_carcerario.pdf>. Acesso em: 20 jan. 2017.
CÉSAR, Elben; FRANCO, Cristiano Rezende; SILVA JUNIOR, Antonio Carlos da Rosa. *Como anunciar o evangelho entre os presos:* teologia e prática da capelania prisional. Viçosa: Ultimato, 2016.
CONSELHO NACIONAL DO MINISTÉRIO PÚBLICO. *A visão do Ministério Público sobre o sistema prisional brasileiro*. Brasília: CNMP, 2013.
GODOY JUNIOR, Celso Bueno de. *Quebrando cadeias: ministério cristão em comunidades carcerárias*. Rio de Janeiro: Ediouro, 2015.
JUNTA DE MISSÕES NACIONAIS DA CBB. *Estive preso, e vocês foram me visitar: manual de capelania prisional*. Rio de Janeiro: [s.n.], 2010.
MATOS, Henrique Cristiano José. *Preso estou, livre serei*. Pastoral carcerária: fundamentos, inspiração, atuação. Belo Horizonte: O Lutador, 2014.
MINAS GERAIS. Tribunal de Justiça do Estado de Minas Gerais. *A execução penal à luz do método APAC*. Org.: Desembargadora Jane Ribeiro Silva. Belo Horizonte: Tribunal de Justiça do Estado de Minas Gerais, 2012.

NIETO, Evaristo Martin. *Vade Mecum do agente da pastoral carcerária*. 1. ed. São Paulo: Paulinas, 2010.

PASTORAL CARCERÁRIA – CNBB. *Agentes da pastoral carcerária*. Brasília: CNBB, 2013.

SÁ, Alvino Augusto de. *Criminologia clínica e psicologia criminal*. São Paulo: RT, 2007.

SILVA, Aluísio Laurindo da. *Capelania carcerária: contribuições pastorais de João Wesley*. Ensaio monográfico, Universidade Metodista de São Paulo, São Paulo, SP, 2005. Disponível em: <http://acmeb.com.br/gallery/ensaio_monog_j_wesley_capelania_carceraria.pdf>. Acesso em: 20 jan. 2017.

SILVA JUNIOR, Antonio Carlos da Rosa. *Deus na prisão: uma análise jurídica, sociológica e teológica da capelania prisional*. 2. ed. Rio de Janeiro: Betel, 2015.

VARELLA, Drauzio. *Estação Carandiru*. 2. ed. São Paulo: Companhia das Letras, 1999.

VARGAS, Laura Jimena Ordónez. *É possível humanizar a vida atrás das grades?* Uma etnografia do Método APAC de gestão carcerária. Universidade Nacional de Brasília, Brasília, 2011. Tese de doutorado em Antropologia Social.

Capelania hospitalar

FERREIRA, Damy; ZITI, Lizwaldo Mário. *Capelania hospitalar cristã: manual didático e prático para capelães*. São Paulo: SOCEP, 2010.

VASSÃO, Eleny. *No leito da enfermidade*. 5. ed. São Paulo: Cultura Cristã, 2006.

Capelania escolar/universitária

FERREIRA, Damy. *Capelania escolar evangélica*. 1. ed. São Paulo: Rádio Transmundial, 2008.

MORAES SANTOS, Márcio Alexandre de. *Manual de instrução do capelão escolar*. 1. ed. São Paulo: Rádio Transmundial, 2008.

VIEIRA, Walmir. *Capelania escolar: desafios e oportunidades*. São Paulo: Rádio TransMundial, 2011.

Capelania pós-desastre

COSTA, Marcello Silva da. *Serviço de capelania pós-desastre*. Disponível em: <http://www.sistemadeaplicativos.com.br/voluntariosdc/material/Manual_SCPD.pdf>. Acesso em: 10 jan. 2017.

Capelania empresarial

GONÇALVES, Edilaney Duarte. *O serviço de capelania empresarial*. Seminário Presbiteriano do Sul, Campinas, SP, 2009.

Capelania parlamentar

BLACK, Barry. *Sonho impossível*. Tatuí-SP: Casa Publicadora Brasileira, 2013.

Capelania esportiva

BÍBLIA ATLETAS DE CRISTO. NTLH. Sociedade Bíblica do Brasil. 2014
GARRIDO, Jaime Fernández. *A dinâmica da vida*. 1. ed. Curitiba: Publicações RBC. 2013.
MARTINS, Roger. *Jogando bem o jogo da vida*. [S.l.]: Bellocards.
PATTAL, M. *O passo*. [S.l.]: Ases da Literatura.
RIBEIRO, Alex Dias. *Força para vencer*. 1. ed. Rio de Janeiro: Sextante, 2016.
RIBEIRO, Alex Dias. *Mais que vencedor*. São Paulo: Hagnos, 2012.

CAPÍTULO VII

PERFIL DO CAPELÃO

Jorge Luís dos Santos Lacerda

Este capítulo discorrerá sobre o perfil do capelão. A partir da leitura dos capítulos anteriores sobre os aspectos teóricos, fica evidente que cada fundamento estudado revela princípios e características do trabalho de capelania. É fácil afirmar que alguém que deseja ser capelão deve ter um perfil que se adapte a esses princípios e características, entre os quais podemos elencar: capacidade de exercer o dom da misericórdia, saber servir, entender a dignidade da pessoa humana, saber respeitar e conviver com o diferente, não ser denominacionalista, saber atentar para a necessidade do próximo e da instituição onde atua etc.

Aqui serão abordados temas pertinentes ao caráter e à vida prática de um capelão militar, tais como sua vocação, seu chamado, cuidados, sua ousadia, características do ministério, resiliência, empatia, firmeza e flexibilidade, vida espiritual e necessidade de mentoreamento. Obviamente, há situações peculiares da vivência de capelania na esfera militar. No entanto, há muitas características aqui elencadas que se aplicam a todas as áreas de atuação em capelania.

1. A TRÍPLICE VOCAÇÃO DO CAPELÃO MILITAR

Todos os cristãos, lavados e remidos pelo sangue do Cordeiro, são chamados para servir a Jesus de maneira específica, através de dons espirituais dispensados a cada um, segundo o querer de Deus, por intermédio de seu Santo Espírito. Esses dons espirituais capacitam cada servo para a proclamação do evangelho, para a edificação da igreja e para o aperfeiçoamento dos santos. Cada servo então é chamado para servir a Jesus, para viver Jesus e para proclamá-lo de maneira peculiar, em sua vida e em todos os lugares onde estiver.

Deus, de acordo com sua vontade específica, ou seu querer, capacita e usa de maneira especial cada servo. Isso se aplica também ao capelão, que é um servo separado por Deus para uma missão definida. Contudo, há de se destacar a peculiaridade do chamado do capelão militar, que é *trivocacionado*. Sim, possui ao mesmo tempo, três vocações ou capacitações dadas por Deus para o desempenho de seu ministério.

A primeira vocação é a do ministério pastoral, uma vez que para ser capelão militar é preciso ser, antes de tudo, pastor. Aquele que cuida do rebanho, das ovelhas do Senhor. A caserna é um grande rebanho e precisa de pastoreio. É um campo missionário muito fértil.

A segunda vocação é a militar. Além de ser pastor, é necessário também ter o chamado para a vida militar, isso significa obedecer a ordens, cumprir rigidamente os horários, cumprir a missão, prestar continência, treinamentos físicos, estar disposto ao sacrifício da própria vida, e todas as idiossincrasias castrenses.

A terceira vocação é a de ser capelão propriamente dito. Ser pastor e ser militar ao mesmo tempo não faz de alguém um capelão militar. A terceira vocação é necessária. Isso ocorre porque há algumas diferenças entre o pastorado em uma igreja denominacional e o ministério em uma capelania institucional. Como já vimos no Capítulo V, capelania não é igreja.

As demais capelanias, tais como capelania hospitalar, escolar, prisional, esportiva, empresarial, e outras, requerem, em relação à segunda vocação, que o capelão se sinta à vontade na área em que atua e um amor especial pelas pessoas. Por exemplo, um pastor chamado para ser capelão que não lide bem com a enfermidade e a morte não pode ser um capelão hospitalar. Por outro lado, essa mesma pessoa, apesar das dificuldades com o ambiente de hospital, pode ter uma afinidade intensa com o ambiente escolar vindo a ser um capelão escolar.

2. O CAPELÃO MILITAR É PASTOR, MILITAR OU CAPELÃO?

O capelão militar é *trivocacionado*, ou seja, possui chamada específica de Deus para desempenhar o ministério pastoral, como capelão, no ofício militar. Como isso acontece? Ora é pastor, ora é militar, ora é capelão? Não. No desempenho de seu ministério — específico, dado por Deus — o capelão militar desempenha ao mesmo tempo todos os três ministérios. Ao desempenhar sua vocação pastoral, ele é militar e capelão. Ao desempenhar sua vocação militar, ele é pastor e capelão. Ao desempenhar sua missão como capelão, ele é pastor e militar. É um missionário que está inserido em um grupo específico para transmitir o amor de Deus por meio do testemunho. É, portanto, uma tarefa maravilhosa e abençoada, realizada pelo dom de Deus. É também um grande presente, por possibilitar a unificação entre profissão e ministério.

3. A CONSCIÊNCIA DO CHAMADO PARA A CAPELANIA

Assim como para o desempenho de outros ministérios o servo necessita estar consciente de seu chamado, para o desempenho do ministério como capelão militar a "consciência de chamado" é verdadeira. Se não houver essa consciência e a responsabilidade que dela decorre, não há como ser usado por Deus, ou mesmo, ajudar outras pessoas a se aproximarem mais de Deus e segui-lo. Sem a firmeza que vem da consciência de que foi chamado por Deus para estar onde está, o capelão tenderá a sucumbir diante das adversidades. E estas serão muitas.

Ser chamado por Deus para um ministério específico, além de ser um privilégio dado por Deus, é uma bênção e uma responsabilidade pessoal; mas, se não houver compromisso por parte do capelão e testemunho fiel e verdadeiro, como será?

Isso porque haverá momentos em que o capelão se sentirá sozinho. Em outros momentos críticos, sentirá medo. Em alguns outros momentos, todos estarão desesperados, inclusive o capelão, mas que, pela consciência e certeza de seu chamado, pela fé, permanecerá firme e de pé, confiando no Deus que tudo pode, tudo faz e tudo vê. Haverá também momentos de tristeza pela morte de um companheiro, quando todos chorarão, mas o capelão consciente do seu chamado, mesmo com lágrimas, será usado por Deus para consolar e confortar; e o Espírito Santo o sustentará. Existirão riscos, mas o capelão que tem consciência de seu chamado seguirá em frente, pois sabe em quem ele tem crido, e que é poderoso para salvar e libertar. Às vezes, o capelão militar não poderá usar a voz para anunciar Jesus, mas seu testemunho será a pregação silenciosa que falará mais alto.

O chamado ministerial é um presente dado por Deus. Quem o recebe e tem consciência dele, deixa o orgulho, a prepotência e a vaidade de lado; sua única e exclusiva preocupação é a de fazer a vontade de Deus, é cumprir bem sua missão. Considera-se, no meio militar, que "missão dada é missão cumprida".

4. A OUSADIA E OS CUIDADOS QUE O CAPELÃO PRECISA TER

O termo "ousadia", de um modo geral, indica a pessoa que é corajosa, intrépida ou valente. Todo militar, inclusive o capelão, precisa ter esse atributo bem desenvolvido, do contrário fugirá da guerra ou das situações críticas que se apresentarem. Contudo, é preciso ressaltar que ser ousado não é sinônimo de ser imprudente, imperito ou negligente; nem que se deve agir sem pensar. Isso se chama insensatez. Afinal de contas, "prudência e caldo de galinha", já dizia o provérbio popular, "não fazem mal a ninguém".

O cuidado que todo capelão precisa ter é sinônimo de zelo. Sim. O capelão precisa zelar por sua fé e pelas coisas concernentes ao reino de Deus. Precisa zelar pelas pessoas, alvos de seu cuidado e apoio. O capelão militar prudentemente deve ser zeloso com o testemunho, e com sua forma de ser, agir e portar-se. Todos devem lembrar-se dele como referência de fé e conduta. Sua presença deve inspirar confiança e esperança.

Ousadia e cuidado são qualidades necessárias ao capelão. Ousadia para enfrentar os desafios e não se prostrar diante das dificuldades. Cuidado para não se exceder e ferir pessoas ou a si mesmo.

5. CARACTERÍSTICAS MINISTERIAIS E PROFISSIONAIS DO CAPELÃO MILITAR

Sendo o serviço de assistência religiosa ou capelania militar essencialmente de caráter inter-religioso e/ou ecumênico[1], o capelão, para o exercício desse divino e maravilhoso mister, necessita ter a mente aberta e saber lidar e respeitar as pessoas que professam outras religiões, inclusive aquelas que não têm nenhuma religião. O capelão militar não pode esquecer-se de que presta um serviço de assistência espiritual e de que,

---

[1] Existem vários níveis de ecumenismo. O ecumenismo pleno defende a união de todas as religiões e a mistura de suas crenças. Em regra, as capelanias trabalham com a ideia de ecumenismo do ponto de vista da colaboração no que lhes é comum, ou seja, ecumenismo parcial. Geralmente, esse ecumenismo é praticado entre cristãos católicos e evangélicos. Os atos que envolvem outras religiões são frequentemente denominados atos inter-religiosos. O Capítulo VIII, "Ação e interação na capelania", tratará dessa temática de forma pormenorizada.

independente da condição religiosa, todos sem exceção têm o direito de recebê-la.

Para desempenhar bem seu papel ministerial e profissional, o capelão militar deve desenvolver algumas características essenciais, entre outras, tais como: boa saúde física, mental e espiritual; equilíbrio emocional; saber trabalhar em equipe; ser obediente às ordens das autoridades a que estiver subordinado; submissão; humildade; discrição; liderança servidora; ser dado ao estudo secular e da Bíblia Sagrada; ser cheio de fé, coragem e determinação; deve ser eficaz e eficiente. Necessita saber trabalhar com pessoas que pensam de maneira diferente da sua, e até com oposições. Sobretudo, é preciso saber trabalhar, respeitar e amar o ser humano de maneira completa e integral.

O exercício da capelania é um ato de amor, onde existe um campo fértil para ser preparado, semeado e colhido. O agente usado e capacitado por Deus para esta tão nobre e sublime missão é o capelão militar.

6. O CAPELÃO E A RESILIÊNCIA

De acordo com o dicionário do *site* de significados, resiliência é um termo bem abrangente:

> Voltar ao estado normal, e é um termo oriundo do latim *resiliens*. Resiliência possui diversos significados para a área da psicologia, administração, ecologia e física. Resiliência é a capacidade de voltar ao seu estado natural, principalmente após alguma situação crítica e fora do comum.[2]

Isso posto, podemos concluir que resiliência é a capacidade que o indivíduo possui de lidar com problemas, superar obstáculos ou resistir à pressão diante de situações críticas ou adversas.

---

[2] Disponível em: <www.significados.com.br>.

Verdadeiramente, são inúmeros os problemas, obstáculos e pressões que todo militar sofre diante das peculiaridades de sua profissão. O capelão militar, além de militar, e sofrer também as mesmas dificuldades que os outros militares sofrem, precisa estar em condições de ajudar os outros em suas vicissitudes. Se não tiver a capacidade de voltar a seu estado de equilíbrio normal, diante de situações críticas, certamente o capelão enfrentará mais dificuldades para desempenhar bem sua missão e talvez nem mesmo tenha condições de exercê-la. Por isso, a fé desempenha um papel fundamental nesses momentos. Ser capelão é exercitar a fé; é ser resiliente.

7. O CAPELÃO, A EMPATIA E A COMPAIXÃO

A palavra "empatia" tem sua origem em duas palavras gregas, *pathos* e *in*. *Pathos* significa sentimento e *in* significa para dentro de. Empatia, portanto, significa: a capacidade de tentar compreender os sentimentos e as emoções das outras pessoas. É pôr-se no lugar do outro. Ter o mesmo sentimento que ela. Em outras palavras, alegrar-se com os que se alegram, sofrer com os que sofrem, amar a quem precisa, estender a mão. Servir de apoio e amparo, proteção e consolo. Ser um bálsamo, um ombro amigo.

Ao nos pormos no lugar do outro, desenvolvemos a compaixão. Compaixão pode ser definida como participação espiritual na infelicidade alheia que suscita um impulso altruísta de ternura para com o sofredor. O exemplo de Martinho de Tours, cuja história foi estudada no capítulo II, "estabeleceu o princípio que rege a atitude do capelão e a capelania, ou seja, o exercício da compaixão e a presença do sagrado".[3]

---

[3] SANTOS, I. F. "Reflexões sobre a origem do capelão e seus fundamentos". In: SOUZA, E. S. S.; NETO, W. R. *Cuidando de vidas*. Curitiba: Faculdade Batista do Paraná, 2015. p. 84.

Em um de seus escritos, o capelão Ivanaldo traz a seguinte reflexão sobre a presença do sagrado e da compaixão na capelania:

> O sagrado e a compaixão são elementos intrínsecos ao trabalho do capelão, não sendo possível conceber uma capelania sem que os [estes] estejam presentes. O sagrado remete ao transcendental e aproxima a criatura do Criador, enquanto a compaixão é o motor de toda a estrutura da capelania, pois os capelães são movidos pelo profundo amor ao próximo.[4]

O capelão deve lembrar do que Jesus ensinou no Evangelho de Lucas, na parábola do bom samaritano (10.30-37), e pôr tais lições em prática. Isso é empatia, amor e compaixão.

8. FIRMEZA E FLEXIBILIDADE, COISA DE CAPELÃO

Aparentemente, firmeza e flexibilidade parecem ter significados opostos ou até mesmo serem termos contraditórios; contudo, isso não é verdade. O fato de alguém ser firme em suas convicções, em seu caráter, em suas opiniões ou em suas decisões, não significa que seja inflexível no trato com as pessoas, sejam elas superiores sejam subordinados, líderes ou liderados. Nem mesmo que seja inflexível em suas ideias, por exemplo.

Do ponto de vista cognitivo, alguém flexível é capaz de observar os problemas de vários ângulos ou maneiras diferentes e encontrar uma forma mais adequada de solucioná-los.

A firmeza, por sua vez, leva-nos à perspectiva de alguém que é seguro, consistente, estável. Na Bíblia Sagrada, em 1Coríntios 15.58, o apóstolo Paulo, inspirado por Deus, escreve: *Portanto, meus amados irmãos, sede firmes e constantes, sempre*

---

[4] Santos, I. F. Reflexões sobre a origem do capelão e seus fundamentos. In: Souza, E. S. S.; Neto, W. R. *Cuidando de vidas*. Curitiba: Faculdade Batista do Paraná, 2015. p. 84.

abundantes na obra do Senhor, sabendo que o vosso trabalho não é vão no Senhor.

Nesse caso, observamos que todos, inclusive o capelão, necessita estar com sua fé firmada na rocha que é Jesus Cristo, ou seja, ser firme, inclusive em sua missão de exercício da capelania. Sim, o capelão em sua lide deve ser firme em sua fé, em suas convicções, e flexível no trato com as pessoas e ideias. Firmeza e flexibilidade são atributos de um capelão.

9. O CAPELÃO E SUA VIDA ESPIRITUAL

O capelão é instrumento de Deus para a cura da alma das pessoas. Seu objetivo é trabalhar para promover aproximação entre as pessoas e Deus e, dessa forma, auxiliá-las a desenvolver a espiritualidade, encontrando a solução para suas vidas e problemas, ou a cura da alma. Para desempenhar tão sublime e importante tarefa, o capelão precisa estar bem perto de Deus, e também cuidar de sua própria alma.

A vida cristã equilibrada está alicerçada em três bases fundamentais, que é o tripé da vida cristã: Bíblia, oração e participação. Portanto, uma vida espiritual saudável requer do capelão meditação, aplicação à vida pessoal e prática diária dos ensinos contidos nas Sagradas Escrituras. É nesse momento que o capelão alimenta a própria alma para poder suprir as necessidades espirituais de outras pessoas. Em sua vida de oração diária e constante, por ele e também pelos outros, o capelão encontra o poder necessário para prosseguir no caminho e orientar outros a fazerem o mesmo. Além disso, há necessidade de o capelão participar constantemente das atividades de uma igreja local. Fazendo isso, além de se tornar mais sábio e estar em comunhão com Deus, o capelão estará em condições de amar, servir e ajudar os outros a fazerem o mesmo. Bíblia, oração e participação são essenciais para o capelão.

10. NECESSIDADE DE MENTOREAMENTO

Por ser a atividade do capelão eminentemente baseada no relacionamento interpessoal e no aconselhamento bíblico, e por vivenciar diretamente diversos tipos de mazelas, é importantíssimo que o capelão tenha alguém que o ouça e o oriente. Alguém mais experiente, que esteja em condições de auxiliá-lo em questões mais delicadas, bem como em questões pessoais. O ideal é que o capelão militar seja mentoreado por um capelão militar mais experimentado. Caso não haja essa pessoa, o capelão deve se espelhar em um militar mais antigo que tenha a mesma fé, e consultá-lo nas questões relacionadas à vida militar. Com relação às questões espirituais, se não encontrar ninguém na caserna que tenha condições de mentoreá-lo, deve buscar em sua denominação os conselhos de um pastor veterano e de fé ilibada. A participação em uma igreja local facilita ao capelão ser mentoreado. Não podemos nos esquecer de que o capelão não é um "super-homem"; é um ser humano que possui falhas, limitações e carências inerentes a todo ser humano. Por baixo do uniforme existe uma pessoa, um ser humano, que precisa ser ajudado, orientado, amparado, estimulado; e que também precisa ser amado.

CONSIDERAÇÕES FINAIS

Este capítulo considerou o perfil do capelão, destacando seu caráter e vivência prática. Foram abordados os seguintes temas: vocação, chamado, cuidados, ousadia, características do ministério, resiliência, empatia, firmeza e flexibilidade, vida espiritual e necessidade de mentoreamento.

Ao findar este capítulo, destacamos também *as virtudes que todo capelão precisa ter* como complementação ao perfil do capelão militar, que elencamos com base no texto bíblico de Colossenses 3.12-17.

As virtudes que todo capelão precisa ter são virtudes pessoais, interpessoais e espirituais. As virtudes pessoais são: misericórdia, bondade, humildade, mansidão, longanimidade, paz e amor. As virtudes interpessoais são: suportar, perdoar, instruir e aconselhar. As virtudes espirituais são: guardar a Palavra de Deus, ser agradecido, louvar o nome de Deus e fazer tudo em nome de Jesus Cristo.

Concluo dizendo que ser capelão é um ministério dispensado somente àqueles que são chamados por Deus, que aceitam a missão de servir a Deus e amar ao próximo, e que se apresentam como o profeta Isaías dizendo: *Eis-me aqui, envia-me a mim!* (Is 6.8).

REFERÊNCIAS BIBLIOGRÁFICAS

AFFONSO, Elpídio Barros. *Introdução ao estudo sobre capelania*. Casa do Escritor. Araruama. Rio de Janeiro, 2012.

_____. *Princípios teológicos para atuação na capelania*. Rio de Janeiro: Casa do Escritor Araruama, 2013.

BRASIL. Constituição da República Federativa do Brasil de 1988.

CASTRO, Alexandre de Carvalho. (Org.) *Capelania hoje: apoiando e transformando*. Rio de Janeiro: UFMBB & STBSB, 1997.

CORDEIRO, Rubens. O trabalho de capelania no sistema batista mineiro de educação. Workshop. Belo Horizonte, 11 dez. 2008.

COSTA, Samuel. *Capelania cristã: assistência religiosa nas instituições civis e militares*. 1. ed. Rio de Janeiro: Silvacosta, 2013.

LACERDA, Jorge Luís dos Santos. *As virtudes que todo capelão precisa ter*. 1. ed. Rio de Janeiro: [s.n.], 2012.

BÍBLIA SAGRADA DE AUXÍLIO À CAPELANIA, NVI. PEREIRA, Micmas (Org.). Santo André: Geográfica, 2009.

SANTOS, Ivanaldo Ferreira. Reflexões sobre a origem do capelão e seus fundamentos. In: SOUZA, Edilson; NETO, Willibaldo (Orgs). *Cuidando de vidas*. Curitiba: FABAPAR, 2015.

VIEIRA, Walmir. *Capelania escolar: desafios e oportunidades*. 1. ed. São Paulo. Rádio TransMundial, 2011.

CAPÍTULO VIII

AÇÃO E INTERAÇÃO NA CAPELANIA

Gisleno Gomes de Faria Alves

O presente capítulo tratará de dois aspectos que compõem a práxis de um capelão: ação e interação. Na primeira parte, será apresentado um formato acessível de plano de ação, que possa auxiliar qualquer capelão ou mesmo uma capelania que organize suas ações. Na segunda parte, serão abordados vários aspectos da interação que um capelão desenvolve no dia a dia de suas atividades em ambiente plural, com diversidade de formações profissionais, acadêmicas, religiosas, denominacionais etc. Será tratada também a necessidade de interação do capelão com colaboradores do ambiente eclesiástico, paraeclesiástico e militar visando ao cumprimento de sua missão.

1. CAPELANIA EM AÇÃO

Como vimos no Capítulo V, "Fundamento estratégico da capelania", é importante que a execução de uma atividade seja precedida por seu planejamento. Isso gera efetividade, que significa fazer a coisa certa, da melhor forma. O plano de ação, também denominado plano de trabalho, é o documento final do processo de planejamento em nível de execução em uma atividade-meio, como é a capelania. Até chegar a esse ponto, a equipe de planejamento certamente já levou em conta o plano estratégico da instituição e o plano setorial da área na qual a capelania está inserida. Certamente já encontrou sua identidade estratégica. Já delimitou sua missão, sua razão de ser e já levantou seus pontos fortes e fracos, bem como as oportunidades e as ameaças. Claro que tudo isso já é ação. Mas, somente depois disso, estamos realmente aptos a nos voltarmos para outras atividades que pertencem propriamente ao nível de execução.

Desde 2011, quando pela primeira vez trabalhamos com um plano de ação na capelania evangélica da PMDF, nós nos encontramos na seguinte identidade estratégica:

NEGÓCIO/ATIVIDADE: Assistência religiosa e espiritual e promoção da educação moral no âmbito da Polícia Militar, compreendendo as áreas castrense (propriamente militar), hospitalar, prisional, educacional e fúnebre.

MISSÃO: Prestar assistência religiosa e espiritual aos policiais militares, a seus dependentes e aos civis que desempenham tarefas na corporação, bem como promover a educação moral no âmbito da Polícia Militar, tendo em vista a qualidade de vida e a efetividade da tropa.

VISÃO: Ser referência, na PMDF e fora dela, de excelência na prestação de assistência religiosa e espiritual, de educação moral do efetivo e de comprometimento com a missão institucional da corporação.

É importante atentar aqui para o fato de que a identidade estratégica, embora guarde semelhanças em todas as áreas de atuação e em todas as instituições, no que se refere à capelania, certamente estará sujeita às condicionantes de seu contexto em particular. Esta identidade estratégica, por exemplo, foi profundamente influenciada pelo plano estratégico da

PMDF, pelo plano diretor de saúde e assistência ao pessoal da PMDF e pelas portarias que regulamentam a assistência religiosa na corporação.

O próximo passo é a delimitação de áreas de abrangência para o seu trabalho. São áreas gerais que envolvam a atividade fim da capelania ou que tenham influência direta sobre sua atividade.

Em relação à atividade religiosa e espiritual propriamente dita, delimitamos no nosso plano cinco grandes áreas que compõem o escopo das nossas atribuições e que, portanto, necessitam da nossa atenção.

Castrense – atuação da capelania nos quartéis e durante o serviço operacional;

Hospitalar – atuação da capelania nas unidades de saúde credenciadas para atender ao efetivo e seus familiares;

Prisional – atuação da capelania no núcleo de custódia da Polícia Militar;

Escolar – atuação da capelania nas unidades-escola;

Fúnebre – atuação da capelania em caso de falecimento.

Para realizar bem as atividades nessas áreas, identificamos que a capelania precisa atentar para outras áreas fundamentais que estão envolvidas em seu funcionamento:

Administrativa – gestão da equipe, dos colaboradores, documentação oficial, legislação etc. A atenção nesta área é fundamental para que cada integrante da equipe seja mantido em boas condições para executar seu objetivo.

Logística – equipamentos, transporte, instalações, materiais etc. A negligência nesta área pode prejudicar, ou até mesmo inviabilizar, atividades voltadas para a execução da missão final da capelania.

Comunicação e *marketing* – divulgação de eventos, relatórios, depoimentos, campanhas, cursos etc. Esta área é fundamental para a consolidação e a expansão da capelania, tanto em relação à quantidade de participantes quanto ao reconhecimento de sua importância e relevância.

Para cada uma dessas áreas é necessário refletir sobre os fatores críticos de sucesso, isto é, aquilo que não pode deixar de acontecer para que o trabalho flua bem. A partir daí, deve-se definir objetivos claros, que possam ser traduzidos em metas bem definidas, exequíveis e mensuráveis. Cada fator crítico de sucesso demandará pelo menos uma ação. No entanto, talvez muitas ações sejam necessárias, por isso é importante salientar que algumas ações são pontuais e definitivas, com previsão de início e término, ao passo que outras são contínuas.

Vejamos um exemplo (Tabela 1) que se enquadra em uma área da atividade-fim da capelania (hospitalar) e que tenha implicações em outras áreas da atividade-meio:

TABELA 1

1. Área de ação
Capelania hospitalar
2. Enquadramento estratégico
Plano estratégico da PMDF   "3.6. Desenvolver a melhoria da qualidade de vida e condições de trabalho do efetivo da PMDF."[1]
Plano diretor do Departamento de Saúde e Assistência ao Pessoal   Objetivo: "Promover atenção integral à saúde e assistência social aos beneficiários legais, a fim de apresentar o policial militar em condições plenas de atividade laboral".[2]   Política Corporativa: "garantir a assistência integral à saúde e prestar assistência religiosa e espiritual com foco institucional e estratégico".[3]   "9.3.3. Iniciativa: Desenvolver projetos e ações orientadas à melhoria das condições de saúde e qualidade de vida dos policiais militares, seus dependentes e pensionistas (Programa de Saúde da Família Policial Militar).[4]

[1] POLÍCIA MILITAR DO DISTRITO FEDERAL. *Plano Estratégico 2011-2022*. 2. ed. rev. e atual. Rio de Janeiro: Talagarça, 2015. p. 39.

[2] POLÍCIA MILITAR DO DISTRITO FEDERAL. Plano diretor do Departamento de Saúde e Assistência ao Pessoal. Brasília, 2013, p. 2.

[3] POLÍCIA MILITAR DO DISTRITO FEDERAL. Plano diretor do Departamento de Saúde e Assistência ao Pessoal, p. 3.

[4] POLÍCIA MILITAR DO DISTRITO FEDERAL. Plano diretor do Departamento de Saúde e Assistência ao Pessoal, p.11.

Portaria PMDF n° 923 – regula o planejamento, a coordenação e execução das atividades da capelania
Art. 9º As capelanias militares realizarão semanalmente visitas hospitalares e domiciliares, cabendo ao Órgão ou Seção Administrativa de cada OPM informar à SAR sobre os policiais militares em gozo de LTSP[5] e LTSPF[6], bem como sobre os internados em instituição hospitalar, fornecendo os dados necessários e a religião, para a realização da assistência.[7]

3. Objetivo
Promover a qualidade de vida e a saúde do policial militar e de seus dependentes em situação de internação hospitalar por meio da assistência religiosa e espiritual.

4. Meta
Realizar a assistência religiosa e espiritual no hospital credenciado pela corporação de forma que se garanta a TODOS os policiais militares e dependentes que fiquem internados que, no mínimo, cinco dias recebam ao menos uma visita da capelania.

5. Fatores críticos de sucesso	6. Ações
5.1- Autorização do hospital	6.1 – Dar conhecimento à direção do hospital sobre o serviço e oficializar sua realização.
5.2 - Localizar os pacientes	6.2 – Receber do hospital o fornecimento de uma lista com os pacientes da Polícia Militar em todas as visitas.
5.3 - Organização da equipe	6.3 - Prever em QTS (quadro de trabalho semanal) pelo menos 3 visitas hospitalares semanais e um dia de supervisão. 6.4 - Manter em dia o lançamento de visitas para que as equipes seguintes possam assistir as pessoas que ainda não foram visitadas. 6.5 – Capacitar e coordenar voluntários. 6.6 – Capacitar e supervisionar a equipe.
5.4 – Atenção aos procedimentos em ambiente hospitalar	6.7 – Estabelecer contato prévio com a chefia de enfermagem antes de visitar cada ala, para verificar se há alguma situação especial. 6.8 – Seguir os protocolos ou normas hospitalares prescritos para visitas: higienização, horário, vestuário, uso de avental, máscaras e luvas, volume de voz e de instrumentos sonoros, entre outras.

---

[5] Licença para tratamento de saúde pessoal.

[6] Licença para tratamento de saúde de pessoa da família.

[7] POLÍCIA MILITAR DO DISTRITO FEDERAL. Portaria PMDF nº 923, de 9 de setembro de 2014.

	6.9 – Atentar para a identificação e sempre facultar às pessoas a leitura bíblica e a oração.
5.5 - Disponibilidade de transporte	6.10 - Montar o QTS com previsão do uso das viaturas, para que não falte a nenhuma atividade. 6.11 - Seguir fielmente o cronograma de revisões e manutenção. 6.12 - Tomar medidas administrativas para renovação e aumento da frota.
5.6 – Satisfação do público-alvo	6.13 – Realizar pesquisa de satisfação com formulário a ser preenchido e entregue na administração do hospital.
5.7 – Publicidade das ações	6.14 – Realizar registro de cada visita hospitalar no grupo de relatório. 6.15 – Confeccionar relatório mensal (descritivo e estatístico) e encaminhar para a chefia imediata e publicação em boletim. 6.16 – Preparar matéria semestral para publicação no site da corporação.

Em suma, no nosso entendimento, para realizar um programa de assistência religiosa e espiritual hospitalar de qualidade no contexto em que atuamos, precisamos atentar para as 16 ações previstas. E todas elas são importantes. Queremos chamar a atenção para o fato de que há várias ações envolvidas nisso. Se a preocupação for simplesmente ir e visitar, a qualidade e a manutenção dessas atividades ficam comprometidas. Por isso, a necessidade de um plano de ação que contemple também ações voltadas para a área-meio, isto é, ações na área administrativa, logística, comunicação, entre outras.

Observe-se que desde a ação 6.1 à ação 6.6 e da ação 6.10 à 6.16 todas elas estão relacionadas às áreas administrativa, logística e de comunicação. Apesar de aparecerem em maior quantidade, são ações pontuais, que não tiram o protagonismo das ações e atividades-fim, que são permanentes.

Somente as ações 6.7 a 6.9 são propriamente de execução de uma atividade-fim da capelania: visitar os enfermos. Obviamente, serão as ações para as quais será dedicada a maior parte do nosso tempo de trabalho, por se tratar da finalidade maior da capelania.

Essa mesma dinâmica e configuração devem ser adotadas para todas as áreas elencadas, lembrando que uma área pode possuir vários objetivos. Cada objetivo deve ser traduzido em uma ou mais metas. Para cada meta devem ser elencados os fatores críticos de sucesso, que se desdobrarão em ações. O sucesso na realização de cada ação representa o êxito na consecução do objetivo da capelania e da instituição onde atua o capelão.

A essa altura, é possível que o leitor já tenha entendido o alto nível de exigência que o planejamento impõe. É importante salientar duas coisas:

1. É verdade que o planejamento demanda bastante tempo e dedicação. No entanto, o esforço maior é despendido na primeira vez que se realiza esse processo, pois se trata de um ato de criação. Nos ciclos seguintes, será bem mais fácil, pois envolverá somente ajustes. Por isso, vale a pena o esforço inicial.
2. É bem possível que, ao delinear todas as ações necessárias em cada área, os capelães concluam que é impossível realizar tudo e atingir todas as metas. Não se assuste! Esse é somente o diagnóstico da situação. Após o diagnóstico, é possível definir prioridades e requisitar recursos humanos e materiais com propriedade, sem empirismo. Lembre-se também de que esse plano irá direcionar as ações da capelania por um tempo predeterminado e que, nesse ínterim, algumas metas vão sendo cumpridas, favorecendo o desenvolvimento de outras.

Comparando as metas elencadas em 2011 com as metas realizadas em 2016, verificamos que algumas coisas que nos exigiram muita energia e atenção em 2011, ao final do ciclo estabelecido de 5 anos já não configuravam mais como fraqueza, e sim como força. Um exemplo disso é que em 2011 nosso templo militar sofreu uma interdição, que só poderia ser revertida com uma grande reforma e outras medidas que exigiam muita dedicação e mobilização ao longo de alguns anos. No entanto, em 2016, foram concluídas todas as etapas e o templo militar passou a trazer respaldo para o cumprimento de muitas outras metas antigas e novas. Para que uma ação seja priorizada por um determinado tempo, há de se avaliar o custo-benefício da decisão a ser adotada.

Os passos que se seguem são muito mais simples. Mas precisam ser dados.

Entramos na parte do cronograma de trabalho e divisão de tarefas.

Cada uma das ações precisa ser detalhada com as informações que respondam aos questionamentos apresentados na tabela a seguir. Vamos tomar como exemplo as ações 6.1 e 6.13 da tabela anterior. O detalhamento de ações facilita a execução e o controle, podendo seguir o modelo adiante (Tabela 2):

TABELA 2

QUADRO DESCRITIVO DA AÇÃO 6.1	
O QUÊ?	Qual a ação planejada?
	Realizar reunião com a direção do hospital para dar conhecimento sobre o serviço, definir seu escopo e oficializar sua realização.
POR QUÊ?	Por que esta ação será implantada ou implementada?
	A autorização do hospital é fundamental para que o serviço de capelania seja desenvolvido. É importante estabelecer os parâmetros dessa ação e deixar claro seus benefícios para a corporação, para o hospital e para os pacientes, bem como estabelecer se o serviço será estendido aos funcionários ou não.
ONDE?	Onde esta ação ocorrerá?
	Na direção do hospital.
QUEM?	Quem é responsável pela condução desta ação?
	O capelão-chefe.
QUANDO?	Quando esta ação será implementada?
	Antes de todas as ações de assistência religiosa no hospital. No início do calendário de visitas.

COMO?	**Como será executada a ação?**
	1. Contato com a direção do hospital para agendamento; 2. Realização da reunião; 3. Apresentação do plano de trabalho à direção do hospital.
QUANTO?	**Quanto será gasto para executar a ação?**
	Não há custos adicionais.
ITEM DE CONTROLE	**Como será avaliada a eficácia da ação?**
	Com base na percepção dos participantes da reunião e nas diretrizes aprovadas pelas partes.

Vamos verificar o detalhamento da ação 6.13 (Tabela 3):

TABELA 3

QUADRO DESCRITIVO DA AÇÃO 6.13	
O QUÊ?	**Qual a ação planejada?**
	Realizar pesquisa de satisfação com formulário a ser preenchido pelos pacientes e acompanhantes e entregue na administração do hospital.
POR QUÊ?	**Por que esta ação será implantada ou implementada?**
	É necessário avaliar a satisfação do corpo clínico, do serviço de enfermagem, do corpo administrativo, dos pacientes e acompanhantes em relação ao trabalho realizado, bem como sua percepção sobre a importância do serviço de assistência religiosa para sua vida e tratamento.
ONDE?	**Onde esta ação ocorrerá?**
	No hospital.
QUEM?	**Quem é responsável pela condução desta ação?**
	O capelão-chefe, os demais capelães, a chefia de enfermagem do hospital e a subsecretaria religiosa da capelania.
QUANDO?	**Quando esta ação será implementada?**
	Do início ao término do período de visitas.
COMO?	**Como será executada a ação? Quais as atividades necessárias?**
	1. Elaboração do formulário de pesquisa – capelão-chefe; 2. Distribuição do formulário para a chefia de enfermagem – capelães; 3- Distribuição do formulário ao corpo clínico, ao serviço de enfermagem, ao corpo administrativo, bem como aos pacientes e acompanhantes antes da alta médica – chefia de enfermagem; 4- Recolhimento da pesquisa com os procedimentos de alta – chefia de enfermagem; 5- Recolhimento semanal das pesquisas – capelães;

	6- Tabulação de dados para a publicação de resultados – subsecretaria religiosa da capelania.
QUANTO?	**Quanto será gasto para executar a ação?**
	Não há custos adicionais.
ITEM DE CONTROLE	**Como será avaliada a eficácia da ação?**
	Com base no percentual de devoluções do instrumento de pesquisa e na comparação dos indicadores de satisfação, com o auxílio de diagrama próprio.

De posse das informações acima apresentadas, podemos montar o cronograma de trabalho. O alcance temporário desse cronograma pode ser anual, semestral, bimestral, semanal etc. Em regra, o plano anual é utilizado para definir os principais eventos que devem compor o calendário da instituição. No entanto, se ele for muito detalhado e inflexível, acaba engessando as ações no dia a dia. Isso porque, a depender do contexto, várias novas contingências podem surgir e demandar novas ações da capelania. Em ambientes com considerável probabilidade de mudanças, talvez um plano de curta duração seja o ideal. Na PMDF utilizamos o Plano Bimestral de Assistência Religiosa. Com base nesse plano, é confeccionado o Quadro de Trabalho Semanal, com o cronograma e descrição das atividades de cada integrante da capelania.

Segue um trecho de um Plano Bimestral do Serviço de Assistência Religiosa da PMDF.[8] Entende-se por SARC a Subseção de Assistência Religiosa Católica e SARE refere-se à Subseção de Assistência Religiosa Evangélica. As datas não estão presentes, pois o trecho é ilustrativo (Tabela 4).

---

[8] Não se faz necessário identificar as demais siglas, haja vista que o intuito é simplesmente ilustrar um trecho do plano bimestral, mostrando a distribuição do atendimento a diversas áreas da capelania.

As atividades denominadas "Bom dia com Deus" ou "Boa tarde com Deus" são também conhecidas pelas siglas BDCD e BTCD, respectivamente. São atividades abertas a todos, com duração de aproximadamente 20 minutos, nas quais há uma reflexão bíblica, dois cânticos e oração.

Tabela 4

TRECHO ILUSTRATIVO DE UM PLANO BIMESTRAL DA CAPELANIA MILITAR

Dia	Hora	Local	Atividade	Equipe
Segunda-feira	8h	Clínica de recuperação	Bom dia com Deus	SARC
	14h	14º BPM	Boa tarde com Deus	SARC
	14h30	3º BPM	Boa tarde com Deus	SARE
	16h	CPRL1	Boa tarde com Deus	SARC
	Tarde	Hospital	Visita hospitalar	SARE
	17h	Templo militar	Curso *Homem ao máximo*	SARE
	20h	Templo militar	Curso *Como criar seus filhos*	SARE
Terça-feira	9h	19º BPM	Visita prisional	SARE
	14h	Hospital	Visita hospitalar	SARC
	14h	Templo militar	Supervisão de equipe	SARE
	17h	Templo militar	Curso *Mulher única*	SARE
	17h	BPTRAN	Boa tarde com Deus	SARE
	19h	Paróquia militar Santo Expedito	Celebração da Santa Missa	SARC
	19h30	Capela	Catequese de adulto	SARC
	20h	1º BPEsc	Curso *Crown* - finanças	SARE
Quarta-feira	7h	Escola de Formação de Praças	Ministração de palestras aos alunos	SARE/SARC
	14h	Hospital	Visita hospitalar	SARC
	20h	-------	Visita pastoral domiciliar	SARC
	20h	9º BPM	Curso *Aliança*	SARE
	20h	1º BPEsc	Curso *Aliança*	SARE
Quinta-feira	8h	Clínica de recuperação	Bom dia com Deus	SARE
	9h	Centro de assistência	Curso *Homem ao máximo*	SARE
	12h30	Capela	Celebração da Santa Missa	SARC
	15h	Capela	Adoração ao Santíssimo Sacramento e intercessão pela corporação	SARC
	14h	Hospital	Visita hospitalar	SARE
	Tarde	Templo militar	Atendimento pastoral	SARE

Sexta-feira	8h	5º BPM	Bom dia com Deus	SARC
	9h	EM	Bom dia com Deus	SARE
	11h	1º BPM	Bom dia com Deus	SARE
	15h	Base GTOP 22	Oração em liberação de policiamento	SARC
	15h	ROTAM	Oração em liberação de policiamento	SARE
Domingo	10h	19º BPM	Culto no Núcleo de Custódia	SARE
	10h	Capela	Missa das famílias	SARC

 O plano bimestral especificará todas as atividades que envolvam outras unidades da corporação previstas para cada dia, dentro do limite temporal de dois meses. Deve prever as celebrações em datas especiais. O objetivo, além de organizar a atuação da capelania, é que todas as unidades envolvidas possam preparar-se e divulgar internamente o dia, o horário e o tipo de atividade religiosa a ser desenvolvida. O plano bimestral não informa sobre as atividades-meio da capelania, posto que estas não são de interesse geral; trata-se de uma organização interna. No entanto, o tempo necessário para sua realização deve estar implícito no plano.

 Com base no plano bimestral e no quadro descritivo das ações, é elaborado o cronograma de atividades semanais, que pode ser denominado quadro de trabalho semanal, ou QTS. Esse documento interno indica, para cada integrante da equipe, as atividades a serem realizadas, suas especificações, horários, locais e contatos necessários à sua realização. Naturalmente, o QTS de cada profissional contará com atividades relacionadas a todas as ações da capelania para as quais ele esteja designado.

 Agora, utilizando o trecho do plano bimestral acima e os quadros descritivos das ações 6.1 e 6.13, simularemos o QTS relativo a esse período para um capelão militar evangélico. É importante lembrar que o plano não será cumprido por um único capelão. Um plano com o teor de atividades ordinárias como esse exige o envolvimento de algumas pessoas.

Tabela 5

QTS DE UM CAPELÃO MILITAR EVANGÉLICO - ILUSTRATIVO

DATA	HORA	ATIVIDADE	LOCAL	OBSERVAÇÕES E CONTATOS
Segunda-feira	Manhã	Elaboração de instrumento de pesquisa	Templo militar	Atentar para a satisfação dos pacientes e dos acompanhantes e para sua percepção do impacto da visitação em seu tratamento.
	14h	Visita pastoral ao comandante	3º BPM	Orar com o comandante em seu gabinete.
Segunda-feira	14h30	Boa tarde com Deus	3º BPM	Contatar o subcomandante da unidade para conhecer as necessidades do batalhão.
	15h30	Atendimento pastoral	3º BPM	Atender os policiais que desejarem.
Terça-feira	9h	Visita prisional	19ºBPM	Sem observações.
	14h	Supervisão de equipe	Templo militar	Tratar sobre a pesquisa e os protocolos de capelania hospitalar com as equipes das capelanias e os colaboradores.
Quarta-feira	7h	Ministração de palestras aos alunos	Escola de Formação de Praças	Utilizar palestra padrão e atentar para a distribuição de turmas.
	15h	Reunião com a direção	Hospital	Acompanhar a chefia na reunião.
Quinta-feira	8h	Bom dia com Deus	Clínica de recuperação	Sem observações.
	9h30	Curso *Homem ao máximo*	Centro de assistência	Sem observações.
	14h	Visita hospitalar	Hospital	Seguir protocolo – entregar pesquisa à chefia de enfermagem.
Sexta-feira	8h	Visita pastoral ao comandante	Estado-Maior	Orar com o chefe do Estado em seu gabinete.
	8h30	Bom dia com Deus	Estado-Maior	Contatar o chefe de gabinete para conhecer as necessidades da unidade.

	9h	Atendimento pastoral	Estado--Maior	Atender os policiais que desejarem.
	10h30	Visita pastoral ao comandante	1º BPM	Orar com o comandante em seu gabinete.
	11h	Bom dia com Deus	1º BPM	Contatar o subcomandante da unidade para conhecer as necessidades do batalhão.
	11h30	Atendimento pastoral	1º BPM	Atender os policiais que desejarem.
	15h	Oração em liberação de policiamento	ROTAM	Realizar reflexão breve e ministrar bênção sobre a tropa.
Domingo	10h	Culto no Núcleo de Custódia	19º BPM	Acompanhar a atividade do colaborador que realiza os cultos.

Como se pode notar, o capelão tem previsão de realizar atividades em todas as áreas-fim da capelania determinadas no planejamento, exceto a capelania fúnebre. Isso porque o atendimento nessa área, de acordo com os nossos protocolos, é realizado mediante acionamento da capelania pelos familiares ou pelos batalhões onde servia a pessoa falecida, exceto quando ocorre falecimento em serviço. De qualquer forma, nesse caso, as atividades de capelania fúnebre são sempre extraordinárias, haja vista não ser possível programá-las, por razões óbvias. Havendo acionamento, se outro integrante da equipe não puder atender, alguma atividade ordinária poderá ser cancelada para que o capelão acionado preste assistência à família enlutada.

O simples cumprimento do quadro de trabalho semanal gera automaticamente um relatório de atividades. Basta somar a isso as atividades extraordinárias realizadas. Entendo ser imprescindível que a capelania tenha um relatório mensal que englobe as atividades de toda a equipe, com dados qualitativos e quantitativos. Encaminhar os relatórios às chefias imediatas e ao comando é uma prática igualmente recomendável.

Cada área de capelania possui suas peculiaridades. Como se pode ver, as múltiplas atividades de uma capelania militar são muito complexas e incluem quase todas as outras áreas. Por esse motivo, é imperiosa a necessidade de interação e colaboração.

2. CAPELANIA EM INTERAÇÃO

2.1 O capelão e a interdisciplinaridade

O Capítulo IV, "Fundamento científico da capelania ", trata detalhadamente dos benefícios da espiritualidade para o indivíduo e para o ambiente de trabalho, especialmente em profissões e ambientes onde se lida com alto nível de estresse. Demonstra também que esses benefícios são otimizados quando há um órgão ou profissional habilitados tecnicamente e institucionalmente para atuar como catalisador desse processo: a capelania e o capelão. Vimos no Capítulo V, "Fundamento estratégico da capelania",– que esse serviço colabora com o desenvolvimento pessoal, social e institucional. Por isso, negligenciá-lo trata-se de grave equívoco estratégico por parte do gestor.

Enquadrando-se como atividade-meio em qualquer instituição onde se encontre, a capelania deve interagir com todos os profissionais da instituição, especialmente os da atividade-fim institucional. O ideal é que as iniciativas e atividades sejam interdisciplinares e que a assistência religiosa seja vista como parte integrante das ações oficiais da organização.

Atualmente, não há como fugir da ideia de que a assistência religiosa faz parte da saúde integral do ser humano. Esse conceito holístico pressupõe a interdisciplinaridade. O capelão deve cultivar uma interação de qualidade com médicos, psicólogos, assistentes sociais, agentes de segurança, administradores, enfim, com todos os profissionais de sua instituição. Mais do que isso, o capelão precisa ter noção da atuação e das funções de cada profissional com quem interage. Isso facilita os encaminhamentos, a troca de experiências e o apoio mútuo.

O Capítulo VI, "Princípios gerais de capelania e áreas de atuação", ao versar sobre o 2º princípio geral de capelania, "O serviço de capelania está focado na necessidade pessoal do assistido", chama a atenção para a importância da interação com outros profissionais. Isso porque a necessidade do assistido nem sempre pode ser completamente suprida pelo capelão. Somente Deus pode suprir direta ou indiretamente todas as coisas!

É muito importante que o capelão não aja como se a capelania fosse a solução para todos os problemas. Há muitos casos em que o envolvimento de outros segmentos da corporação e outras formas de assistência são fundamentais. Esse reconhecimento mútuo redundará em qualidade de vida para a pessoa assistida.

Levando-se em consideração que os capelães vêm lutando para que sua atividade seja reconhecida como partícipe da atenção integral ao ser humano, eles próprios não devem cometer o contrassenso, por presunção ou desconhecimento, de reduzir a importância das demais ciências humanas. Não se pode negar que os avanços da ciência trazem muitos benefícios para o ser humano. Teologicamente, esses avanços são fruto da inteligência dada por Deus; portanto, não se pode abrir mão deles.

No contexto da caserna, é imprescindível que o capelão tenha uma boa formação militar e que conheça bem a atividade-fim de sua corporação. Isso se faz por meio de cursos e através da interação com os combatentes, o que facilitará o trânsito na corporação e incrementará o entendimento do capelão sobre a realidade de seus assistidos. O resultado é a prestação de um serviço contextualizado, otimizado e mais relevante.

2.2 O capelão e o voluntariado

Qualquer capelão que prime pela excelência e que deseje cumprir por completo a missão de sua capelania, com toda sua amplitude de atribuições, deve reconhecer que necessita de ajuda. Particularmente, não conheço nenhum capelão ao qual lhe sobre tempo por não ter o que fazer. Pelo contrário, estão sobrecarregados de afazeres. Outro fato em relação à necessidade do voluntariado na capelania é que nenhuma instituição militar ou civil tem condições de investir em contratação de recursos humanos nessa área para suprir completamente as demandas. Por isso, um capelão institucional sábio deve saber aproveitar bem as oportunidades de receber colaboração por meio do voluntariado.

Em qualquer outra área de capelania e em qualquer instituição, o ideal é que se tenha um capelão institucionalmente designado como coordenador ou responsável pelo serviço. Esse capelão poderá ser denominado capelão institucional, se for contratado, ou mesmo capelão titular ou chefe da capelania. Os demais integrantes podem ser conhecidos como capelães auxiliares ou capelães voluntários. Mas o fato é que quem realiza assistência religiosa e espiritual, com vínculo institucional formal ou como voluntário, é de fato um capelão.

Nas instituições militares, "É oportuno lembrar que capelão militar é designação adotada em lei para se referir a um oficial concursado que ingressou no quadro de oficiais capelães de determinada Força. Todavia, uma pessoa que não é capelão militar, mas que presta assistência religiosa a militares, desenvolve um ministério de capelania militar na condição de capelão civil, seja voluntário, seja contratado, nomeado, ou cedido por alguma organização religiosa".[9]

Como não há regulamentação legal sobre exigência mínima de carga horária ou de um currículo mínimo para cursos de capacitação em capelania, há uma grande variedade desses cursos

---

[9] SILVA, Aluísio Laurindo da. Tema VI – Consolidando saberes específicos sobre a capelania militar. *Curso de formação em capelania*. [S.l.]: UniEvangélica/EAD (material não publicado).

no Brasil. A grande maioria em nível introdutório. Talvez a maior parte dos voluntários seja oriunda de capacitações como essas. É importante destacar que é de bom alvitre que as instituições que recebem esses voluntários ofereçam um treinamento específico para atuar em seu ambiente, que inclua noções sobre sua história, identificação estratégica, normas, estrutura, funcionamento, cultura institucional e tipo de público a ser assistido.

Na capelania castrense é fundamental que se verifique o que a norma da corporação rege sobre o voluntariado na assistência religiosa. Além disso, como o contexto é muito específico, é fundamental que haja uma ambientação do voluntário. Nem todos têm perfil para atuar nessa área. Cabe salientar também que nenhuma atividade religiosa pode ser realizada sem a autorização do comando ou fora da coordenação do profissional designado por lei para isso, o capelão militar. Cabe a ele a orientação e a supervisão de todo o voluntariado. Na ausência de um capelão, a atribuição caberá a quem for designado pelo comando. Não há nenhum curso de capelania ou carteira de capelão expedida por entidade não integrante da Força que dê ao voluntário o direito de atuar em alguma unidade militar. Essa atuação carece de autorização e supervisão.

Outro fator importante em relação à capelania civil voluntária no meio militar é o cuidado com o uso de uniformes civis. Com boa intenção e apreço à farda, alguns grupos utilizam uniformes semelhantes ao fardamento de algumas corporações. Tendo em conta as prescrições previstas em lei e regulamentos próprios, o uso do fardamento, insígnias e de outros elementos é restrito à respectiva Força. Por esse motivo, os uniformes de capelanias civis voluntárias não devem fazer uso de elementos do fardamento oficial das corporações, nem a eles ser semelhantes, evitando, desse modo, causar confusão ou constrangimento no seio da caserna no que se refere ao regulamento de uniformes e ao regulamento de continências. Problemas como esses podem fechar muitas portas.

O capelão institucional deve seguir alguns passos para manter um bom serviço de voluntariado:

1. Estar sempre aberto à colaboração, com os devidos cuidados;
2. Manter um cadastro atualizado de todos os colaboradores, com seus dados, dados da entidade religiosa ou paraeclesiástica à qual se vincula no aspecto religioso, dias e locais de colaboração;
3. Exigir que sejam recomendados e acompanhados pela autoridade competente de sua religião;
4. Ter em arquivo o termo de trabalho voluntário não remunerado assinado por cada voluntário;
5. Realizar supervisão e atualização periódica;
6. Manter contato pessoal com eles.

Para atuação nas Forças de Segurança, deve-se exigir ausência total de qualquer ato criminal e outros pré-requisitos que sirvam de segurança e respaldo para a corporação.

A maior quantidade de colaboradores da assistência religiosa evangélica são os integrantes das uniões de militares evangélicos. Há, além disso, louváveis exemplos de abnegados clérigos e leigos civis, de ambos os sexos, que têm prestado relevantes serviços na área da capelania militar.

2.3 O capelão e a união de militares

As uniões de militares podem ser definidas como entidades paraeclesiásticas. São associações, pessoas jurídicas de natureza privada, constituídas por integrantes das Forças de Segurança, predominantemente militares.

Um pouco da história mundial desse movimento de militares evangélicos foi relatada no Capítulo II, "Fundamento histórico da capelania". Para o momento, vale relembrar que a Associação Mundial de Militares Cristãos — AMCF — é a união mundial; a União dos Militares Cristãos Evangélicos do Brasil — UMCEB — é a nacional e que cada Estado e o Distrito Federal possuem sua união. Atualmente, há união de militares em todas as unidades da Federação. Todas as uniões no Brasil, tanto a nacional quanto as estaduais, são derivadas direta ou indiretamente do movimento criador da AMCF.

O Manual da AMCF, em seu anexo N, estabelece que seus membros devem ser incentivados a honrar a Deus e apoiar o comandante no cumprimento de sua missão através de, entre outras coisas, apoio aos capelães em seu trabalho.[10] Estabelece também como missão de um de seus ministérios, o MMI, Ministério Militar Internacional, "contribuir para a formação e desenvolvimento da Fraternidade Militar Cristã (MCFS) e capelanias, a fim de encorajar e equipar homens e mulheres nas forças armadas do mundo, para serem discípulos cristãos eficazes no trabalho e em casa".[11] Esse ministério contempla, dentro de seus princípios operacionais "incentivar a cooperação fraterna entre MCFS (onde há comunidades denominacionais distintas dentro das forças armadas de uma nação), e entre MCFS e os capelães militares ou igrejas de oficiais".[12]

A razão disso é que a AMCF, como uma união-mãe de todas as demais uniões no Brasil e no mundo, reconhece o princípio de que o capelão é a autoridade constituída por Deus e incumbida pela Igreja e pelo Estado da responsabilidade pela assistência religiosa e espiritual na corporação. Ao passo que, do ponto de vista legal, para todos os demais integrantes da Corporação dedicar-se a esse serviço é facultativo para o capelão é um dever. Bíblica e teologicamente, todos os militares cristãos são chamados a testemunhar de Cristo.

---

[10] Associação da Fraternidade Militar Cristã. *Manual de referência*. AMCF, 2004, p. 3-1.

[11] Associação da Fraternidade Militar Cristã. *Manual de referência*, p. 3-1.

[12] Associação da Fraternidade Militar Cristã. *Manual de referência*, p. 3-1.

Em alguns casos, houve afastamento entre capelães e uniões de militares evangélicos. Entre as razões para isso podemos mencionar: 1- capelães e comandantes alegam frequentes "excessos" e atitudes inapropriadas por parte de integrantes de uniões (quebra de hierarquia, prejuízo ao serviço, descumprimento de horários, proselitismo e disputa religiosa); 2- integrantes de uniões alegam que capelães se afastaram ou cercearam seu trabalho por receio de perder espaço e o controle da assistência religiosa; 3- falta de habilidade de ambas as partes para discernir o ambiente interdenominacional, de liberdade e pluralidade religiosa, bem como os papéis imprescindíveis das respectivas "união e capelania" no ambiente castrense, em um Estado laico.

Sem fazer juízo de qual seria a causa preponderante, pois isso varia caso a caso, é possível afirmar categoricamente que todas elas podem ser superadas com oração, diálogo, disposição para a unidade e o treinamento. Esse treinamento deve incluir conhecimento e obediência às normas que regem esse tipo de atividade no âmbito militar e, de maneira mais específica, conhecimento do papel agregado que o profissional militar cristão deve exercer em decorrência de sua fé.

Além de ser uma imposição natural do amor ao próximo e tratar-se de uma resposta ao clamor por unidade feito por Jesus Cristo na Oração Sacerdotal (Jo 17.21), os capelães e as uniões devem atuar ombreados por, pelo menos, 4 motivos:

1. Os componentes das uniões fazem parte do público--alvo que o capelão deve assistir e, via de regra, estão entre os mais envolvidos no trabalho de capelania;
2. Gratidão pelo fato histórico de que, em grande parte dos casos, a união precedeu a capelania na corporação e, em alguns casos, foi quem motivou a criação de vagas para pastores capelães no quadro;
3. A sintonia entre capelães e uniões trará maior efetividade ao serviço e proporcionará melhores condições

para treinamento, desenvolvimento de protocolos de ação e coordenação de atividades;
4. Por razões estratégicas, que podem ser assim discriminadas:
   a) É impossível que os capelães realizem sozinhos todo trabalho. Eles precisam de ajuda;
   b) internamente, a autoridade institucional do capelão traz credibilidade ao trabalho e abre portas. Por outro lado, a união, por ser uma entidade privada representativa de um grupo social, pode realizar determinados contatos com mais facilidade que o capelão, cuja amplitude de ação é delimitada por questões administrativas e hierárquicas;
   c) a União dispõe de recursos que ela mesma gerencia, os quais podem ser aplicados em apoio à capelania nas situações em que houver limitações internas na corporação para fazê-lo.

Observados esses requisitos, é recomendável a participação ativa dos capelães nas uniões. Ainda que não haja vínculo administrativo entre uniões e capelanias, em razão de serem de naturezas jurídicas diferentes, e que o capelão não assuma formalmente um cargo de direção na união correspondente, ele deve atuar como um conselheiro permanente da união. Também deve buscar conhecer, através da união, as necessidades de seu público para planejar as atividades da capelania.

É importante frisar que, onde há uma capelania consolidada, a união deve expandir suas ações evangelísticas para outras áreas, que não tivesse contemplado até então. Ações sociais, sustento de capelães e auxiliares civis voluntários e desenvolvimento de esforços em parceria com igrejas são exemplos de atividades a serem realizadas. União e capelania são coisas distintas. A existência e funcionamento da capelania numa determinada Força decorre do cumprimento de legislação específica, ao passo que o funcionamento de uma união na área militar depende de autorização expressa da autoridade militar competente. Todavia, há muito campo de trabalho para ambas. Em suma, a união apoia o capelão nas atividades do quartel e o capelão apoia a união em todas as outras atividades.

2.4 O capelão e sua denominação

Quando comparamos a organização da igreja de hoje com a da igreja primitiva, encontramos uma diferença considerável. Atualmente, a igreja está configurada no modelo denominacional, diferentemente da configuração narrada nos tempos do Novo Testamento. Outro fato a se considerar é que essas denominações possuem natureza jurídica específica prevista no Código Civil, o que lhes proporciona prerrogativas e responsabilidades em suas relações com o Estado, com as outras organizações e as pessoas.

Em regra, as instituições que possuem o serviço de assistência religiosa e espiritual credenciam a igreja ou entidade religiosa da qual o capelão faz parte. E essa entidade apresenta à instituição, onde será prestado o serviço, seus ministros credenciados para a tarefa. Dessa forma, o capelão é responsável por seus atos nesse serviço e a entidade credenciada por primar para que somente os ministros habilitados para a realização dos respectivos ofícios religiosos sejam indicados para o serviço. Essa relação por vezes é mediada por entidades paraeclesiásticas voltadas para a capacitação de capelães.

Nas palavras do capelão Aluísio Laurindo da Silva, para atuar na capelania militar é necessário combinar entre si o significado de pertença a quatro situações diferentes, mas que devem complementar-se: "pertença ao reino de Deus, pertença à igreja de Deus (num sentido geral), pertença à denominação religiosa pela qual optou (num sentido específico) e pertença à Força onde exercerá a capelania". Segundo ele:

[...] o exercício da capelania militar pressupõe, ainda, que o horizonte compreendido na visão missionária da denominação religiosa do capelão inclua a família militar como campo no qual a Igreja, como Agência do Reino de Deus, prestará serviço, de maneira institucionalizada. Ressalte-se que tal atuação envolve o testemunho cristão pessoal sob o formato de vivência prática da fé cristã (testemunho cristão pessoal do capelão), convivência em ambiente cultural e religioso pluralista (convivência agregadora de pessoas e valores do Reino de Deus) e prestação de serviços que expressem o amor de Deus relacionado ao cuidar do próximo (missão integral).[13]

Nesse contexto, no ministério da capelania, o capelão evangélico é representante do reino de Deus, da Igreja Evangélica em geral, de sua denominação e da instituição onde atua. Sobre isso, cabe salientar que a capelania em instituições públicas, trata-se de uma forma de cooperação de interesse público, sobre a qual o capelão Aluísio orienta: "tal cooperação deve ser exercida sem prejuízo dos princípios que regem as partes".[14]

2.5 O capelão e as outras denominações - interdenominacionalismo

Em que pese cada denominação evangélica possuir suas peculiaridades e idiossincrasias, há uma matriz doutrinária comum que as une. Sem dúvidas, trata-se de uma única religião. A interdenominacionalidade é uma interação entre segmentos da mesma religião. É um relacionamento focado na matriz doutrinária cristã evangélica, que podemos chamar de características

---

[13] SILVA, Aluísio Laurindo da. Tema VI – *Consolidando saberes específicos sobre a capelania militar*, p. 3, nota 8.

[14] SILVA, Aluísio Laurindo da. Tema VI – *Consolidando saberes específicos sobre a capelania militar*, p. 2.

primárias. Em regra, as peculiaridades denominacionais são definidas por elementos secundários ou periféricos de cada grupo. Na história do protestantismo brasileiro há movimentos com foco interdenominacional. A *Carta de princípios, crenças e valores*, da Aliança Cristã Evangélica Brasileira, da qual muitas denominações e entidades paraeclesiásticas evangélicas são signatárias, exemplifica bem isso:

> A Aliança Cristã Evangélica Brasileira identifica-se como seguidora de Jesus Cristo, razão pela qual participa do esforço pela unidade da igreja. A serviço dessa mesma igreja, ela se sabe, também, a serviço da missão de Deus no mundo, o que se dá sob a direção da Palavra de Deus e a inspiração do Espírito Santo. A Aliança confessa a sua fé em sintonia com o legado evangélico que tem marcado significativos setores da Igreja cristã e se sabe alicerçada nos marcos da Reforma Protestante, com destaque especial para os seus postulados básicos: *Sola Scriptura, Solo Christus, Sola Gratia, Sola Fide, Soli Deo Gloria*. Ela afirma seu compromisso a partir da realidade brasileira, na qual quer viver em obediência a Deus e a serviço da sua igreja. Ela congrega denominações, igrejas, redes, associações, organizações, ministérios e movimentos que se identificam e compactuam com suas crenças, valores e princípios, como descritos neste documento.[15]

Outro exemplo clássico é a Aliança Pró-capelania Militar Evangélica do Brasil – ACMEB –, entidade criada pelas denominações evangélicas para tratar especificamente de questões relacionadas à assistência religiosa e espiritual nas instituições militares. De forma convergente, as 14 denominações afiliadas até dezembro de 2016, que juntas representam a imensa maioria dos evangélicos no Brasil, têm se posicionado pela unidade

---

[15] ALIANÇA CRISTÃ EVANGÉLICA BRASILEIRA. *Carta de princípios, crenças e valores*. Versão 11, 25 nov. 2011. Disponível em: < http://www.aliancaevangelica.org.br/images/PDF/Carta_Princpios_Aliana_Evanglica.pdf>. Acesso em: 10 jan. 2017.

naquilo que é comum e pelo respeito ao que é diferente, uma postura que expressa o ideal consubstanciado no conhecido princípio: "Nas coisas essenciais, unidade, nas não essenciais, liberdade; em todas as coisas, amor". Com referência a isso, está em construção uma Declaração Conjunta sobre Assistência Religiosa, na qual as denominações evangélicas reconhecem mutuamente os capelães umas das outras.

Um fator relevante a ser considerado na vivência interdenominacional de um capelão evangélico é que, em regra, um concurso para capelão admite a inscrição de ministros de todas as denominações. Isso significa que já se pressupõe que o capelão pastor que ingressar representará todos os evangélicos, independentemente da denominação a que esteja vinculado. Ele deverá estar aberto a conviver com o diferente, sem preconceitos e sem permitir que o denominacionalismo venha a se tornar barreira entre ele e o público-alvo. Nos assuntos e atividades de natureza confessional, ele deverá focar as questões comuns da fé evangélica, não as características distintivas de sua denominação. Isso não quer dizer que ele deverá abrir mão dessas crenças, mas sim que deverá reservar ao espaço doutrinário, pastoral e litúrgico de sua própria igreja o realce e a ênfase dos princípios configuradores de sua identidade denominacional.

Talvez, por conta disso, o ambiente de capelania seja o mais promissor em relação ao exercício da unidade da igreja, pois há um grande incentivo à vivência da espiritualidade focada na essência do evangelho, não em questões periféricas. Algumas igrejas já tomaram medidas para fomento da capelania no Brasil, beneficiando, inclusive, capelães de outras denominações. Isso é sinal claro do entendimento de que há benefício comum no desenvolvimento da capelania de forma interdenominacional.

Muitos movimentos de busca pela unidade de ação entre os evangélicos têm sido realizados nos últimos cem anos. Em 1974, sob a liderança de Billy Graham, ocorreu o Primeiro

Congresso Lausanne de Evangelização Mundial, cujo impacto no mundo da época foi intenso, de forma que sua repercussão se dá até os dias de hoje. Com o foco na unidade da igreja, esse evento tem reunido e mobilizado evangélicos do mundo todo em torno de um objetivo comum. Em sua terceira edição, o Congresso Lausanne formalizou o "Compromisso da Cidade do Cabo" (CCC), com várias premissas acordadas por vários segmentos evangélicos.

O tópico C.6 do CCC, "O amor trabalha pela liberdade religiosa", é comentado da seguinte forma:

> [...] como cristãos devemos trabalhar pela liberdade religiosa tanto de cristãos como de pessoas de outras religiões. Defender a liberdade religiosa de pessoas de outras crenças não significa endossar o que elas creem. O cristão, onde quer que esteja, submeter-se-á ao Estado. Porém, nossa primeira lealdade será sempre a Deus e é este o princípio que nos guiará em caso de divergência. Mesmo reconhecendo o direito legítimo de todos a terem liberdade religiosa, o desejo mais profundo de nossos corações continua sendo que todos venham a conhecer o Senhor Jesus Cristo, que livremente depositem nele sua fé e sejam salvos e que entrem no reino de Deus.[16]

Essa declaração mostra que a liberdade religiosa envolve o respeito aos demais credos e até mesmo certo tipo de interação entre as religiões, sem, contudo, negligenciar os aspectos peculiares da fé de cada pessoa.

2.6 O capelão e as outras religiões — ecumenismo e diálogo inter-religioso

A interação com outras religiões é algo inevitável na capelania. Muitas pessoas rejeitam essa interação por falta de

---

[16] STEUERNAGEL, Valdir et al. *Em Cristo: proclamando e servindo.* [S.l]: Editora BPH, 2013. p. 102.

conhecimento ou de habilidade no trato com o diferente. Como já vimos, a liberdade religiosa é um corolário do Estado Democrático de Direito e, quando se fala em espaço público, isso implica interação com outras religiões. Essa interação pode se dar em alguns níveis. Isso precisa ficar bem claro. Alguns definem todo tipo de interação como ecumenismo, mas essa ideia é equivocada.

A definição de ecumenismo é tida atualmente de forma até pejorativa em alguns círculos sociais, como "conjunção" de religiões diversas sem um objetivo muito claro quanto à tal unidade ou "mistura" de religiões. No entanto, "o termo ecumênico provém da palavra grega οἰκουμένη (*oikouméne*), que significa mundo habitado. Num sentido mais restrito, emprega-se o termo para os esforços em favor da unidade entre igrejas cristãs; num sentido lato, pode designar a busca da unidade entre as religiões".[17]

Há pelo menos três níveis de interação entre religiões diferentes:

Ecumenismo total ou pleno: Parte da premissa de que todos os caminhos levam igualmente a Deus e que as religiões são formas diferentes de fazer a mesma coisa. Os adeptos do ecumenismo pleno, como Legião da Boa Vontade e Nova Era, defendem que se deve abrir mão das crenças peculiares em favor da construção de uma religião única. Há quem defenda que a perspectiva do ecumenismo pleno deve nortear todo tipo de assistência religiosa e espiritual, especialmente no ambiente público. Todavia, essa linha de entendimento não cabe no serviço de capelania por ferir o direito de atendimento religioso confessional constitucionalmente garantido, conforme vimos no Capítulo III, "Fundamento jurídico da capelania".

[17] Disponível em: <https://pt.wikipedia.org/wiki/Ecumenismo>. Acesso em: 19 jan. 2017.

Também é contrário à fé cristã bíblica, razão pela qual as religiões majoritárias no Brasil rejeitam essa concepção.

Ecumenismo parcial: Realização de atos religiosos e sociais focados em elementos comuns à fé dos participantes. Nada é feito sem consentimento mútuo. As peculiaridades de cada religião envolvida não são negadas ou rejeitadas, mas são colocadas em segundo plano para que prevaleçam os fins do ato ecumênico durante sua realização. Há um esforço conjunto para a consecução do bem social e do benefício de todos. Os cultos ecumênicos na capelania são realizados nessa perspectiva, envolvendo cristãos católicos e evangélicos, como veremos mais adiante.

Diálogo inter-religioso: Genericamente, diz respeito a qualquer tipo de interação entre as religiões. Em termos mais específicos, o termo pode designar a interação entre religiões em que não há elementos comuns de fé e prática. Isto é, ações que envolvam outras religiões além do cristianismo católico e evangélico. Geralmente, é restrito a cerimônias civis de formatura, atos cívicos ou mobilizações sociais. Não envolve atos cúlticos conjuntos porque se trata de divindades diferentes, livros sagrados diferentes etc. Quando há rito religioso nessa perspectiva, cada ministro realiza seu ofício destacadamente, sem interação ou participação dos demais. É uma série de ofícios religiosos consecutivos, sem nenhuma ligação religiosa entre si, diante de um público plural.

A título de exemplo, o Estatuto social do Conselho Nacional de Igrejas Cristãs CONIC, atualmente integrado pela Igreja Católica Apostólica Romana, Igreja Episcopal Anglicana do Brasil, Igreja Evangélica de Confissão Luterana no Brasil, Igreja Sirian Ortodoxa de Antioquia e Igreja Presbiteriana Unida, todas cristãs, em seu artigo 1º, parágrafo único, define a entidade da seguinte forma:

[...] o CONIC é uma organização fraterna de Igrejas que confessam o Senhor Jesus Cristo como Deus e Salvador, a serviço e em testemunho da unidade da IGREJA que segundo as Escrituras Sagradas e, por isso, procuram cumprir sua vocação comum para a glória do Deus uno e trino, Pai, Filho e Espírito Santo, em cujo nome administram o santo batismo. O amor de Deus, a confissão de fé comum e o compromisso com a missão impulsionam as Igrejas-membro a uma comunhão cristã mais profunda e a um testemunho comum do evangelho no Brasil, no exercício do amor e serviço ao povo. Respeitadas as diferentes concepções eclesiológicas, as Igrejas-membro se reconhecem convocadas por Cristo à unidade de sua Igreja, na certeza da atuação do mesmo Cristo e do seu Espírito nelas e por meio delas. O CONIC tem como missão fortalecer o testemunho ecumênico das Igrejas-membro, fomentar o diálogo inter-religioso e promover a interlocução com organizações da sociedade civil e governo para a incidência pública em favor de políticas que promovem a justiça, a paz e a integridade da criação.[18]

Importante observar que nessa concepção de ecumenismo, são ressaltadas as doutrinas comuns das igrejas – membro sem rejeitar as doutrinas específicas. Isso caracteriza um ecumenismo parcial, que pode se expressar em um culto comunitário ou em ações voltadas para o bem social. O CONIC define-se como uma entidade cristã ecumênica.[19]

A Portaria DGP nº 115 do Exército Brasileiro, em seu artigo 14, reconhece essa distinção no rol de atividades do seu Serviço de Assistência Religiosa:

---

[18] Conic. Estatuto Social do Conselho Nacional de Igrejas Cristãs. Aprovado em 11/04/2015.

[19] É válido comparar essa declaração de fé do CONIC, de caráter ecumênico, com a da ACEB, de caráter interdenominacional. Apesar de terem uma base comum, que as caracteriza como cristãs, há uma diferença básica no fato de a ACEB primar pelos princípios da Reforma Protestante, o que a caracteriza como uma entidade tipicamente evangélica, ao passo que o CONIC é caracterizado como ecumênico.

a) Culto ecumênico – é a celebração religiosa da qual participam somente católicos e evangélicos; e

b) Culto específico – é a celebração religiosa de cada segmento, como a missa, para os católicos, o culto evangélico e a reunião de prece espírita.[20]

A regulamentação do Serviço de Assistência Religiosa da PMDF, Portaria PMDF nº 790, também esclarece essa distinção:

Art. 21. Para os fins desta Portaria entende-se:
I - Por atividades ecumênicas: aquelas realizadas mediante cooperação entre cristãos católicos e evangélicos;
II - por atividades inter-religiosas: as que integrarem outros credos.[21]

Percebe-se que, à luz da lei e da razoabilidade, essas regulamentações resguardam o capelão de participar de ato cúltico que contrarie sua fé. O ecumenismo pleno não se identifica com o serviço de capelania, ao passo que o ecumenismo parcial e o diálogo inter-religioso são recomendados em alguns momentos.

Um capelão não deve se negar a participar de um ato ecumênico, desde que se enquadre no que foi explanado anteriormente. Os atos ecumênicos trazem alguns benefícios:

1. Propiciam aos capelães um público geral, com pessoas que jamais iriam a um evento específico de uma religião;
2. quebram o estereótipo de que os líderes religiosos estão sempre em disputa, tentando fazer as pessoas seguirem sua religião;
3. concentram a logística e a atenção para um único evento, livrando as autoridades do constrangimento de ter de escolher entre culto ou missa.

---

[20] Exército Brasileiro. Portaria DGP nº 115, de 10 de julho de 2003.
[21] Polícia Militar do Distrito Federal. Portaria PMDF nº 790, de 10 de julho de 2012.

Isso não quer dizer que se deva abrir mão das celebrações específicas! Elas são importantes e fundamentais. Mas há ocasiões em que o ato ecumênico pode ser muito proveitoso.

Os atos inter-religiosos são mais raros, haja vista que cada uma das religiões com maior número de adeptos no Brasil, depois do cristianismo, possui menos de 3% de praticantes, em relação à população geral. Mas, dependendo do segmento social e da localização geográfica, é possível que haja um grupo significativo de espíritas kardecistas ou de adeptos de religiões de matriz africana. Nesse caso, o ato inter-religioso seguirá padrões diferentes de um culto ecumênico. Em relação à ação social e outros atos de caráter cívico e assistencial, não há óbice de se atuar em conjunto com outras religiões visando ao bem comum. São ações que não envolvem ritos religiosos, antes estão embasadas nos princípios da cidadania, que devem ser compartilhados por todas as religiões.

Outra questão importante em relação ao diálogo inter-religioso no serviço de capelania, especialmente quando realizado em espaço público, diz respeito ao direito constitucionalmente garantido a todos os integrantes da instituição de receberem a assistência religiosa confessional. Como não é possível, nem razoável, que uma instituição possua em seu quadro capelães de todas as religiões, toda capelania deve possuir um cadastro de ministros voluntários de religiões minoritárias. O capelão institucional deve facilitar o atendimento de demandas de assistência religiosa diversa da sua, fazendo uso desse cadastro e dos recursos disponíveis na capelania. Sobre essa interação, é necessário esclarecer duas coisas: 1- A demanda por assistência religiosa de outro credo por parte do assistido. Nesse sentido, é um encaminhamento diferente daquele em que o capelão identifica uma necessidade de avaliação médica, por exemplo, e faz o encaminhamento; 2- Não envolve qualquer tipo de sincretismo religioso. O capelão não participará de nenhum ato religioso de outro credo. Sequer manifestará concordância com ele. Trata-se apenas de cumprimento do dever legal; de um ato de respeito e cidadania que se impõe ao agente público.

2.7 O capelão e as instituições paraeclesiásticas

As instituições paraeclesiásticas são entidades de cunho religioso que atuam em algum segmento específico prestando apoio à missão geral da igreja. Já citamos até aqui dois exemplos com os quais a capelania interage de forma mais intensa: as uniões de militares evangélicos e as associações ou conselhos de capelania. As primeiras são compostas por integrantes das Forças de Segurança, com a finalidade de apoiar a missão evangelística no meio castrense e policial. As segundas dedicam-se à capacitação e ao credenciamento de voluntários, para atuarem nas mais diversas áreas de capelania.

No entanto, a interação do capelão com as entidades paraeclesiásticas não deve se restringir a esses dois segmentos. Existem outras que têm investido no serviço de capelania, com as quais os capelães devem somar esforços. Além disso, muitas outras podem vir a se envolver com a capelania, desde que sejam desafiadas por meio de matérias e projetos dignos de seu investimento e dedicação. Por ora, não podem deixar de ser citadas três grandes apoiadoras da capelania no Brasil: A Sociedade Bíblica do Brasil, os Gideões Internacionais e a Rádio TransMundial.

A Sociedade Bíblica do Brasil tem fornecido para muitos projetos de capelania literatura religiosa desenvolvida especificamente para situações de internação, luto, entre outras bastante apropriadas, para o serviço de assistência religiosa e espiritual. O fornecimento de Bíblias e a realização de seminários também têm caracterizado o apoio da SBB à capelania no Brasil.

Os Gideões Internacionais têm apoiado diversas áreas de capelania por meio da distribuição gratuita de Novos Testamentos, Salmos e Provérbios, edições em português e em português-inglês. Além da distribuição em si, eles inserem uma breve mensagem alusiva à sua organização e à importância da leitura da Palavra de Deus.

A Rádio TransMundial também tem desenvolvido parceria com vários projetos de assistência religiosa voltados especialmente para a capelania escolar, capelania prisional e para a capelania militar. Além da publicação de obras literárias, a edição do *Presente diário* personalizado tem representado um apoio fundamental para a capelania.

Grupos paraeclesiásticos cristãos voltados para motociclistas, esportistas, intercessão, entre outros, têm ganhado força na conjuntura atual e já há relatos de aproximação entre esses grupos e a capelania. Inclusive alguns deles possuem seus próprios capelães. É um tipo de interação bastante promissora.

REFERÊNCIAS BIBLIOGRÁFICAS

Aliança Cristã Evangélica Brasileira. *Carta de princípios, crenças e valores.* Versão 11, 25 nov. 2011. Disponível em: < http://www.aliancaevangelica.org.br/images/PDF/Carta_Princpios_Aliana_Evanglica.pdf>. Acesso em: 10 jan. 2017.

Associação da Fraternidade Militar Cristã. *Manual de referência.* AMCF, 2004. Disponível em: <http://www.amcf-int.org/resources/AMCF-reference-manual/Portuguese/AMCF-Portuguese.pdf>. Acesso em: 13 jan. 2017.

Conic. Estatuto Social do Conselho Nacional de Igrejas Cristãs. Aprovado em 11 de abril de 2015. Disponível em: <http://www.conic.org.br/portal/files/Estatuto_do_CONIC__1_APROVADO_ASSEMBLEIA_2015.pdf>. Acesso em: 10 jan. 2017.

Exército Brasileiro. Portaria DGP nº 115, de 10 de julho de 2003.

Polícia Militar do Distrito Federal. Portaria PMDF nº 790, de 10 de julho de 2012.

Polícia Militar do Distrito Federal. Plano Diretor do Departamento de Saúde e Assistência ao Pessoal. Brasília, 2013.

Polícia Militar do Distrito Federal. Portaria PMDF nº 923, de 9 de setembro de 2014.

Polícia Militar do Distrito Federal. *Plano estratégico 2011-2022.* 2. ed. rev. e atual. Rio de Janeiro: Talagarça, 2015.

SILVA, Aluísio Laurindo da. Tema VI – Consolidando saberes específicos sobre a capelania militar. *Curso de formação em capelania*. [S.l.]: UniEvangélica/EAD (material não publicado).

STEUERNAGEL, Valdir et al. Em Cristo: *proclamando e servindo*. [S.l]: Editora BPH, 2013.

CAPÍTULO IX

PROJETOS BEM-SUCEDIDOS EM CAPELANIA

Gisleno Gomes de Faria Alves

Neste capítulo serão apresentados alguns projetos bem-sucedidos na área de assistência religiosa e espiritual. Para isso, foram elencados alguns trabalhos coordenados por oficiais do quadro de capelães das Forças Armadas ou Auxiliares ou por capelães voluntários, procurando atender à diversidade denominacional e de corporações, típicas do contexto da capelania.

A metodologia adotada foi a seguinte:

1. Levantamento de trabalhos com potencial para servirem de modelo;
2. Levantamento do contato dos responsáveis e executores desses projetos;
3. Envio de questionário padrão aos responsáveis, solicitando os seguintes dados:
   - Nome do programa/projeto.
   - Instituição.
   - Responsável.
   - Cidade onde é realizado.
   - Data de início.
   - Foi concluído (quando?), ou é permanente?

- Qual problema a instituição enfrentava que motivou o projeto?
- Por que a resposta a esse problema passou pela capelania?
- Defina e caracterize seu projeto. Do que se trata?
- Como funciona? Ou como funcionou?
- Quais foram as principais dificuldades? Como as superou?
- Quais foram os resultados do projeto?
- Quais objetivos da instituição foram favorecidos ou atingidos com esses resultados?
- Existe algum documento ou matéria institucional que verse sobre o projeto?

É importante notar que o instrumento de pesquisa foi construído levando em conta os fundamentos da capelania, em especial o fundamento estratégico, tratado no Capítulo V desta obra.

4. Catalogação e compilação dos questionários recebidos dentro do prazo estipulado.

Foram enviadas, via *e-mail*, doze solicitações de contribuição. O público-alvo foram capelães militares, padres e pastores, de diversas denominações e corporações, bem como capelães voluntários. Foi levada em conta também a área de realização do programa, de forma que garantisse aos leitores o conhecimento de atividades variadas de capelania.

Foram obtidas sete respostas, que serão apresentadas por grupo temático, na seguinte ordem: Programas de capelania militar com a Tropa Mobilizada, desenvolvidos pelo Exército Brasileiro na Força de Paz no Haiti e na Força de Pacificação no Complexo da Maré - RJ; Programa de Atenção à Família, desenvolvido na Polícia Militar do Distrito Federal; Programa De Capelania Hospitalar, desenvolvido pela Marinha do Brasil no Hospital Naval Marcílio Dias; Programa de Polícia

Comunitária, desenvolvido pela capelania Voluntária dos PMs de Cristo na Polícia Militar do Estado de São Paulo; Programa de capelania Prisional, desenvolvido pela Capelania Voluntária dos PMs de Cristo no Presídio Romão Gomes; e o Programa de uma Capela-Congregação, desenvolvido pela Força Aérea Brasileira em Belém.

É importante salientar que as informações apresentadas adiante seguem o relato dos responsáveis por cada programa, os quais poderão sanar dúvidas e fornecer esclarecimentos sobre suas atividades por intermédio dos *e-mails* indicados em nota de rodapé. O objetivo dos relatos é apenas apresentar cada programa em linhas gerais.

1. PROGRAMA DE CAPELANIA MILITAR COM A TROPA MOBILIZADA

1.1 *Atuação do capelão na MINUSTAH – Força de Paz no Haiti*

O capitão Ivanaldo Ferreira dos Santos,[1] capelão do Exército Brasileiro, integrou o 18º CONTBRAS (Contingente Brasileiro), como integrante do BIFPaz (Batalhão de Infantaria de Força de Paz), no período de 20 de maio a 29 de novembro de 2013.

A convite das Nações Unidas, desde 2004 o Exército Brasileiro exerce o comando militar da Missão de Estabilização das Nações Unidas no Haiti (MINUSTAH), com o intuito de ajudar aquele país a superar a profunda instabilidade política e o consequente aumento da violência e da pobreza na região. A situação no Haiti agrava-se com a ocorrência frequente de desastres naturais, como terremotos e furacões. Nesse contexto, o Brasil tem enviado um contingente de seis em seis meses para

---

[1] capelaoivanaldo@gmail.com

atuar nessa missão. Em regra, um ou dois capelães compõem a tropa mobilizada para tal missão de paz.

QUAL PROBLEMA A INSTITUIÇÃO ENFRENTAVA QUE MOTIVOU O PROJETO?

A necessidade de enviar militares em missão no exterior para cumprir uma missão internacional, na qual se lida com violência urbana, pobreza e, por vezes, desastres naturais.

POR QUE A RESPOSTA A ESSE PROBLEMA PASSOU PELA CAPELANIA?

O Exército Brasileiro estabeleceu por meio da Portaria DGP n° 115, de 10 de junho de 2003, artigo 1°, parágrafo 1° que: "a assistência religiosa tem por objetivo a elevação do moral individual dos integrantes do Exército e um convívio fraternal e harmonioso do homem, tanto em sua organização militar como em seu ambiente familiar e comunitário".[2]

A capelania do Exército Brasileiro fornece apoio espiritual, religioso e moral para o desenvolvimento de valores que são imprescindíveis para o fiel cumprimento dessa missão.

DEFINA E CARACTERIZE SEU PROJETO. DO QUE SE TRATA?

A assistência religiosa e espiritual foi caracterizada principalmente pela celebração e coordenação de cultos na capela do Batalhão de Infantaria de Força de Paz (Brabat, sigla em inglês), no auditório da Companhia de Engenharia (Braengcoy) e no Grupamento Operativo de Fuzileiros Navais (Bramar), além de visitas semanais para realização de aconselhamentos e cultos nas companhias destacadas no bairro de *Cité Soleil* e no Forte Nacional, em Porto Príncipe.

---

[2] EXÉRCITO BRASILEIRO. Portaria DGP n° 115, de 10 de julho de 2003.

COMO FUNCIONOU?

Os militares, em decorrência da missão que estão incumbidos, não podem transitar pela cidade ou visitar qualquer localidade sem a devida proteção pessoal. Isso se soma à distância da família e à fadiga produzida pela missão. Em suma, o militar tem sua vida praticamente reclusa na base. Tais circunstâncias aliadas aos riscos decorrentes da imprevisibilidade das patrulhas realizadas diariamente promovem estresse e agravam a possibilidade de esgotamento emocional e espiritual.

Problemas surgiram nos relacionamentos conjugais e afetaram diretamente o desempenho do combatente na missão. Dessa forma, o diálogo e a oração do capelão foram importantes para promover o bem-estar espiritual do militar e o equilíbrio emocional para prosseguir na missão.

O período prolongado de convivência com as mesmas pessoas no alojamento também promoveu a necessidade da intervenção do capelão, em algumas situações, para reduzir o nível de estresse e proporcionar a harmonia no ambiente de convívio diário, pois havia reflexos diretos no cumprimento das funções.

Enquanto os militares desempenham seu papel na missão, situações difíceis ocorrem com suas famílias no Brasil, como acidentes e óbitos decorrentes de enfermidades e outros fatores. O falecimento de entes queridos na terra natal foi outro fator que surpreendentemente esteve presente em todo o período da missão, com diversos casos ocorridos. Muitos não conseguem chegar a tempo de velar seus mortos e passam o período de luto na própria base militar. Nesses casos, a presença do capelão foi imprescindível para prestar suporte espiritual e aconselhamento a fim de estabilizar o combatente e auxiliá-lo na continuidade da missão. Compartilhando o amor de Cristo por meio da fé em Deus e a busca da direção do Espírito Santo na oração e aconselhamento, o trabalho do capelão militar objetivou aproximar o militar do "sagrado" e proporcionar-lhe a renovação da fé e da esperança.

As atividades da capelania evangélica compreenderam, principalmente:

- Celebração de cultos;
- celebração da ceia do Senhor e batismo;
- aconselhamento pastoral nos casos de: estresse, relacionamentos interpessoais, conjugais e enlutados;
- mensagens de edificação da fé em formaturas e eventos sociais;
- visita aos enfermos;
- participação em atividades sociais.

Um significativo trabalho foi realizado com a psicóloga no combate à ideação suicida e assistência aos militares diagnosticados com depressão, a fim de auxiliar a estabilização da vida espiritual e restauração da fé em Deus, por meio da oração, reflexão nos textos da Bíblia Sagrada e aconselhamento pastoral. A abordagem na prevenção do suicídio é multidisciplinar; portanto, a atuação do religioso e a participação do combatente nas atividades religiosas constituem-se fator de proteção contra a ideação suicida.

Houve casos de militares com quadro de depressão, cujo atendimento foi realizado pela psicologia e, por solicitação dos próprios militares, pelo capelão. Destaca-se o caso do militar que estava prestes a abandonar a missão, e que após o aconselhamento pastoral decidiu retornar ao Brasil e rever a família para recuperar as forças e prosseguir na missão. A viagem foi realizada, e o militar retornou em condições adequadas para cumprir a missão até o fim.

Foram realizados diversos atendimentos semelhantes e o capelão também contava com o auxílio de prestimosos militares cristãos para apoiar os que apresentavam a necessidade de atendimento religioso e espiritual. A contribuição de outros experientes militares foi importante para propiciar maior união entre os evangélicos.

Outro aspecto relevante foi a voluntariedade da comunidade de militares evangélicos em arrecadar fundos para realizar doações à comunidade local, extremamente carente. Após a autorização do comando, a capelania evangélica fez a doação de grande quantidade de material escolar para professores e alunos da comunidade de *Cité Soleil*. Nesta região é comum escolas funcionarem dentro de igrejas durante o dia e professores voluntários trabalharem para educar as crianças e adolescentes.

QUAIS FORAM AS PRINCIPAIS DIFICULDADES? COMO AS SUPEROU?

As dificuldades encontradas foram várias. A pluralidade de denominações representadas pelos militares constituiu-se o primeiro desafio enfrentado. A presença de líderes que representam denominações, pastores ou presbíteros, com variadas visões, dificultou a união dos evangélicos em torno de objetivos comuns. Essa situação foi superada por meio de diálogo com os líderes, reuniões de oração e visitas semanais. Outro aspecto importante foi a grande quantidade de militares que necessitam de apoio espiritual, principalmente após o segundo mês da missão. Na maioria das vezes, os próprios interessados procuravam o capelão; em outras situações, um amigo ou o próprio chefe solicitava o apoio.

QUAIS FORAM OS RESULTADOS DO PROJETO?

O resultado foi o auxílio na restauração espiritual e emocional de muitos militares que enfrentaram situações críticas durante a missão, devido a dificuldades decorrentes do cumprimento da função ou questões familiares. Foi fundamental a manutenção da fé em Cristo por meio de cultos e da celebração da ceia do Senhor, além de estudos bíblicos para os recém-ingressos na fé evangélica e consequente batismo de onze militares que solicitaram a confirmação pública da fé. A maioria destes frequentava igrejas evangélicas na terra natal e durante a missão foram fortalecidos para cumprirem a ordenança de Jesus.

Foram realizadas celebrações com grande participação de evangélicos de diferentes unidades militares que contribuíram para o fortalecimento espiritual, a comunhão fraternal, o cultivo dos valores militares e cristãos e a unidade entre os irmãos de fé. A celebração da ceia do Senhor mostrou-se muito eficaz para aprofundar a comunhão com Cristo e entre os irmãos. Os utensílios para servir a ceia foram adquiridos durante a missão por meio de arrecadação entre a comunidade evangélica, e o material foi passado para o contingente seguinte. A arrecadação voluntária de fundos beneficiou a comunidade local com importante doação de material escolar, além de elevar a imagem do Exército Brasileiro perante a sociedade haitiana, composta majoritariamente de pessoas com profunda vulnerabilidade social.

QUAIS OBJETIVOS DA INSTITUIÇÃO FORAM FAVORECIDOS OU ATINGIDOS COM ESSES RESULTADOS?

O Comando do Exército, por meio da Portaria nº 211, de 3 de maio de 2001, no artigo 1º, parágrafo 2º, estabeleceu que "a Assistência Espiritual visa a elevar o moral individual dos integrantes do Exército e a possibilitar um convívio fraternal e harmônico do homem em sua comunidade, de forma a desenvolver e estimular, particularmente no militar, a determinação, a coragem, o equilíbrio emocional e o espírito de corpo, atributos imprescindíveis em operações de combate".[3]

Observa-se que dentro das complexas ações de preparo e execução das operações militares está prevista assistência religiosa e espiritual, desenvolvida pela capelania militar, que tem propiciado o desenvolvimento de valores que contribuíram para a coesão e o fortalecimento da tropa no cumprimento das diversas missões.

---

[3] EXÉRCITO BRASILEIRO. Portaria nº 211, de 3 de maio de 2001.

O Exército Brasileiro, por meio do Boletim Interno nº 139/BIFPaz, de 22 de novembro de 2013, publicou o elogio no qual consta a maior parte das ações relatadas.

1.2 Força de Pacificação/Estabilização no Complexo da Maré, Rio de Janeiro/RJ.

O capitão Ednaldo da Costa Pereira,[4] capelão do Exército Brasileiro foi designado para compor a Operação S. Francisco VII da Força de Pacificação Planalto, no Complexo da Maré, Rio de Janeiro/RJ. Esteve nessa missão de 10 de abril a 30 de junho de 2015, quando a mobilização se encerrou.

QUAL PROBLEMA A INSTITUIÇÃO ENFRENTAVA QUE MOTIVOU O PROJETO?

O local onde ocorreu a operação encontrava-se sob domínio do tráfico, que restringia a liberdade das pessoas, impunha normas contrárias ao ordenamento jurídico do país e dificultava, ou até impedia, o acesso do poder público a determinadas áreas.

Para fazer frente a essa situação, foi criada a Força de Pacificação, composta por militares e policiais de diversas corporações e de diversos entes federados, que, além de estarem distantes do lar, estavam submetidos a uma situação extremamente estressante e perigosa.

Além disso, para o sucesso da operação, era de suma importância o apoio da comunidade, a proximidade e a confiança das pessoas entre os integrantes da Força de Pacificação.

POR QUE A RESPOSTA A ESSE PROBLEMA PASSOU PELA CAPELANIA?

Até a quarta edição, as Forças de Pacificação, oriundas de outros Estados da Federação, não incluíam capelães em seus

---

[4] Adj1sarcmp@cmp.eb.mil.br

efetivos, contando somente com a visita religiosa dos capelães que já atuavam no Rio de Janeiro. Contudo, a experiência da Força de Pacificação V, que tinha um capelão pastor permanentemente com a tropa, destacou a relevância daquela figura religiosa, especialmente pela ligação com lideranças religiosas locais. Um mapeamento realizado nas comunidades revelou a existência de mais de 130 igrejas evangélicas e 5 paróquias, influenciando na decisão de que os capelães fossem sempre do segmento evangélico.

Além do trabalho com a comunidade religiosa, ficou evidente a necessidade de contribuir no preparo moral e prestar assistência espiritual e religiosa aos militares em operações num ambiente volátil, incerto, complexo e ambíguo.

DEFINA E CARACTERIZE SEU PROJETO. COMO FUNCIONOU?

Na fase do preparo:

O capelão deslocou-se às guarnições sede das forças-tarefas (FT), apoiando os militares da Força de Pacificação ali concentrados; o mesmo ocorreu na guarnição de Brasília, em atenção aos militares oriundos dessa Guarnição. Na ocasião, foi feita a palestra sob o título "A serviço da paz e da esperança". As ideias transmitidas foram:

1. Enaltecer virtudes morais e atributos militares, essenciais ao bom cumprimento da missão;
2. Mostrar, à luz das Sagradas Escrituras, que não há dicotomia entre fé e uso da arma; e
3. Conscientizar os militares da dimensão espiritual e psicológica, presentes nas operações, incentivando a manutenção do equilíbrio e de um bom clima organizacional.

Na fase do emprego (Em apoio ao E1 – Célula de Pessoal):

Com o propósito de prestar assistência moral e espiritual ao pessoal empregado na operação, o capelão atuou tanto com o

Estado-Maior da F. Pac.VII, quanto com a força-tarefa e destacamentos, da seguinte forma:

- Diariamente, através de intervenções com temas para reflexão e bênção;
- Com a mesma frequência, percorreu o capelão os alojamentos e espaços comuns, buscando empregar boa parte de seu tempo no contato direto e informal com a tropa;
- Ligações constantes com os diversos níveis da cadeia de comando das FT, a fim de inteirar-se da melhor maneira de apoiar;
- Atendimentos individualizados, visitas a pacientes internos no HCE;
- Acompanhamento pastoral a militares punidos;
- Com relação às companhias de fuzileiros que retornavam de arejamento, foi incluída na matriz de eventos para reambientação uma conversa motivacional com o capelão. Foram abordados os seguintes assuntos: O companheirismo como fator de superação das dificuldades inerentes ao combate; Lidando com a saudade de casa, Como superar a ansiedade de fim de missão e O legado espiritual e moral da missão;
- Por várias ocasiões, o capelão acompanhou a saída das patrulhas, proferindo uma bênção e conduzindo o momento de oração;
- Semanalmente, foram realizados cultos, missas e reuniões de estudo da doutrina espírita.

As celebrações católicas foram presididas pelo capitão capelão José Carlos de FREITAS. Os eventos evangélicos, realizados sob a coordenação do capitão capelão Ednaldo da COSTA PEREIRA (Comando CMP), capelão da F. Pac.VII.

Na fase do emprego (Em apoio ao E9 – Célula de Assuntos Civis):

Em proveito das FT e da Célula de Assuntos Civis (E9), foram realizadas várias ações:

- Participações no Projeto Educando para a Paz, desenvolvido por psicólogos e alunos de uma universidade local e voltado às crianças das escolas da comunidade;
- Participação em 4 (quatro) Ações Cívico-sociais (ACISO); em 3 (três) delas se realizou bênção religiosa aos recém-casados pela Justiça Itinerante, em capela especialmente montada para o ato.
- Contatos constantes com lideranças religiosas, especialmente padres e pastores, com o objetivo de transmitir a esses formadores de opinião os propósitos benéficos da Força de Pacificação à população, buscando conquistar o apoio desta.

QUAIS FORAM AS PRINCIPAIS DIFICULDADES? COMO AS SUPEROU?

Quando fui ativado como capelão, não havia um espaço próprio para as celebrações, a fim de que fossem realizadas em horários apropriados para atender o maior número de participantes, e que se tornasse um referencial do "sagrado", para onde os militares pudessem afluir, em grupo ou individualmente, para exercitar sua devoção. Foi de grande utilidade a montagem de uma Capela de Campanha, não existente até a F. Pac. VI, com mobiliário mínimo necessário (mesa, cadeiras, *banners* para caracterização, etc.).

QUAIS OBJETIVOS DA INSTITUIÇÃO FORAM FAVORECIDOS OU ATINGIDOS COM ESSES RESULTADOS?

- Manutenção de um bom clima organizacional, fortalecendo os laços de camaradagem, o espírito e corpo;
- Atenção aos militares na especificidade de seus credos religiosos;

- Promoção da aproximação e da relação de confiança entre a comunidade e a Força de Pacificação.

As atividades foram previstas em plano específico e integraram o relatório final de emprego.

2. PROGRAMA DE ATENÇÃO À FAMÍLIA

Programa de Educação Moral do Efetivo da PMDF, conhecido como Cursos da Capelania para a Família Policial

Sob coordenação do tenente-coronel Gisleno de Faria,[5] capelão militar evangélico, os Cursos da Capelania para Família Policial foram implantados na Polícia Militar do Distrito Federal, como projeto-piloto, em agosto de 2013. No segundo semestre de 2014, tornou-se um programa permanente, regulamentado pela Portaria PMDF nº 922, de 9 de setembro de 2014, tendo em vista os bons resultados alcançados na fase inicial.

QUAL PROBLEMA A INSTITUIÇÃO ENFRENTAVA QUE MOTIVOU O PROJETO?

A corporação necessitava intervir diretamente em algumas problemáticas enfrentadas por seus integrantes no âmbito profissional (pode-se citar questões relativas à motivação, relacionamento interpessoal etc.) e na esfera pessoal (relação conjugal, criação de filhos, finanças, entre outros). Havia um alto índice de endividamento. Os maiores números de registros na corregedoria eram de casos de violência praticada por policial no exercício da profissão ou em seu lar. Além disso, o índice de suicídio na polícia é bem superior ao da população comum. Estudo realizado pelo Estado-Maior no ano de 2013 revelou que, em 100% dos casos de suicídio na corporação, o elemento desencadeante,

---

[5] tropadeeleitos@gmail.com

isto é, o estopim do ato de suicídio, foram problemas conjugais, problemas financeiros e, em alguns casos, alcoolismo.

POR QUE A RESPOSTA A ESSE PROBLEMA PASSOU PELA CAPELANIA?

Como esses problemas têm múltiplas causas, a solução para eles é multidisciplinar. Há uma série de iniciativas para superar tais dificuldades. No entanto, verifica-se que são questões que derivam de princípios e valores enraizados nas pessoas. Nesse quesito, a assistência religiosa e espiritual tem muito a contribuir, pois acessa uma área da vida que pode provocar verdadeiras mudanças de conceito, atitudes e comportamentos. Em um determinado momento, quando houve um pico de suicídio na corporação, a capelania prontificou-se a enfrentar o problema, tendo como uma de suas iniciativas os "Cursos da Capelania para a Família Policial".

DEFINA E CARACTERIZE SEU PROJETO.

O Programa de Educação Moral consiste em um conjunto de iniciativas, sob a coordenação da capelania militar, voltadas para o desenvolvimento e para a consolidação dos valores institucionais e de boa convivência do policial em seu ambiente profissional, familiar e comunitário.

As atividades são de caráter espiritual-religioso e institucional, cuja participação é voluntária e são realizadas em ambiente fraternal e de tolerância aos demais credos, sendo vedados o fanatismo, o proselitismo e o aliciamento.

São objetivos do Programa de Educação Moral:

I - Reforçar os valores institucionais da PMDF expressos no Plano Estratégico (honestidade, ética profissional, respeito aos direitos humanos e cientificismo);

II - desenvolver e reforçar nos policiais militares um conjunto de valores que otimize suas condições de prevenir e enfrentar situações problemáticas inerentes à prática policial militar;

III - desenvolver e reforçar nos policiais militares um conjunto de valores que otimize suas condições de prevenir e enfrentar situações problemáticas no âmbito pessoal, de forma a minimizar sua influência negativa sobre o exercício da atividade policial militar;

IV- prevenir o suicídio, a violência doméstica, a dependência química e o endividamento por parte dos policiais militares e seus familiares;

V- promover o respeito aos Direitos Humanos na atividade policial militar.[6]

Foram adotados no Programa alguns cursos do currículo da Universidade da Família (UDF), que já tinham resultados semelhantes aos pretendidos em diversos países e em São Paulo, com os PMs de Cristo. São eles: *Homem ao máximo*, *Mulher única*, *Aliança*, *Como criar seus filhos* e *Crown* (Finanças). Os cursos são ministrados por instrutores da PMDF credenciados pela UDF.

COMO FUNCIONA?

Os cursos, que são de caráter bíblico e interdenominacional, funcionam na metodologia de grupos pequenos, mediante método expositivo, exibição de vídeos e compartilhamento entre os integrantes. As lições possuem caráter geral e a prática do compartilhamento faz com que sejam aplicadas de forma bem contundente ao contexto pessoal e profissional dos participantes. Por tratarem de questões de foro íntimo, os cursos fundamentam-se na premissa do pacto do sigilo das informações pessoais compartilhadas.

São realizados dois ciclos por ano, um em cada semestre, com várias turmas dos cursos adotados, com encontros na capelania e em quartéis centrais, para facilitar o deslocamento

---

[6] Polícia Militar do Distrito Federal. Portaria PMDF nº 922, de 9 de setembro de 2014. Regulamenta o Programa de Educação Moral do Efetivo no âmbito da corporação.

dos participantes. Podem participar policiais militares, familiares e dependentes. O curso *Homem ao máximo* tem sido ministrado sistematicamente aos policiais militares internos no Núcleo de Custódia da Polícia Militar e nos programas de reabilitação de dependentes químicos promovidos pela Corporação.

QUAIS FORAM AS PRINCIPAIS DIFICULDADES? COMO AS SUPEROU?

A princípio, houve dificuldade de entendimento do Programa em alguns setores da mídia. Houve críticas fundamentadas especialmente no conceito de Estado laico. No entanto, tendo em vista os depoimentos e resultados positivos, o comando da corporação, com o aval do Governo do Distrito Federal, manteve os cursos, tendo em vista que a metodologia adotada e os resultados obtidos demonstraram claramente o interesse público. Após a publicação dos resultados de pesquisa sobre os cursos, não houve mais nenhum questionamento.

QUAIS FORAM OS RESULTADOS DO PROJETO?

Em todos os ciclos, são aplicados um questionário inicial e um questionário final. O objetivo da pesquisa é definir o perfil do participante, sua situação antes do curso bem como sua impressão sobre o impacto do curso em sua vida familiar e profissional. Ao fim de cada ciclo, os participantes escrevem um depoimento pessoal, dos quais alguns são escolhidos para dar seu depoimento na formatura.

Conforme publicado em matéria sobre os cursos em revista da Ação Missionária dos Militares Evangélicos:

> Um PM que participou do *Homem ao máximo* no NCPM relatou:"o mundo tinha acabado [...], só me passava a ideia de tirar a minha vida [...], logo veio o curso *Homem ao máximo* e,

durante o curso, a cada aula fui vendo que Deus me ama, ele ama o meu arrependimento. Hoje vejo com os olhos do meu coração [...] vejo que tenho qualidades, que sou um novo homem, um HOMEM AO MÁXIMO.[7]

Em entrevista à mesma revista, o coronel Jooziel Freire, comandante-geral da PMDF em 2013, afirma:

> Existem necessidades na vida das pessoas, que somente serão ajustadas ou solucionadas com orientação religiosa e somente a capelania pode e deve exercer esse papel. A orientação religiosa tem papel preponderante na estrutura da Polícia Militar, bem como o CASO, com os psiquiatras e psicólogos. [...] Durante todo o meu comando, a capelania teve participações importantes. [...] Mas creio que a ação mais significativa foi a parceria com a Universidade da Família. Muitas famílias de policiais foram e estão sendo beneficiadas, pois o objetivo é melhorar relacionamentos, ajustando criação de filhos, finanças e relacionamento conjugal.[8]

Os resultados dos dois ciclos de 2014 foram publicados em Boletim do Comando Geral,[9] e podem ser consultados no Capítulo V, "Fundamento estratégico da capelania", tabelas 4 e 5.

Desde o início do Programa em agosto de 2013 até dezembro de 2016, por volta de 400 policiais militares e familiares participaram dos cursos oferecidos pela capelania. Outras corporações, a exemplo do Corpo de Bombeiros Militar do Distrito Federal, implementaram esses cursos, seguindo o modelo adotado pela capelania da PMDF.

---

[7] Ação Missionária dos Militares Evangélicos. Revista nº 2 – Edição de Testemunhos. Brasília, 2014. p. 17.

[8] Ação Missionária dos Militares Evangélicos, p. 19.

[9] Polícia Militar do Distrito Federal. Boletim do Comando Geral nº 170, de 9 de setembro de 2015, p. 14-17.

QUAIS OBJETIVOS DA INSTITUIÇÃO FORAM FAVORECIDOS OU ATINGIDOS COM ESSES RESULTADOS?
Não é possível medir completamente o impacto do programa. Mas, diante das estatísticas e dos depoimentos, é possível afirmar que contribui para a otimização da capacidade laboral do policial, para o desenvolvimento dos recursos humanos, para o incremento da qualidade de vida no trabalho, além de fomentar o respeito aos direitos humanos e prevenir o suicídio e a violência praticada por policial militar. Todos esses objetivos são de alguma forma definidos no plano estratégico da corporação. Por diversas vezes, o site da corporação (www.pmdf.df.gov.br) fez referência a esses resultados de pesquisa e divulgou a abertura das inscrições para os cursos.

3. PROGRAMA DE CAPELANIA HOSPITALAR

Hospital Naval Marcílio Dias – RJ

Desde o dia 16 de setembro de 2015, o responsável pela capelania hospitalar evangélica no Hospital Naval Marcílio Dias (HNMD), no Rio de Janeiro é o primeiro-tenente capelão Naval Willians.[10]

A capelania hospitalar na Marinha do Brasil é um serviço permanente, que tem por objetivo prestar assistência religiosa e espiritual aos pacientes, seus familiares, funcionários e à tripulação.

QUAL PROBLEMA A INSTITUIÇÃO ENFRENTAVA QUE MOTIVOU O PROJETO?
A necessidade de assistência religiosa e espiritual aos pacientes, familiares e funcionários do hospital. Já na época de 1999, percebeu-se o crescimento da população evangélica

---

[10] willians@hnmd.mar.mil.br

dentro da instituição e, a princípio em fase experimental foi designado um pastor, além de um padre, para prestar essa assistência, o que se confirmou ser uma excelente forma de atender a todos os credos religiosos sempre com respeito mútuo. Diante da diversidade de confissões religiosas, a Marinha conta com o quadro de capelães navais para que os integrantes, padres e pastores, possam atender a essa necessidade. A figura do capelão consegue inspirar a fé e trazer alento aos que sofrem de enfermidades ou enfrentam perdas de entes queridos, pois creem que o ministro representa a Palavra de Deus diante das mazelas da vida.

POR QUE A RESPOSTA A ESSE PROBLEMA PASSOU PELA CAPELANIA?

Porque a própria instituição reconhece que o capelão naval é a pessoa habilitada para prestar essa assistência religiosa e espiritual com base em sua formação e experiência eclesiástica. Vale salientar que, desde 2005, é feito um censo religioso a cada cinco anos. Com base nos resultados nos três últimos realizados, foram consideradas a confissão católica e a evangélica para que se estipulassem as vagas de concurso para a capelania naval.

DEFINA E CARACTERIZE SEU PROJETO. DO QUE SE TRATA?

O Serviço de Assistência Religiosa do hospital é responsável pela prestação da assistência religiosa e espiritual, de forma coletiva e individual, aos militares, aos servidores civis e aos pacientes internados nesse hospital como também a seus familiares. Suas principais atribuições são:

a) Prestar assistência religiosa e espiritual com a visita do capelão aos leitos dos pacientes, pelo menos uma vez na semana;

b) prestar assistência religiosa coletiva, através de atividades litúrgicas (celebração de culto/missa; ritual de exéquias, administração de oração com imposição das mãos, celebração dos sacramentos do batismo e da unção dos enfermos);

c) realizar palestras com subsídio religioso, espiritual e moral para a tripulação, para os pacientes e seus acompanhantes, em horário previamente estabelecido para esse objetivo;

d) organizar encontros de casais, palestras e retiros com as famílias, objetivando um crescimento na fé e nos valores éticos, morais, familiares e cristãos;

e) estimular a mentalidade ecumênica no convívio do HNMD;

f) atender às organizações militares vinculadas à área da capelania (Unidade de Saúde integrada da Marinha, UISM), Laboratório Farmacêutico da Marinha, LFM), colaborando com as equipes multidisciplinares do serviço de assistência integrada ao pessoal da Marinha, de forma integrada e harmoniosa, nos dias marcados para tal fim. Levar em consideração as necessidades inerentes ao serviço religioso sem que haja comprometimento da assistência religiosa no HNMD;

g) assegurar o acesso ao HNMD dos religiosos de todas as denominações religiosas para dar atendimento religioso aos pacientes, desde que seja em comum acordo com estes ou com seus familiares, no caso de pacientes que já não mais estejam no exercício de suas faculdades mentais;

h) estabelecer que os religiosos chamados a prestar assistência no HNMD devem, em suas atividades, acatar as determinações legais e normas internas do HNMD, a fim de não pôr em risco as condições do paciente ou a segurança do ambiente hospitalar;

COMO FUNCIONA?

No hospital, funciona com visitas aos leitos, aconselhamento aos familiares e acompanhantes dos pacientes, cultos semanais e celebrações em datas especiais do hospital. Além de visitas mensais à Unidade de Saúde Integrada da Marinha (UISM) e ao Laboratório Farmacêutico da Marinha (LFM), com celebração de cultos e de aconselhamento.

QUAIS FORAM AS PRINCIPAIS DIFICULDADES? COMO AS SUPEROU?

A principal dificuldade está em lidar com a diversidade de credos religiosos. Uma das formas de superar isso é com respeito mútuo e a oportunidade da livre expressão da fé.

QUAIS FORAM OS RESULTADOS DO PROJETO?

O principal resultado é o alcance espiritual de pessoas que passam pelos momentos mais difíceis da vida humana, tanto em se tratando da própria enfermidade ou da enfermidade de algum ente querido.

QUAIS OBJETIVOS DA INSTITUIÇÃO FORAM FAVORECIDOS OU ATINGIDOS COM ESSES RESULTADOS?

O alento emocional e espiritual por meio da assistência religiosa, e a melhora da qualidade de vida da tripulação e das pessoas atendidas pelo hospital.

EXISTE ALGUM DOCUMENTO OU MATÉRIA INSTITUCIONAL QUE VERSE SOBRE O PROJETO?

Na Marinha do Brasil, a capelania naval é regida pela norma DGPM-503 3ª. Rev. Na capelania do hospital, enviamos mensagens reflexivas bíblicas semanalmente para todas as caixas postais do Hospital Naval Marcílio Dias, para a Diretoria de Saúde da Marinha (DSM), para a Unidade de Saúde Integrada da Marinha (UISM), para o Laboratório Farmacêutico da Marinha (LFM) e o Sanatório Naval de Nova Friburgo (SNNF). Além disso, divulgamos diariamente tais reflexões bíblicas que alcançam toda a população interna.

4. PROGRAMA DE POLÍCIA COMUNITÁRIA

A polícia e a igreja – capelania voluntária

O programa de trabalho A polícia e a igreja foi criado pela Associação dos Policiais Militares Evangélicos do Estado de São Paulo — PMs de Cristo — sob presidência do coronel Alexandre Marcondes Terra e coordenação do coronel Camilo de Lelis Maia,[11] ambos coronéis da reserva da Polícia Militar do Estado de São Paulo, PMESP. O programa trata de uma cooperação entre várias igrejas e a PMESP, via PMs de Cristo, com o intuito de fomentar a polícia comunitária e a assistência religiosa e espiritual aos integrantes da corporação.

O principal objetivo desse projeto, aliado ao da PM, é apresentar um modelo de capelania policial-militar voluntária em todo o Estado, capaz de atender ao policial militar no tema relacionado à dimensão espiritual, conforme prevista no Sistema de Gestão da Polícia Militar do Estado de São Paulo (GESPOL) que, juntamente com as atividades de psicologia e de serviço social, fomentam a valorização do policial militar.

QUAL PROBLEMA A INSTITUIÇÃO ENFRENTAVA QUE MOTIVOU O PROJETO?

Existem basicamente duas problemáticas: 1) a necessidade de maior envolvimento da comunidade com a PMESP, nas ações de polícia comunitária; 2) a necessidade de fomentar a valorização do policial militar.

O Projeto polícia e igreja representa uma resposta para ambas. É possível e necessário estabelecer uma maior aproximação entre as duas entidades ou instituições de reconhecida penetração e capelania no cenário social: a Polícia Militar — através de sua filosofia de polícia comunitária — e a igreja cristã. Tanto a

---

[11] faleconosco@pmsdecristo.org.br

igreja, como a Polícia (conglomerados humanos) devem procurar cumprir esse papel. O projeto mencionado propõe uma relação de estreitamento nas relações entre a Polícia Militar e a igreja cristã, buscando a revalorização e a humanização da sociedade paulista, através do esforço compartilhado, viabilizando a participação da igreja, como importantíssimo segmento da sociedade na polícia comunitária. Por outro lado, o projeto abre espaços para a atuação da igreja no exercício da capelania voluntária aliada aos policiais militares, de forma consciente, produtiva, motivada e eficaz, visando à valorização desses profissionais.

Apesar de entender que cabe à Polícia Militar, por força institucional, a mobilização das forças vivas da sociedade (tal como a igreja), há de se reconhecer que o problema existente é a falta de atividades conjuntas e relacionamento mais próximo entre a igreja — um dos recursos comunitários disponíveis para combater as condições sociais negativas — e a Polícia Militar. Outro obstáculo a qualquer ação desse tipo é o gigantismo da corporação, que impõe ações capilarizadas.

Existem fatores externos e internos que também separam a comunidade e a igreja da Polícia. Portanto, este projeto resgata a importante função do objetivo missiológico da instituição eclesiástica como também o papel da corporação, que conquista mais um confiável braço comunitário, ombreado com o cumprimento da missão constitucional da Polícia Militar no que diz respeito à manutenção da ordem pública.

A Nota de instrução CPI/1 nº 005/300/16, que regula a capelania voluntária no âmbito do CPI1, menciona a seguinte situação:

> 2.1 No dia a dia, o serviço policial militar (operacional ou administrativo) impõe uma carga grande de estresse aos policiais militares em razão do serviço propriamente dito (risco da atividade, cobranças por resultados e produtividade, dificuldade de meios, horários de serviço, escalas extras, di-

ficuldade para realizar atividade física, etc.) ou de problemas pessoais e familiares (relacionamentos, dificuldades financeiras, dificuldade em programar atividades de lazer, doenças, etc.) que deixam nossos profissionais mais suscetíveis a desequilíbrios emocionais e comportamentais que afetam o estado geral de saúde e podem interferir no seu desempenho.

2.2 O Sistema de Gestão da Polícia Militar (GESPOL) cita que a administração de pessoal deve ser focada no estímulo a um clima organizacional positivo, considerando-se as três dimensões do ser humano: física, mental e espiritual. Essas dimensões são trabalhadas através de vários processos e programas que visam melhorar a autoestima e o desempenho do profissional, bem como reduzir o absenteísmo (PMESP, 2016).[12]

POR QUE A RESPOSTA A ESSE PROBLEMA PASSOU PELA CAPELANIA?

Com a inexistência de capelão institucional no quadro orgânico da PMESP, os PMs de Cristo têm estabelecido parcerias com a corporação e com igrejas, tendo em vista o suprimento dessa falta por meio da capelania voluntária. Com isso, o projeto contribui com a assistência ao pessoal e também com a atividade-fim no que se refere à polícia comunitária.

A igreja faz parte de um dos seis grandes grupos de interesse estratégico do policiamento comunitário. Sua importância nesse contexto se dá pelo grande número de pessoas em atividades religiosas toda semana, pelo grau de influência que ela exerce sobre a vida das pessoas e por seu grau de penetração geográfica e social.

Corporações policiais estrangeiras, e iniciativas isoladas dentro da Polícia Militar do Estado de São Paulo e de outros Estados, têm mostrado que o coeficiente espiritual dos policiais militares, quando estimulado e direcionado, pode colaborar de forma

---

[12] POLÍCIA MILITAR DO ESTADO DE SÃO PAULO. Nota de instrução CPI/1 nº 005/300/16.

significativa na dissuasão de vários outros problemas, como: violência interna, estresse profissional, desvios de comportamento, degradação familiar no meio dos policiais militares e tantos outros problemas em favor dos quais a igreja pode colaborar, tanto entre os milicianos, ajudando-os a se tornarem melhores profissionais, quanto na parcela da sociedade que se encontra fora dos padrões aceitáveis de comportamento comunitário.

A igreja deve participar aliada à Polícia e à comunidade no viés da educação, trazendo, assim, reflexos no comportamento e na disciplina do policial militar, para que ele se torne exemplo vivo de um corpo de profissionais altamente disciplinados, comprometidos com a verdade e zelosos para com a valorização do ser humano. A ação restauradora da igreja pode colaborar também com o enfrentamento de problemas de ordem espiritual e pessoal, ao lado da Polícia na melhor capacitação e comprometimento de seu efetivo.

DEFINA E CARACTERIZE SEU PROJETO. DO QUE SE TRATA?

O Projeto polícia e igreja consiste em abrir campos para a atuação evangelística, orientadora, aconselhadora e que procura levar uma palavra de fé, paz e esperança ao policial militar e à sua família, por meio da atuação de capelania voluntária, realizada por militares e civis com o apoio das igrejas da circunvizinhança dos quartéis da PM de São Paulo. Baseado no livro *A polícia e a Igreja*, de autoria do coronel Evandro Alves, publicado pela Universidade da Família em 2012, uma iniciativa inovadora, o projeto traz também maior envolvimento da comunidade religiosa nas iniciativas da polícia comunitária da PMESP.

A regulação do CPI/1 refere-se à capelania voluntária da seguinte forma:

> 2.3 Portanto, as capelanias voluntárias têm como escopo, conjuntamente com os comandantes de OPM, a Unidade

Integrada de Saúde (UIS) e o Núcleo de Assistência Psicológica (NAPs) do CPI-3, numa visão holística, atuar com uma atenção especial para a área de saúde, realizando orientação e acompanhamento espiritual, atuando na mediação de conflitos em atenção aos policiais militares e servidores civis de seus efetivos, bem como com seus familiares e outros, e eventualmente, quando detectarem algum caso de desordem ou desequilíbrio mais grave, encaminharão à UIS ou ao NAPs, de acordo com a natureza do problema, para que, de forma integrada, consigam recuperar o indivíduo o mais rápido possível.[13]

COMO FUNCIONA?

O projeto, em sua primeira fase, promoveu reuniões de orientação aos pastores e comandantes regionais de toda a Grande São Paulo, sendo 11 comandos subordinados aos grandes comandos da Capital e Região Metropolitana de São Paulo. Essas reuniões aconteceram em datas diferentes e a presença média era de cerca de 120 pessoas. A maior delas foi na região de Osasco e contamos com quase 180 pessoas. A segunda fase, ainda em andamento, abrange os comandos do interior, sendo alcançados, até hoje, cerca de seis comandos, em um total de dez. A maior reunião no interior foi na região de Campinas, com mais de duzentas pessoas.

Nessas reuniões há a explanação, por parte do presidente dos PMs de Cristo, sobre qual o escopo do projeto. Logo em seguida, o coronel PM Camilo oferece a explicação sobre a forma de um capelão adentrar ao quartel, como abordar um policial militar, onde é possível entrar, quais são os melhores horários, a hierarquia e demais características intrínsecas do cotidiano do policial militar paulista. A pastora Dirce, funcionária dos PMs de Cristo, apresenta uma planilha elaborada,

---

[13] POLÍCIA MILITAR DO ESTADO DE SÃO PAULO. Nota de instrução CPI/1 n° 005/300/16.

onde constam todas as unidades da PM, divididas por companhias (comandadas por um capitão), batalhões (comandados por um tenente-coronel) e comandos de área (comandadas por um coronel), e as respectivas igrejas que se voluntariaram a servir nessa missão, ministrando nesses quartéis mais próximos.

Os comandantes são apresentados aos pastores e líderes das igrejas para que tenham a oportunidade de agendar uma reunião com o objetivo de tratar de detalhes, datas e horários para o início do trabalho, autorizado antecipadamente pelo comandante-geral e pelo comandante da área.

Cada ponto da reunião conta com uma ministração que chamamos "Momentos com Deus", uma breve leitura bíblica e uma pequena reflexão. Esse ponto da reunião, quando tem maior duração, transforma-se em um núcleo dos PMs de Cristo, cujos resultados do trabalho são reportados aos coordenadores regionais e ao escritório central da nossa associação.

Nesse sentido, a tropa começa a adquirir confiança no ministro, passa a tê-lo como uma referência espiritual, confessa seus pecados, pede orientação e aconselhamento, tornando o policial mais aberto, sincero, tranquilo, profissional e humanizado.

Os pastores que se prontificaram a atuar como capelães passam por um treinamento centralizado para aprenderem a promover o evangelismo sem proselitismo, sem levantar nenhuma bandeira denominacional e inclusive aprender a lidar com o policial militar, apesar das resistências, dos preconceitos e da distância. Alguns desses capelães passaram por um curso de capelania militar oferecido pela UniEvangélica, uma universidade instalada na cidade de Anápolis – GO, que nos facilitou todo o curso em EAD (ensino à distância). Hoje, os PMs de Cristo contam com mais de 100 capelães que concluíram o curso no formato EAD, estando, assim, prontos para o trabalho.

O projeto teve continuidade e várias outras reuniões aconteceram até a data de hoje, contando sempre com o entusiasmo dos capelães. Sem a participação deles e de suas igrejas, o projeto não teria a repercussão e a aceitação que tem.

QUAIS FORAM AS PRINCIPAIS DIFICULDADES? COMO AS SUPEROU?

Não restam dúvidas de que a maior dificuldade é vencer os estereótipos e os paradigmas que permeiam a mente dos policiais militares e dos comandantes contra os temas religiosos. Alguns deles pensam que o quartel não é lugar para esse tipo de coisa, que o Estado é laico e que por esse motivo não se pode confundir discurso religioso com serviço público. Outros professam diversas outras religiões que não a cristã e acabam antepondo-se ao trabalho dos PMs de Cristo.

A grande saída é um bom diálogo com os comandantes, com cada policial militar para mostrar que o projeto não tem segundas intenções, que se pode confiar nos capelães e que todos os comandantes da PM autorizaram a realização do projeto, pois estão convencidos de que se trata de algo bom, que resultará em bem para a tropa, e de que a instituição PMs de Cristo é muito respeitada por existir há longos anos e ser uma organização séria.

QUAIS FORAM OS RESULTADOS DO PROJETO?

Com esse projeto, foram alcançados o comandante-geral e seu *staff*, além de dois grandes comandos, dezessete comandos de área, e mais de oitocentas igrejas foram alcançadas durante as reuniões.

O trabalho dos PMs de Cristo cresceu vertiginosamente, o que significa que se está exigindo da diretoria o esforço para alcançar toda a PM. O reconhecimento do nosso trabalho é cada vez maior dentro da corporação. Tivemos que contratar mais pessoas para administrar o projeto, adquirir mais equipamentos, mais recursos e dedicação de tempo.

O número de núcleos dos PMs de Cristo cresceu bastante, assim como o número de pessoas envolvidas com a nossa missão. Muitos policiais cristãos evangélicos acabaram saindo do anonimato. O número de capelães voluntários cresceu e se multiplicou.

Os resultados nascerão da atuação conjunta das duas instituições, na busca de alcance de metas, objetivos, cumprimento das missões particulares, e também na busca de otimização dos recursos humanos e materiais que podem ser reunidos. Através desse interminável projeto de integração, entre igreja e polícia, será possível alcançar, respeitando e obedecendo aos objetivos da filosofia de polícia comunitária: a) maior organização do espaço urbano; b) estabelecer melhoria nas infraestruturas e nos serviços em prol da sociedade e, por fim, c) proporcionar melhorias na qualidade de vida e garantir o "nomos social".

Para as igrejas, essa parceria mais palpável e evidente irá proporcionar o desenvolvimento e o alavancamento de seu papel missionário, que é o de resgatar vidas desviadas dos valores morais e éticos, ajudando a força policial no controle da desordem e na manutenção da segurança, que é um grande problema social.

QUAIS OBJETIVOS DA INSTITUIÇÃO FORAM FAVORECIDOS OU ATINGIDOS COM ESSES RESULTADOS?

Nosso projeto procura alcançar a estratégia institucional de atender à dimensão espiritual preconizada no Sistema de Gestão da Polícia Militar do Estado de São Paulo (GESPOL), mais precisamente na diretiva de gestão de pessoas, cujo escopo é o estímulo a um clima organizacional positivo, sem, contudo, alterar o Quadro Particular de Organização (QPO) das Organizações Policial-Militar (OPM) ou onerar o erário. Ou seja, o nosso trabalho é realizado de forma voluntária, de forma abrangente e sem ônus para o Estado.

É necessário desenvolver uma forma de verificar os resultados do Projeto. No entanto, de forma geral, é possível afirmar que os seguintes objetivos definidos na NI CPI/1 n° 005/300/16 têm sido alcançados:

> 3.1 Estabelecer uma rede de atendimento e orientação espiritual aos policiais militares, bem como a seus familiares, no âmbito do CPI-3.
>
> 3.2 Melhorar a saúde dos policiais militares e servidores civis no âmbito do CPI-3, com a inclusão do serviço de atendimento e orientação espiritual, numa proposta de melhoria do clima organizacional e valorização dos profissionais, influindo diretamente na elevação da autoestima e motivação, com repercussão na produtividade, bem como, na redução do absenteísmo.[14]

EXISTE ALGUM DOCUMENTO OU MATÉRIA INSTITUCIONAL QUE VERSE SOBRE O PROJETO?

Os comandos têm emitido notas de instrução a fim de regular essas atividades, a exemplo da Nota de instrução CPI/3 n° 001/15/16, que tem por finalidade:

> Regular a criação e o funcionamento das capelanias voluntárias no âmbito do CPI-3, visando oferecer acompanhamento espiritual, nos termos da Constituição Federal de 05 de outubro de 1988, sob a Lei 6.923, em seu artigo 5, inciso VII e Lei Complementar n° 893, de 09 de março de 2001, conforme artigo 6, parágrafo 1° "...a deontologia policial-militar reúne valores úteis e lógicos a valores espirituais superiores, destinados a elevar a profissão policial-militar à condição de missão" aos policiais militares e funcionários civis, bem como a suas famílias.[15]

---

[14] POLÍCIA MILITAR DO ESTADO DE SÃO PAULO. Nota de instrução CPI/1 n° 005/300/16.

[15] POLÍCIA MILITAR DO ESTADO DE SÃO PAULO. Nota de instrução CPI/3 n° 001/15/16.

5. PROGRAMA DE CAPELANIA PRISIONAL

Presídio Militar "Romão Gomes" (PMRG) – SP
Em 18/9/1993, os trabalhos dos PMs de Cristo começaram no Presídio Militar Romão Gomes (PMRG), por meio da apresentação de um oficial que foi recebido pelo comandante do presídio na época e começou a realizar reuniões na subseção do PMRG, local conhecido como 1º estágio, onde os internos eram recebidos logo que entravam no presídio. Oficialmente, a formalização dos trabalhos deu-se com a assinatura do comandante do PMRG de uma nota de instrução, na data de 5 de dezembro de 2016. O coordenador desse programa permanente de capelania prisional, por parte dos PMs de Cristo, é o coronel da reserva da Polícia Militar do Estado de São Paulo Wagner Campos Nascimento.[16]

QUAL PROBLEMA A INSTITUIÇÃO ENFRENTAVA QUE MOTIVOU O PROJETO?
A privação de liberdade e o constrangimento moral por erro cometido produzem diversos impactos negativos na vida pessoal e familiar do policial militar sentenciado por prática de crime ou contravenção penal, tais como ruptura no relacionamento conjugal, falta de participação na educação dos filhos, dificuldades financeiras, com prejuízo ao equilíbrio emocional e à esperança na recuperação da vida pessoal e familiar, o que dificulta a superação do erro e a reconstrução da vida emocional e produtiva do policial encarcerado, bem como sua reinserção social. Na área espiritual, muitos deles desconhecem o significado da fé, tampouco do grande amor de Deus e da reconciliação que é fornecida pela morte salvadora do nosso Senhor Jesus Cristo.

---

[16] faleconosco@pmsdecristo.org.br

POR QUE A RESPOSTA A ESSE PROBLEMA PASSOU PELA CAPELANIA?

É interessante citar que o trabalho de evangelismo tem crescido de forma espetacular nos quartéis da Polícia Militar do Estado de São Paulo, onde seu valor tem sido reconhecido por muitos comandantes, que nem sequer são cristãos e que têm visto diferença naqueles que servem ao Senhor Jesus Cristo como algo bastante positivo na vida de seus policiais militares subordinados.

Desse modo, a Associação dos Policiais Militares Evangélicos do Estado de São Paulo (PMs de Cristo) está dando o suporte espiritual específico aos integrantes da Polícia Militar e à sociedade em geral; capacitando e desenvolvendo, há anos, capelães militares evangélicos formados por instituição de nível universitário a fim de que atuem no campo de serviço da capelania, e que já estão atuando no âmbito dos comandos de policiamento de área, comando de policiamento do interior, OPMs e demais unidades da Polícia Militar do Estado de São Paulo, e atuando no Presídio Militar "Romão Gomes" com a anuência e em apoio ao Comando Geral da PMESP.

O Sistema de Gestão da Polícia Militar do Estado de São Paulo (GESPOL) afirma que:

> [...] a administração de pessoal deve ser focada no estímulo de um clima organizacional positivo, considerando-se as três dimensões do ser humano: física, mental e espiritual. Essas dimensões são trabalhadas através de vários processos e programas que visam melhorar a autoestima e o desempenho do profissional, bem como reduzir o absenteísmo.

Na situação carcerária, essas dimensões humanas demandam cuidados especiais para que ocorram real superação e conscientização do erro praticado e consequente ressocialização e reintegração à sociedade.

DEFINA E CARACTERIZE SEU PROJETO. DO QUE SE TRATA?

Constituir e estabelecer no Presídio Militar Romão Gomes a capelania policial militar evangélica com especial atenção à assistência espiritual da população carcerária a fim de contribuir para a recuperação e ressocialização dos internos e reintegrá-los ao seio de suas famílias e na sociedade, bem como aos policiais militares e servidores civis do presídio e de seus respectivos familiares.

Prestar serviços de assistência espiritual, através da Palavra de Deus, para favorecer a reabilitação da vida e a reinserção social.

Este projeto já foi redigido em nota de instrução do Presídio Militar Romão Gomes, discutido em seus itens pelos ministros do evangelho e capelães dos PMs de Cristo que exercem atividades eclesiásticas com a população carcerária e com o efetivo do PMRG, e foi instituído por nota de instrução em dezembro de 2016.

COMO FUNCIONA? OU COMO FUNCIONOU?

Respeitando-se a liberdade de escolha religiosa garantida pelas leis vigentes e sem interferir com as demais denominações evangélicas que também realizam a obra de Deus no Presídio Militar Romão Gomes, a capelania militar evangélica do PMRG já está atuando, por meio dos ministros evangélicos e capelães dos PMs de Cristo com a população carcerária e com o efetivo do Romão Gomes por meio da realização do curso de hombres, *Homem ao máximo*, da Universidade da família, com ministrações de cultos e evangelismo e com o atendimento familiar em dia de visitas aos internos dessa instituição penal. A coordenação de todo o trabalho cristão evangélico no PMRG ficará a cargo dos PMs de Cristo.

Há cerca de trinta anos iniciou-se um trabalho de evangelismo no seio da Polícia Militar do Estado de São Paulo pelo então, primeiro-tenente PM Odilon Gonzaga, nas dependências da atual Corregedoria PM, onde o citado oficial psicólogo foi designado para comandar o pelotão de recuperação de PMs que tinham dependência alcoólica.

Uma das ferramentas de trabalho utilizada, aliás a principal, foi a Bíblia Sagrada, haja vista que ele, sendo cristão evangélico, valeu-se do amor de Jesus Cristo para levar salvação aos policiais militares com problemas de alcoolismo, por ser este um grande problema na corporação.

O trabalho foi tão profícuo que algum tempo depois, já como oficial superior, Odilon Gonzaga passou a exercer esse trabalho evangelístico no Presídio Militar Romão Gomes às sextas-feiras, quando convidava, a princípio, oficiais e praças cristãos evangélicos, bem como membros da liderança de suas respectivas igrejas para pregarem a Palavra de Deus aos internos do PMRG que cumpriam pena privativa de liberdade. O pastor e o segundo-tenente PM Pedro Acácio da Silva passaram a fazer trabalho idêntico às quartas-feiras. Grande parte dos irmãos que realizavam tais visitas era da Associação dos Policiais Militares Evangélicos do Estado de São Paulo (PMs de Cristo).

No ano de 2004, foi realizada uma reunião no Serviço de Subsistência da PMESP, no bairro da Luz, com todos os pregadores dos PMs de Cristo que visitavam o PMRG. O coronel PM Odilon permaneceu na condição de coordenador dos trabalhos e a escala passou a ser organizada pelo coronel Wagner, que, no ano de 2012 viria a assumir a coordenação da capelania prisional dos PMs de Cristo no PMRG.

Os PMs de Cristo incentivaram a participação de líderes colaboradores no curso *Homem ao Máximo*, da Universidade da Família. Em seguida, o curso passou a ser ministrado no presídio militar para os internos que cumprem pena privativa de liberdade.

Alguns capelães voluntários foram capacitados por meio do curso de capelania pela UniEvangélica, de Goiás, que fez uma parceria com os PMs de Cristo e que tem formado vários capelães, no formato de extensão universitária, para atuar na capelania prisional do PMRG.

QUAIS FORAM AS PRINCIPAIS DIFICULDADES? COMO AS SUPEROU?

A princípio, houve um pouco de resistência para se instalar a capelania voluntária, por ser algo novo. No entanto, à medida que nos reuníamos com o comandante da unidade e seus subordinados, fomos esclarecendo os pontos que geravam certas dúvidas. De comum acordo, tudo foi sendo superado e as dificuldades foram suplantadas quanto à execução do projeto junto aos internos do Presídio Militar Romão Gomes. Devido ao estado emocional e à carência afetiva por que passam os internos, pelo fato de estarem privados da liberdade e separados de seus familiares, a receptividade aos trabalhos exercidos pelos capelães dos PMs de Cristo no presídio é muito grande, havendo pouquíssima resistência. Assim, essas resistências foram vencidas pela permanência e pela constância dos trabalhos desenvolvidos, quase diariamente, e acabaram por atrair os mais reticentes integrando-os aos trabalhos.

QUAIS FORAM OS RESULTADOS DO PROJETO?

Apesar de não ter havido nenhuma avaliação objetiva de resultados, são evidentes os seguintes fatos:

1. A conversão de vários internos ao evangelho, a melhoria quanto ao absenteísmo de modo geral e, principalmente, a valorização espiritual dos policiais militares, tanto do efetivo quanto dos internos.
2. A aceitação por parte do comando da unidade, com respeito aos PMs de Cristo e aos trabalhos realizados em todo o Estado.

3. A melhoria do relacionamento familiar entre os integrantes do presídio e entre os irmãos de farda, o que ajudou a melhorar o clima e o ambiente.

QUAIS OBJETIVOS DA INSTITUIÇÃO FORAM FAVORECIDOS OU ATINGIDOS COM ESSES RESULTADOS?

O projeto tem ajudado na recuperação moral, espiritual e na reabilitação do policial militar que está cumprindo pena privativa de liberdade, bem como a seus familiares a superarem a separação sofrida pelo cárcere. Os objetivos organizacionais de melhorias na gestão de recursos humanos, especialmente os voltados para a valorização do policial militar e suas condições psicossociais e espirituais.

EXISTE ALGUM DOCUMENTO OU MATÉRIA INSTITUCIONAL QUE VERSE SOBRE O PROJETO?

Atualmente, temos a Nota de Instrução n° PMRG-001/011/2016, de 5 de dezembro de 2016, que regula a atividade de capelania no presídio.

6. EXPERIÊNCIA DE UMA CAPELA-CONGREGAÇÃO

Capela evangélica da Força Aérea Brasileira em Belém

No dia 25 de junho de 2015, o segundo-tenente Claudio Britto,[17] capelão pastor da Força Aérea Brasileira (FAB) no I Comando Aéreo Regional (COMAR), assumiu a capela na vila militar da FAB em Belém. Desde então, vem desenvolvendo um programa de trabalho no formato de uma capela-congregação, em razão da concentração de militares na região onde funciona a capela.

---

[17] claudiobritto01@gmail.com

QUAL PROBLEMA A INSTITUIÇÃO ENFRENTAVA QUE MOTIVOU O PROJETO?

É grande a quantidade de militares da FAB, cristãos evangélicos, que chegam transferidos de outras guarnições e não se adaptam em um primeiro momento às igrejas perto de suas casas. Muitos se encontravam na situação de "cristãos sem igreja". A capelania foi construída perto das vilas militares, possibilitando a essas famílias fazerem parte de uma congregação multidenominacional, com santa ceia mensal, batismos, ministérios e tudo o que a maioria das igrejas possui.

POR QUE A RESPOSTA A ESSE PROBLEMA PASSOU PELA CAPELANIA?

É função da capelania, descrita em regulamentação específica do serviço religioso da Aeronáutica, dar assistência religiosa e espiritual aos militares e dependentes. O programa de trabalho da capela é uma das formas de ministrar essa assistência. Outras atividades são desenvolvidas pela capelania para atingir sua finalidade.

DEFINA E CARACTERIZE SEU PROJETO. DO QUE SE TRATA?

A capela funciona como uma igreja sem ligação com denominação específica, que serve aos militares e dependentes da FAB e de outras forças e aos civis que nela desejam congregar. O objetivo da capela é discipular seus integrantes à luz dos ensinamentos bíblicos, ensiná-los a discipular outras pessoas, oferecer um ambiente de comunhão, praticar o evangelismo, proporcionar cultos de adoração e dar oportunidade para o serviço cristão. Dessa forma, a capela possui 32 ministérios em que seus integrantes podem escolher como e onde servir.

COMO FUNCIONA?

As reuniões são às quartas-feiras, à noite, e aos domingos pela manhã e noite. Quartas e domingos são cultos públicos.

Domingo pela manhã é a escola bíblica. Às sextas-feiras à noite, como uma extensão da capelania, funcionam grupos de estudo e comunhão nas vilas militares.

QUAIS FORAM AS PRINCIPAIS DIFICULDADES? COMO AS SUPEROU?

A principal dificuldade foram as múltiplas denominações existentes na capela. Militares vindos de várias cidades, culturas e igrejas diferentes convivendo em um mesmo lugar. Pensamentos diferentes sobre predestinação, batismo com o Espírito Santo, formas de batismo, dom espiritual de línguas, ordenação pastoral feminina, e diversos outros assuntos inicialmente foram difíceis de conciliar. Entendemos que Deus nos deu a estratégia da simplicidade, de não nos parecermos com nenhuma denominação, mas, sim, de cumprirmos em nossos cultos e no dia a dia o que é essencial em todas as igrejas evangélicas: oração, estudo e pregação da Palavra e adoração. Essa estratégia de simplicidade deu certo. Em um ano, a capela saiu de 10 para 150 integrantes.

QUAIS FORAM OS RESULTADOS DO PROJETO?

Cerca de 20 batizados em um ano, conversões, famílias que por anos não participavam ativamente de uma igreja finalmente acharam um lugar para congregar, reconciliações e atendimento social e espiritual à família militar e a civis que aderiram à causa da capelania militar.

QUAIS OBJETIVOS DA INSTITUIÇÃO FORAM FAVORECIDOS OU ATINGIDOS COM ESSES RESULTADOS?

Ter militares espiritualmente bem influenciou diretamente no dia a dia no trabalho e na família. Temos, por exemplo, vários pilotos que são integrantes da capela. Cremos que eles executam melhor seu trabalho pelo fato de estarem espiritualmente equilibrados.

CAPÍTULO X

COMPARTILHANDO EXPERIÊNCIAS

Gisleno Gomes de Faria Alves

Neste capítulo, quero compartilhar com você algumas experiências que vivi como capelão militar, de forma que possa ilustrar de maneira bem prática alguns aspectos tratados nos capítulos anteriores. Trata-se de experiências pessoais, que não devem ser lidas como regra de fé e prática ou como única forma correta de se fazer algo. Mas entendo que Deus tem operado em minha vida e que tenho conseguido cumprir a missão de capelão para a qual ele me chamou, ainda que com muitas limitações.

Obviamente, não sou a pessoa mais experiente no assunto; afinal de contas tenho apenas 35 anos de idade e treze de ministério, sendo oito na capelania da PMDF. No entanto, estou certo de que algumas coisas que vivi e aprendi podem ser instrumento de edificação para alguns que desejam conhecer melhor o trabalho de um capelão.

1. CONSCIÊNCIA DO CHAMADO DE DEUS

Vimos até aqui que a capelania é um ministério específico, um serviço prestado em um campo missionário peculiar. No Capítulo VII, "Perfil do capelão", o capelão Lacerda nos mostrou que, no caso do capelão militar, é necessária a tríplice vocação: para ser militar, para ser pastor e para ser capelão. Isso porque ser capelão militar é algo mais do que ser um militar que também é pastor. Foi dito também que sem a firmeza que vem da consciência de que foi chamado por Deus para estar onde está, o capelão tenderá a sucumbir diante das adversidades. Para mim, isso está na base de sustentação de qualquer ministério. Se há algo que tranquiliza o meu coração e me impulsiona a avançar na capelania, mesmo diante de resistências, dificuldades e tribulações, é a minha convicção de que Deus me chamou e me designou para isso! A conclusão é: se ele me designou, então ele está comigo, e o meu trabalho terá frutos. Por isso, sigo em frente.

Como alguém pode ter convicção e consciência do seu chamado? Estou convencido de que quando Deus nos chama para uma missão, ele põe um fervor no nosso coração em relação a seu chamado e faz com que as circunstâncias e as nossas vidas convirjam para estarmos onde ele quer, no momento que ele deseja.

Mesmo antes de ser capelão da PMDF, comecei a sentir um interesse fora do normal pela Segurança Pública e um amor muito grande pela Polícia! Comecei a interceder pelos policiais com fervor no coração. Eu sentia que precisava fazer isso! Entendo que Deus é quem desperta isso em nós.

Sobre a convergência entre as circunstâncias e a minha vida rumo à capelania da PMDF, eu poderia escrever um livro à parte. Mas posso citar alguns exemplos:

1. Aos 17 anos, quando anunciei à minha família meu desejo de cursar Teologia e ser pastor, minha mãe me disse que daria todo apoio desde que eu também fizesse um curso secular que me permitisse passar em um concurso[1].

---

[1] Na época, estava iniciando o processo de reconhecimento dos cursos de Teologia. Na época, o bacharel em Teologia ainda não era considerada habilitação para cargos de nível superior em concursos. Além disso, em Brasília, quase toda mãe de um adolescente sonha em vê-lo passar em um concurso público. A minha não era diferente!

Escolhi Psicologia e sempre busquei integrar as duas formações, pensando em algum trabalho no qual eu pudesse integrá-las na minha atuação. Naquela época eu não tinha nada em vista. Depois que me tornei capelão, a cada dia vejo que Deus atendeu a esse desejo do meu coração. Até onde sei, a capelania é o local mais apropriado para fazer bom uso das minhas duas formações. Vejo que a mão de Deus me preparou para esse ministério.

2. Quando saíram os editais dos concursos de capelão da PMDF e do CBMDF, eu nem sequer havia decidido me inscrever. Minha alegação era de que havia uma vaga só em cada corporação e que era descabido eu concorrer com meus mestres, pois o cargo era muito visado. Eu já era servidor do Ministério Público Federal. Minha mãe, ao saber disso, disse que iria fazer a minha inscrição por sua conta. Eu disse a ela: "Então, por favor, faça somente para a PMDF. Se Deus quiser que eu seja capelão, tenho certeza de que será na Polícia Militar!" Daí em diante, foi uma longa história. Resumindo, vi a mão de Deus em cada momento, em cada fase do concurso: fiquei em segundo na prova objetiva, por um item[2]; quase perdi a avaliação psicológica; consegui atingir as exigências do teste físico somente na semana do teste, depois de muito sofrimento e preparação; no exame médico, fui surpreendido por um laudo de isquemia miocárdica, condição incapacitante para ingresso, que não se confirmou após realização de um exame mais específico; meu diploma de convalidação do curso de teologia, com a finalidade de preencher o requisito de curso reconhecido pelo MEC, foi disponibilizado exatamente durante

---

[2] Após a publicação do resultado da primeira fase, fiquei sabendo que o primeiro colocado não preenchia os requisitos para ingresso e que futuramente ele seria eliminado.

a semana em que eu precisava comprovar o requisito. Fora isso, foram muitos outros acontecimentos. Em cada etapa vencida, vi claramente que eu precisava fazer o meu melhor e, ainda assim, depender de Deus.

3. Ao final do certame, o primeiro colocado, reverendo Valdemar Arend, foi eliminado e recorreu pela via judicial. Foi concedida liminar para que se reservasse vaga até que o mérito de sua petição fosse julgado. Tendo em vista que só existia uma vaga, qualquer expectativa de nomeação havia se acabado. Diante disso, fui ao templo militar da PMDF fazer minha primeira oração naquele lugar. Eu disse a Deus: "Senhor, eu não preciso deste emprego. Tenho outras possibilidades profissionais mais promissoras em termos de carreira e salário.[3] Entendo que a capelania é um ministério, não somente uma profissão. Por isso, a partir de hoje, ponho diante de ti toda a minha ansiedade. Fiz tudo o que pude. Agora está em tuas mãos, porque é impossível aos meus olhos. Se o Senhor tem este ministério para outra pessoa, mantenha a porta fechada para mim e coloque quem o Senhor quiser. Mas, se esse é o meu chamado e se o Senhor realmente quer que eu assuma esta missão, o desafio agora é só teu. O Senhor terá que providenciar uma saída, porque, para mim, não há mais o que fazer. Está em tuas mãos..." Um mês e meio depois, no dia 03/04/2009, fui nomeado. A corporação entendeu que o risco de ficar com dois capelães pastores era mais interessante para a administração do que o risco de ficar sem nenhum. Deus trabalhou nesse processo. Futuramente, ficamos os dois. E foi uma grande bênção!

---

[3] Na época, o quadro de capelães previa 10 anos como primeiro-tenente e 20 anos como capitão. Não se tratava de uma boa carreira. Então, assumir o cargo de capelão significava assumir perdas em médio e longo prazo.

4. No dia 8/5/2009, aos 27 anos, fui apresentado à corporação no culto de ações de graças pelos 200 anos da PMDF. Era a primeira vez que eu usava a farda. Em um dado momento do culto, quando era repetido o refrão de um cântico que dizia "incomparáveis são tuas promessas... pra mim", eu me recordei de algo que havia acontecido em uma reunião de oração dez anos antes daquele momento. Em meados de 1999, uma senhora, depois de um momento de oração, dirigiu-se a mim e disse: "Deus está te concedendo o dom da Palavra. Ele me mostrou você com uma roupa muito bonita, com uns broches que representavam autoridade. Era tipo um uniforme. E você estava ministrando a Palavra de Deus. Na sua frente tinha uma multidão com uma roupa igual à sua. Não sei direito o que é; nem quando isso vai acontecer. Mas vai acontecer!" O fato é que aconteceu em maio de 2009! Aquilo que ninguém havia entendido em 1999, estava se revelando claramente no dia em que fui apresentado como pastor capelão da PMDF, diante de 1.300 policiais militares fardados! Naquele dia, sentado em uma cadeira no altar da Igreja Batista Central de Brasília, eu chorei muito diante do Deus que me arregimentou. Em poucos minutos, vi o filme da minha vida. Quando me levantei para proferir o meu primeiro sermão como capelão da PMDF, posicionei-me de uma vez por todas como alguém convicto de que fora preparado, chamado e enviado por Deus para aquela missão!
5. Em agosto de 2009, ainda no Curso de Habilitação de Oficiais Capelães, fui liberado pelo comando para participar do Congresso da União dos Militares Cristãos Evangélicos do Brasil (UMCEB) em Alagoas. No dia final do evento, momentos antes de os capelães ministrarem a ceia do Senhor, fui procurado por uma senhora, serva de Deus, que eu ainda não conhecia. Tratava-se

da missionária Gina Rajah, representante da Associação Cristã para Conferências, Ensino e Serviço (ACCTS) na América do Sul, viúva do Reverendo Valvakan Rajah, capelão-chefe das Forças Armadas do Zimbábue. Mesmo sem me conhecer e tomada de intrepidez espiritual, a irmã Gina disse ter sido tocada pelo Espírito Santo para orar comigo. Ela me disse que o Senhor estava confirmando mais uma vez que havia me escolhido para ser capelão militar e que estava derramando uma graça especial sobre minha vida e capacitando-me para uma grande obra. Disse, mesmo sem me conhecer, que sentia muita esperança em meu ministério como capelão. Após orarmos juntos, ela me pediu que celebrasse a ceia vestindo a estola que seu falecido marido utilizava nas celebrações. Fiz isso com muito carinho, temor e tremor! Foi uma honra inexplicável! Esse acontecimento foi muito significativo para mim, por ter partido de alguém tão capacitada, experiente e relevante no ministério da capelania. Daí em diante, a missionária Gina se tornou uma "mãe ministerial" para mim.

Em decorrência da convicção e da consciência de que fui chamado por Deus para ser capelão e de que estou onde ele quer que eu esteja, acredito firmemente que esse trabalho gerará frutos, que nunca seremos vencidos pelas dificuldades, que só estou aqui porque Deus quis, que preciso fazer o meu melhor para a glória dele e que a mão do supremo Comandante direcionará todas as coisas conforme lhe apraz. Esse é meu antídoto contra a apatia, o medo e a vaidade.

Esses conceitos trazem segurança. Por exemplo, para quem está consciente de si e de seu chamado, é plenamente possível ter alguém da equipe mais qualificado em alguma área e deixar que essa pessoa se destaque sem se sentir intimidado! Quando isso ocorre na minha equipe, entendo que o trabalho do colega engrandece o Reino e a capelania. É necessário reconhecer que ninguém tem todos os dons e que ninguém é 100% em todas as áreas. Ter colaboradores bons em diversas áreas é o ideal. Com isso, posso ter tranquilidade para me aperfeiçoar para cumprir a missão para a qual Deus me designou. Com uma experiência semelhante nesse sentido, o capelão Barry Black[4] afirma: "Tornei-me um contínuo aprendiz, trabalhando diligentemente para reforçar o que eu tinha de forte e compensar o que tinha de fraco".[5] Se entendo quem sou eu em Cristo e qual é seu propósito para a minha vida, tenho segurança para assumir quem sou e reconhecer quem os outros são, superando os melindres e as competições.

Convicção e consciência do chamado também trazem segurança para ousar, para propor e para enfrentar desafios, sempre na dependência do Senhor. Nos momentos em que fui questionado no exercício da minha função, porque era de baixa patente ou por outra razão qualquer, não fui a Deus pedir mais estrelas nos ombros[6] para ter mais poder. A minha oração tem sido: "Senhor, dá-me poder de convencimento, transformando vidas e realidades por meio do nosso trabalho. Dá-me graça perante as autoridades. Mesmo que seja para falar um minuto, que seja um minuto com a tua unção. Se, de tudo, minha atuação não for o suficiente, libera diretamente a tua Palavra. Se hoje o decreto humano é contrário à tua vontade, libera o teu decreto! Pois, se as estrelas do céu se submetem à tua vontade, quanto mais as estrelas dos homens!

---

[4] Barry Black é atualmente um exponente entre capelães do mundo todo. Oriundo de uma família muito simples de um gueto norte-americano, foi ordenado ao ministério pastoral da Igreja Adventista e tornou-se capelão da Marinha dos Estados Unidos, vindo a ser o primeiro capelão-chefe negro dessa Força. Depois de ingressar na reserva militar, tornou-se capelão do Senado dos Estados Unidos.

[5] BLACK, Barry. *Sonho impossível*. Tatuí-SP: Casa Publicadora Brasileira, 2013. p. 21.

[6] "Estrelas" no ombro é uma referência aos postos do oficialato. Quanto mais estrelas, maior o posto e maior a autoridade.

Nada pode resistir ao decreto do Senhor dos Exércitos!". O que seria de mim sem a certeza de que o Senhor está comigo? Ele tem ouvido nossas orações e tem nos abençoado.

Essas coisas levam-me aos conselhos de Barry Black[7] para quem assume uma função de liderança: mantenha uma boa forma espiritual; reúna um grupo forte ao seu redor; aprenda a ser decidido; comunique-se com eficácia; lembre-se do 'fator gente'; lembre-se de que foi Deus quem o pôs onde você está; e lembre-se das suas raízes. Tenho procurado seguir essas orientações.

2. TRABALHO E PERSISTÊNCIA

Barry Black relata uma parte da história de sua brilhante carreira que chamou a minha atenção:

> Esperar pelo inesperado levou-me a abraçar a diligência. Disseram-me que o dicionário era um dos poucos lugares em que o sucesso vem antes do trabalho. Alguém me desafiou com a declaração de que, frequentemente, perdemos oportunidades porque elas vêm disfarçadas de trabalho. Comecei a sentir que o trabalhador mais aplicado, não necessariamente o mais talentoso, é quem ganha o prêmio.[8]

Compreendi essa realidade muito cedo. Quando ingressei na corporação, em 2009, a capelania não tinha recursos humanos nem materiais suficientes nem estrutura. Poucas pessoas sabiam que existia assistência religiosa e, entre os que sabiam, a maioria associava capelania a ofícios fúnebres. As atividades nos quartéis eram poucas. Era praticamente necessário suplicar para que se realizasse alguma atividade nas unidades operacionais.

---

[7] BLACK, Barry. *Sonho impossível*, p. 214-215, nota 6.
[8] BLACK, Barry. *Sonho impossível*, p. 22.

Quando me deparei com essa realidade, não fiquei cobrando o reconhecimento dos outros nem me queixando das faltas. Comecei a trabalhar. Visitei quase todos os gabinetes da corporação, apresentando-me e explanando as atividades da capelania a cada comandante de unidade e a todo o Alto Comando. Durante os três primeiros anos, fui a quase todas as cerimônias de passagem de comando e ofícios fúnebres. Fiz vários cursos operacionais e tratei de conhecer os quatro cantos da nossa corporação. Investi muito tempo em reuniões e comissões para tratar de projetos e legislações do interesse da capelania. Trabalhei manhã, tarde e noite. Depois desse período inicial, conseguimos montar uma equipe satisfatória, reunir bons recursos materiais e logísticos, uma legislação apropriada e portas abertas para atuar em toda a corporação. Hoje tenho com quem dividir a carga, mas a demanda continua crescendo. Temos que atender de forma organizada dentro dos nossos limites. Atualmente, há solicitações que não conseguimos atender, pois a agenda da capelania está sempre cheia.

O trabalho bem executado produz resultados. O trabalho da assistência religiosa produz transformação de vidas e de relacionamentos. E esse resultado é inquestionável. Ninguém pode se opor a uma atividade que reduz o suicídio, que ajuda o policial a superar seus problemas e voltar a trabalhar de forma satisfatória. Penso que todo capelão deve cultivar a prática de colher depoimentos, realizar pesquisas e confeccionar relatórios. Dar publicidade ao que se tem feito é algo fundamental, pois isso torna a capelania muito mais sólida.

Sobre isso, Barry Black escreve:

> [...] oficiais de alta patente em outras áreas do serviço militar às vezes se convencem de que a religião e a espiritualidade não agregam muito valor para a prontidão militar nas missões e que, por isso, não precisam de tanto apoio financeiro. Isso significa que os capelães precisam estar alerta, divulgando o

valor que agregam às missões. E eles precisam repetir isso todas as vezes que um novo comandante assume seu posto.[9]

É o que tenho buscado fazer desde quando ingressei, especialmente em relação ao Alto Comando. Com o apoio da Ação Missionária dos Militares Evangélicos, produzimos Bíblias personalizadas e matérias de divulgação dos nossos trabalhos. Sempre que um novo comandante ou chefe assume, fazemos uma visita para entregar-lhe a cortesia e orar por ele. Isso tem sido muito importante.

Não há outro caminho para um ministério de capelania bem-sucedido que não passe pelo trabalho persistente. Trata-se de um ciclo: trabalho gera resultados. Resultados geram credibilidade. Credibilidade gera recursos. Recursos trazem melhores condições para o trabalho, o que gera resultados ainda melhores...

3. MENTOREAMENTO

É imprescindível que o capelão tenha formas saudáveis de descarregar o estresse, as tristezas e lamentações. Trabalhar é muito bom e gratificante. Mas dentro de certos limites. Creio que é necessária uma intensificação em determinados momentos; no entanto precisamos cuidar de nós mesmos e da família. A família é o ministério principal de todo cristão.

Além disso, somos seres humanos e precisamos ser ministrados! Prestar assistência religiosa e espiritual, por mais que seja algo maravilhoso e realizador, também nos desgasta e nos traz cargas, pesos e demandas pessoais. Tanto no quartel, quanto no presídio, no hospital ou no cemitério, há situações que nos sugam e estressam conosco. Por isso, precisamos de escapes e de mentoreamento. A quem você recorre quando

---

[9] BLACK, Barry. *Sonho impossível*, p. 211, nota 6.

precisa de ajuda? Em quais ombros você chora? Quem tira as suas dúvidas e lhe dá orientação? O capelão que não possui resposta a esses questionamentos é um capelão vulnerável e enfraquecido, por mais que tente parecer o contrário.

Com muita razão, Barry Black afirma: "[...] a vida sem mentores deve ser exasperadora. Fui abençoado com pessoas que acreditaram em mim, que sempre tinham uma palavra de ânimo para que eu acreditasse que o amanhã pode ter um brilho maior que o hoje".[10] Tenho muitas razões para concordar com ele.

Certa vez, ao terminar o culto fúnebre no velório de uma policial, percebi que na outra capela estava sendo velada uma criança e que lá havia muitos policiais. Cheguei mais perto para ver se poderia servir de alguma forma e verificar o que havia ocorrido. Fui informado da seguinte situação: o menino tinha cerca de 5 anos de idade e era filho de pais separados. De vez em quando, o pai ficava com o filho em sua casa. Em um desses finais de semana, o carro do pai desengatou e esmagou o filho contra a parede, levando-o ao óbito. A cena que vi naquela capela foi uma criança linda em um caixão, o pai de um lado do caixão e a mãe do outro. A imagem de separação era ainda mais contundente e irremediável. Senti um ambiente de terror, indignação e culpa. Corri para o estacionamento, entrei no meu carro e chorei por uns vinte minutos, orando a Deus. Meu filho mais velho tinha a mesma idade do garoto que estava sendo velado. O que houve comigo a psicanálise chamaria de um mecanismo de identificação e transferência. Naquele momento fiquei fora de combate! Liguei para a minha esposa, conversei com outros colegas e busquei a Deus para superar as minhas fraquezas que se tornaram evidentes naquele momento.

Em muitas outras ocasiões precisei do apoio dos meus mentores e do conforto dos meus amigos. Um dos dias que

---

[10] BLACK, Barry. *Sonho impossível*, p. 39, nota 6.

mais fraquejei foi quando faleceu, vítima de três cânceres seguidos, meu companheiro de trabalho, o reverendo Valdemar Arend, então capelão-chefe da Assistência Religiosa da PMDF. Nós nos tornamos irmãos trabalhando e sofrendo juntos. Vivenciamos um relacionamento fraterno verdadeiramente cristão. Digo isso porque sempre "concorremos" naturalmente à mesma vaga no concurso, nas promoções e na chefia, mas, desde que nos conhecemos, fomos capazes de abrir mão um para outro e compartilhar ônus e bônus. Nosso relacionamento tornou-se tão fraterno que, na única vez que "discutimos" mais incisivamente, o motivo era que ele queria abrir mão de sua antiguidade determinada pela justiça. Ele queria fazer isso em meu favor, dizendo que os méritos dos avanços da capelania até então eram meus. Eu não aceitei porque, se isso ocorresse, ele jamais chegaria ao último posto, uma vez que eu iria para a reserva muito depois dele, por ser 12 anos mais novo. Além disso, ele já havia passado por um câncer e eu entendia que, se a enfermidade retornasse, ele poderia ser reformado e, nesse caso, era melhor que ele estivesse em um posto mais alto. No final, ele ficou com a chefia da capelania. Como esse irmão me faz falta!

Uma sensação bizarra foi preparar, junto com sua viúva, a farda que o vestiria no velório. Escolhemos a túnica branca, que era usada em solenidades de promoção, porque já havíamos debatido anteriormente que a morte de um cristão era uma promoção, já que o viver é Cristo e o morrer é lucro. Foi um misto de sentimentos: a dor da perda e a alegria da certeza de que ele já estava com o Senhor! Como fui confortado pela presença dos colegas capelães e dos irmãos da nossa equipe nesse momento! Não dava para seguir só!

Desde o início da minha carreira como capelão militar, pude contar com dois importantíssimos mentores: o reverendo Walter Mello, tenente-coronel capelão do Exército Brasileiro e o reverendo Aluísio Laurindo, capitão capelão do Corpo de Bombeiros do Estado do Pará. Dois batalhadores incansáveis da ACMEB. Desses homens, recebi os primeiros livros e orientações sobre capelania, as primeiras insígnias de capelão, os modelos de planos de trabalho; enfim, as coisas essenciais de que eu precisava para começar o meu ministério. São ministros que representam para mim segurança e um ombro amigo. Sem dúvida, são meus mentores.

Além disso, é imprescindível cultivar um bom relacionamento familiar. Quando a esposa apoia e participa do ministério do capelão, ele terá mais solidez no trabalho bem como conforto e refúgio em casa. Essa cooperação é necessária especialmente quando a missão de capelania exige viagens ou atividades fora do horário normal de serviço. Faço questão da participação da minha esposa nas minhas atividades, sempre que possível. Também gosto de deixar meus filhos inteirados sobre meu ministério. Recentemente tive a honra de batizar o meu filho mais velho no templo militar da PMDF. Foi uma grande alegria para a nossa família!

4. ORAÇÃO

Quando analiso a vida do capelão Bounds, de Charles Finney, entre outros, sou obrigado a concluir que não posso me apresentar como um homem de oração. No entanto, a oração tem sido algo preponderante no desenvolvimento do meu ministério como capelão. Já citei alguns exemplos de orações que fiz anteriormente. Aqui relato alguns testemunhos sobre como a oração tem sido parte integrante desse ministério.

Primeiramente, estou certo de que fui um capelão gerado em oração. Quando terminei o curso de habilitação e iniciei definitivamente o trabalho de capelania, fui abordado por vários irmãos e irmãs da AMME, a Ação Missionária dos Militares Evangélicos, entidade que prestou assistência religiosa na PMDF de 2000 a 2009, dizendo que estavam orando por mim havia quase dez anos, mesmo sem me conhecer. Durante o período que a corporação ficou sem capelão pastor, esses irmãos batalharam e intercederam para que Deus enviasse um novo capelão. Nunca vou me esquecer do abraço emocionado que recebi da irmã Beth, que me dizia: "Deus ouviu minhas orações e enviou você! Tão jovem e tão cheio da graça de Deus!" Nunca vou me esquecer das palavras do fundador da AMME, Luís Carlos Dias, algum tempo depois que eu havia ingressado: "Você é exatamente do jeito que nós pedimos a Deus em oração. Foram quase dez anos de luta e oração, mas o 'presente' chegou do jeito que foi 'encomendado'." Essas coisas nos emocionam e nos fortalecem.

No dia a dia, sob a influência dos PMs de Cristo de São Paulo, adotamos o Projeto Ore Pela sua Polícia, o qual incentiva a comunidade religiosa a se envolver com a segurança pública e a se comprometer com a oração pela Polícia. Dentro desse projeto, tivemos vários testemunhos de pessoas que relataram odiar a Polícia e que, após as explicações da capelania, passaram a compreender melhor a realidade da segurança, a orar e até amar os policiais.

Esse projeto fez nascer uma sala de oração na capelania, onde pessoas de diversas denominações se organizam em turnos para interceder pela nação e por temas estratégicos de interesse nacional. Além da cobertura de oração que a sala oferece à corporação, ela promove a união entre cristãos e o bom relacionamento entre a Polícia e a comunidade. Além dessa iniciativa, existem vários grupos de oração pela Polícia nas redes sociais.

Eu particularmente criei um grupo de intercessão com pessoas de confiança, com as quais possa compartilhar situações pessoais ou profissionais mais sensíveis. Chamo de Batalhão de Orações Especiais! Só os aciono para assuntos específicos e de extrema necessidade.

Em relação ao serviço operacional, houve duas situações críticas para a corporação, nas quais a capelania foi chamada para oração: as manifestações populares em 2013 e a votação do *impeachment* em 2016.

Em 2013, no auge das manifestações populares, recebi uma ligação do Comando Geral solicitando a minha presença no gabinete. Quando cheguei lá, o comandante-geral, coronel Jooziel Freire, que era pastor presbiteriano e entendia o valor da oração, estava reunido com toda a cúpula da segurança pública do Distrito Federal. Estava montado ali o gabinete do comando da operação. Em seguida, o comandante-geral me apresentou aos demais da seguinte forma: "Este é o nosso capelão, o mais novo integrante da nossa equipe atual. Sua função será interceder por nós e pela tropa, para que tomemos as decisões corretas e tudo corra bem na Esplanada dos Ministérios". Então convidei mais três pessoas para estarem comigo em oração na sala ao lado. À medida que surgia alguma situação específica, nós focávamos a oração. Eram aproximadamente 45.000 pessoas na Esplanada, com a presença de *black blocks* e pessoas com coquetel *molotov*. Nunca tínhamos enfrentado uma situação parecida a aquela! Em um dado momento, a multidão deslocou-se para o palácio do Itamaraty. Pelas câmeras, dava para identificar pessoas com disposição e material suficientes para depredar e incendiar o palácio. O único recurso capaz de impedir isso com a força e a rapidez necessárias era o choque montado, um esquadrão da cavalaria especializado para esse tipo de operação. Todavia, o resultado seriam centenas de feridos! Rapidamente, pedimos a Deus que nos desse outra saída, que fizesse um milagre. Para a surpresa de todos, saíram cinco policiais de dentro do Itamaraty, um deles com a bandeira do Brasil na mão, fazendo gestos para conter a multidão... e a multidão parou! Digo que isso é um milagre porque é fora do normal, é sobrenatural. Deus ouviu nossas orações naquele dia!

Outra situação peculiar ocorreu em 2016. Duas multidões de aproximadamente 80.000 pessoas cada uma, com interesses diametralmente antagônicos, encontraram-se em frente ao Congresso Nacional para acompanhar a votação do *impeachment* de Dilma Rousseff. A análise fria, aos olhos humanos, mostrava evidência de que haveria confronto e que muitos manifestantes e policiais seriam feridos. Como impedir uma briga generalizada de 160.000 pessoas com emoções à flor da pele? A PMDF conseguiu! Com muito trabalho e a graça de Deus!

Naquele dia, toda a corporação foi mobilizada. O policiamento foi organizado em alguns batalhões estratégicos em turnos compostos por milhares de policiais militares. Todos os órgãos de segurança do Distrito Federal se organizaram e agiram com antecedência, cada um em suas atribuições. Foram construídas duas barreiras para separar os dois grupos (de um lado os favoráveis; do outro lado os contrários ao *impeachment*) e foi montado um forte esquema de segurança para evitar que qualquer objeto que pudesse ser utilizado como arma fosse levado ao local das manifestações (foram recolhidos milhares de objetos que seriam utilizados como arma branca). Havia muita apreensão entre as autoridades e a tropa porque o prognóstico da situação não era nada bom.

Diante disso, a capelania instituiu a "Prontidão de oração", na qual integrantes da sala de oração estiveram no templo militar da PMDF durante a manifestação, intercedendo pelo país e para que não houvesse incidentes. Enquanto isso, os capelães passaram pelos quartéis em que havia concentração de efetivo, para realizar uma breve reflexão sobre a Palavra de Deus e orar com os policiais. Naquela ocasião, nossas reflexões levaram em conta a vigilância e a oração. Falamos sobre a necessidade de cada policial manter-se sereno, não se deixar levar por provocações e agir de acordo com a técnica policial. Realçamos a importância da Polícia Militar para aquele momento ímpar em que se encontrava a nação e a autoridade que Deus conferira a cada integrante da nossa tropa para fazer legítimo uso do poder coercitivo, caso fosse necessário. Ressaltamos a importância de sairmos para o serviço sob a bênção de Deus e nos mantermos ligados a ele durante o serviço, para termos a sabedoria de agir como convém. Por fim, convidamos a tropa a fazer uma oração pedindo a Deus o milagre de não termos nenhum confronto durante aquele evento. A mesma oração foi feita no Palácio Tiradentes, onde estava reunido o Alto Comando da corporação. Aos olhos de qualquer analista, a ausência de confronto naquele dia seria mesmo um milagre. O fato é que Deus atendeu a nossa oração! Não houve nenhum confronto entre os grupos nem com a polícia! Dias depois, o próprio comandante-geral, coronel Nunes, reconheceu, em um culto em ações de graças ocorrido no templo militar, que o sucesso da operação havia sido fruto de muito trabalho e resposta de Deus às nossas orações. Além disso, muitos policiais relataram que a visita dos capelães e a oração prévia ao deslocamento para a Esplanada fizeram toda diferença e trouxeram serenidade à tropa.

5. OPORTUNIDADES

O capelão Barry Black faz uma consideração muito interessante sobre as oportunidades que nos aparecem no serviço de capelania:

> [...] chegaram convites para eu orar na dedicação do Memorial da Segunda Guerra Mundial e no funeral de Ronald Reagan. Eventos como esses fizeram com que eu refletisse e meditasse para manter minha oração relevante em relação ao tema da experiência. Mas, mesmo em ocasiões como essas, continuo a usar as Escrituras como trampolim para preparar minhas orações.[11]

---

[11] BLACK, Barry. *Sonho impossível*, p. 232, nota 6.

Um grande desafio que um capelão enfrenta é estar preparado para aproveitar bem cada oportunidade. Bom conhecimento bíblico e boa capacidade de contextualização são características imprescindíveis para o capelão que deseja fazer bom uso das ocasiões favoráveis que Deus lhe proporciona. Na verdade, muitas delas são desfavoráveis em primeira análise, mas são campo fértil para a ação de Deus na vida das pessoas. O capelão nunca deve deixar de se fazer a seguinte pergunta: como posso aproveitar a ocasião para transmitir algo de Deus às pessoas envolvidas? Ao responder rotineiramente a esse questionamento, percebi algo muito interessante: "pregar" nem sempre é a resposta. Muitas vezes, a resposta é um ato, uma atitude ou um simples procedimento.

De fato, um capelão precisa estar em condições de pregar e orar em qualquer situação. Já tive que falar por uma hora e meia e também por um minuto e meio. Por vezes, com agendamento, mas, muitas vezes, de surpresa. Preguei em grandes catedrais e embaixo de árvores. Já ministrei a Palavra de Deus no meio do mato, em barracos e em palácios. Já preguei armado, enlameado, passando mal; dentro de viatura, ao lado de helicóptero, com latido de cães ao fundo, com relinchar de cavalos; sorrindo, chorando; com medo, com alegria; com saúde e doente. Já orei por homicidas, por bebês, por autoridades, por pessoas sem perna ou sem braço, e até nos últimos momentos de vida. Muitas vezes de olhos fechados, mas, em outras, com olhos bem abertos! Algumas vezes saí de um sepultamento para um casamento. Outras vezes, de uma homenagem aos aposentados para um culto de ações de graças por recém-admitidos pela corporação; saí do gabinete de um comandante para uma cela no presídio. O capelão deve estar preparado para "transitar" entre os extremos de uma forma rápida e saudável, sem se esquecer de que cada uma dessas situações é uma oportunidade dada por Deus.

Em regra, quando aproveitamos bem as oportunidades, os resultados que Deus produz geram credibilidade e solidez ao nosso ministério. Eu me lembro que logo no início do meu trabalho como capelão da PMDF, o Comando Geral convocou uma reunião com todos os oficiais para tratar de assuntos diversos. A capelania enfrentava a dura realidade de não ser conhecida nem compreendida. Naquela ocasião, durante o cerimonial foi-me transmitida a seguinte mensagem: "Capelão, o senhor terá 4 minutos". Diante disso, orei ao Senhor dizendo: "Meu Deus, eu sou um dos mais novos aqui. Nunca vi tantas estrelas. E ainda assim o Senhor me deu preciosos 4 minutos. Só te peço que me use para fazer diferença e abrir portas para a tua obra na Polícia Militar". De forma bem sintética, parte do que falei para os quase mil presentes foi: "Sei que nem todos aqui compartilham da mesma fé que eu. E nós não estamos aqui para forçá-los a isso. A liberdade religiosa é um parâmetro constitucional a ser seguido. Por isso, nenhuma das nossas atividades se focará em interesses peculiares de uma religião ou outra. Nossa missão é promover qualidade de vida e despertar cada policial para a excelência do Criador revelada em Cristo. Nossa missão é cuidar do policial; estar com ele nos momentos de alegria e tristeza; de celebração e de dor. Cuidar do policial onde ele estiver. Nosso interesse é ver uma polícia cada dia melhor; comandantes que valorizam seus subordinados; subordinados que honram seus comandantes; pares que se ajudam; profissionais de qualidade; policiais livres do vício e do endividamento; uma corporação livre das disputas de classes, do suicídio e da violência, na qual o compromisso institucional, a moral e a ética conduzem as nossas ações. Quantos dos senhores querem uma PMDF assim? Quantos gostariam de comandar um efetivo assim? [...] Portanto, mesmo que não tenhamos a mesma fé, compartilharemos os resultados que o trabalho da capelania produz. Nós, capelães, precisamos que os senhores nos ajudem a ajudá-los! [...] Peço licença para ministrar a bênção de Deus sobre a nossa polícia, para que os nossos comandantes gerenciem com sabedoria, para que o Senhor nos guarde de todo mal e nos dê êxito em todas as operações e em todas atividades da nossa missão, para que ele entregue em nossas mãos toda a criminalidade e abençoe nossas famílias. Convido todos a se porem de pé e curvarem suas frontes para a oração [...]" Depois desse dia, as portas se abriram. Muitos que tinham reservas em relação à atuação da capelania passaram a olhar nossas atividades com outros olhos. Alguns oficiais comentaram posteriormente que a repercussão daqueles poucos minutos foi muito positiva.

6. IDENTIDADE DO CAPELÃO MILITAR

Logo no início da minha carreira, ouvi do reverendo Aluísio, um dos meus orientadores, que o capelão militar deve ser "trivocacionado": vocacionado para o ministério pastoral; vocacionado para o militarismo e vocacionado para a capelania. O capelão Lacerda tratou desse assunto no Capítulo VII. Ser capelão militar não é o mesmo que ser pastor e ser militar. É necessário possuir um perfil adequado para atuar conforme os princípios gerais de capelania estudados também no Capítulo VI. Além disso, nem todo ministro religioso ou militar possui habilidade para atuar em um contexto tão plural, tal qual foi relatado no Capítulo VIII. Por outro lado, o capelão não pode se esquecer de que é pastor e de que também é militar. No entanto, ser ministro religioso e ser militar, por vezes exige do capelão sabedoria e discernimento para saber lidar com as peculiaridades desses papéis sociais.

No meio militar, devemos ter o cuidado para não nos tornarmos um oficial como todos os outros, perdendo o foco da nossa função. Igualmente, tenhamos o cuidado para não nos tornarmos um "paisano"[12] no quartel. Nenhum dos extremos é bom. Não ser só oficial nem somente pastor ou padre; devemos ser capelães! Você é ministro religioso e também é oficial! Se você não souber lidar bem com isso, as pessoas também não saberão.

É preciso sabedoria para provocar a identificação do seu público-alvo com você. A linguagem utilizada pelo capelão em suas prédicas e forma de se portar no dia a dia são fundamentais para o desenvolvimento dessa identificação. Esse processo gera aproximação. Nunca deixe que sua posição hierárquica crie barreiras para uma aproximação pastoral, nem com subordinados nem com superiores hierárquicos. Se o seu público-alvo o enxergar como homem de Deus, essa percepção irá se sobressair em relação aos tabus que o sistema hierárquico por vezes possa causar. Não é incomum que um comandante chame um capelão mais novo de "senhor". Quando isso ocorre, significa que o comandante reconheceu no capelão uma autoridade espiritual. Portanto, porte-se com a devida dignidade dessa honra! Tampouco negligencie suas atribuições tipicamente militares. Faça tudo com excelência! De igual forma, quando for mais antigo que um combatente, trate-o com a deferência devida a um comandante da área operacional.

Jamais utilize a honra e o acesso especial ao alto escalão que a sua autoridade eclesiástica lhe confere para dar lugar à inconveniência. Muitos não resistem à vontade de "pedir" coisas e benefícios quando desfrutam de proximidade das autoridades. Não convém que um homem de Deus seja assim! Devemos ter algo a oferecer: a Palavra de Deus, uma oração, uma demonstração de atenção e cuidado. Não foram poucas as vezes que ouvi de comandantes a seguinte frase: "No dia

---

[12] Termo comumente usado de forma pejorativa no meio militar para se referir a um civil ou mesmo a um militar de segunda categoria, que não possui as características da vida na caserna.

de hoje, você foi o único que veio me oferecer algo e trazer soluções. Todos que entraram aqui até agora vieram pedir algo ou trazer problemas. Muito obrigado!"

Lembre-se que nosso público-alvo são pessoas. É a pessoa na função de comando, a pessoa na função de comandado. A pessoa na função de médico, a pessoa na situação de paciente. A pessoa na função de carcereiro, a pessoa encarcerada. A situação ou função em que a pessoa se encontra nos dá a direção sobre como devemos atuar ou tratá-la. Mas não podemos nos esquecer da pessoa, porque ela é quem precisa de Deus. Por isso, precisamos de coragem e sabedoria para dizer o que deve ser dito, com a graça de Deus, sem acepção de pessoas.

Certa vez, eu estava na capelania preparando-me para sair quando chegou uma irmã de fé, dirigindo-se à sala de oração. Depois de me cumprimentar, essa senhora me disse: "Pastor, a deputada já está chegando." Eu sabia que essa irmã era assessora de uma parlamentar, mas não havíamos marcado nada. O protocolo diz que, quando uma autoridade governamental é recebida em uma unidade militar, deve-se cumprir o cerimonial e comunicar ao comando. No entanto, rapidamente percebi que ela não havia agendado exatamente para fugir disso. Ela precisava de um momento para ser tratada simplesmente como ser humano, fora dos ritos formais. Era uma pessoa que necessitava de oração e orientação pastoral. O capelão deve saber discernir esses momentos, para utilizar o nível de formalidade ou informalidade adequado. Se ela quisesse ser recebida com formalidade, teria enviado um ofício ou teria solicitado agendamento pela secretaria.

Além disso, não se pode confundir orientação e autoridade espirituais com orientação e autoridade técnicas. Se a parlamentar necessitasse de orientação política, teria ido à sede de seu partido. Sobre isso, o capelão parlamentar Barry Black afirmou algo fundamental:

Gosto do fato de não ter que tomar partido em questões políticas. Não me entenda mal – tenho, sim, opiniões fortes, mas prefiro guardá-las para mim mesmo enquanto ajudo nossos líderes legislativos a manter-se em boa forma espiritual.[13]

Foi nessa perspectiva que, juntamente com outros homens e mulheres de Deus integrantes da sala de oração, prestamos apoio pastoral a essa irmã, que necessitava de suporte espiritual para lidar com pressões decorrentes do alto grau de responsabilidade de seu cargo e orientação pastoral para realizar a vontade de Deus no exercício da função para qual ele a designara. Devido a essa atitude, temos recebido outras autoridades governamentais para atendimento pastoral na capelania. No entanto, quando se trata de um evento público, aplica-se todo o cerimonial militar.

7. CUIDADOS IMPORTANTES NA VISITA PRISIONAL

Uma coisa muito importante no ambiente prisional é o cuidado com o procedimento de segurança. Procure ser o mais técnico possível nesse quesito. Além disso, no presídio, não se permita fazer papel de juiz nem de advogado. Você é o capelão! Nosso coração tende a fazer julgamentos e defesas. Internamente temos algumas preferências. No fundo, torcemos por alguns resultados que achamos mais justos. Por vezes, desenvolvemos simpatia ou antipatia, dependendo da situação. Mas tenha muito cuidado! "Enganoso é o coração e desesperadamente corruptível". Há três coisas importantes que, por vezes, enviesam nossa análise nesse contexto: 1) o nível de identificação entre nossa vivência pessoal e a situação vivida pela pessoa encarcerada; 2) as informações recebidas sobre o custodiado seja pela mídia seja por terceiros, gerando um "pré"-conceito;

---

[13] BLACK, Barry. *Sonho impossível*, p. 233, nota 6.

3) nesse ambiente há muitas pessoas habilidosas para influenciar as emoções dos mais ingênuos em benefício próprio.

Portanto, seja simplesmente capelão. Demonstre atenção e amor cristão ao custodiado, ministrando a ele a Palavra capaz de conduzi-lo ao arrependimento, ao perdão e a um novo começo em Cristo. Dessa forma, independentemente do resultado do processo judicial, haverá o desafio de superar os obstáculos com Deus. Já acompanhei casos em que o policial era inocente e estava preso injustamente. Para casos assim, o desafio foi manter a família unida e conseguir o perdão. Também já acompanhei casos em que o militar sabia que perderia a farda e até concordava com isso, mas estava pedindo graça a Deus para recomeçar.

Nesse sentido, pouco importa se o assistido é culpado ou inocente; Deus tem algo a fazer em sua vida! Claro que nem todos se deixarão ser alcançados. Mas os testemunhos de transformação são maravilhosos! Lembro-me de um policial que certa vez me disse: "Capelão, tenho passado todos os dias desses três anos que estou aqui pensando em como mataria a pessoa que me denunciou, quando saísse da cela. Quero dizer a você que a ministração da Palavra tem sido eficaz na minha vida. Hoje eu sinto que Deus me libertou disso!"

Algumas vezes, já ouvimos de policiais presos, durante a ministração do curso *Homem ao máximo*, no qual é trabalhado o caráter do homem conforme a imagem de Cristo: "Se eu tivesse aprendido isso antes, eu não estaria hoje aqui!" Isso revela que estamos no caminho certo, mas precisamos ampliar nossas ações.

Já visitei alguns políticos que cumpriram prisão em quartéis da PM. Nesses casos, sempre tive o cuidado de iniciar a visita apresentando-me e dizendo que não estava ali para atacá-lo como criminoso nem para bajulá-lo como autoridade política (duas reações muito comuns nesses casos), mas sim para demonstrar meu cuidado a ele como ser humano.

Em todos os casos, vi ótimos resultados, talvez porque essas pessoas não tenham muita gente em sua volta com ousadia e maturidade suficientes para tratá-los como seres humanos que precisam de Deus.

Em um desses casos, após a visita, o comando do batalhão me ligou perguntando: "Capelão, o que você fez com o senador? Ele estava triste e cabisbaixo. Agora está com outro semblante. Ele disse que quer receber visita da capelania toda semana!" Eu respondi: "Simplesmente o tratei como ser humano e ministrei a ele a Palavra de Deus, para ajudá-lo a avaliar sua situação e encontrar-se na vontade de Deus". Falei com ele sobre a confiança em Deus e sobre a reflexão que o encarceramento nos proporciona em relação às coisas importantes da vida, recomeço e verdadeiras amizades. Poucos dias depois, essa autoridade foi posta em liberdade e tomou decisões importantes para sua vida e que afetariam toda a nação.

Certamente, todos os capelães têm testemunhos a dar sobre coisas maravilhosas que Deus tem feito nesse campo missionário tão fértil e promissor. São tantos testemunhos que talvez fosse necessário um livro específico! Há batalhões, por exemplo, cujas viaturas não saem para o serviço antes da oração conjunta. Já houve casos em que a pessoa enviada para assassinar o policial puxou o gatilho várias vezes e a arma não funcionou. Criminosos que se entregaram porque sentiram uma paz muito grande vinda do policial. Capelães que batizaram juntos soldados de exércitos inimigos. E muitas outras coisas que Deus está realizando em meio às Forças de Segurança no Brasil e no mundo, bem como nos hospitais, nos presídios, nas escolas e onde houver um homem ou mulher de Deus que se disponha a ser instrumento dele no ministério de capelania.

REFERÊNCIA BIBLIOGRÁFICA

BLACK, Barry. *Sonho impossível*. Tatuí-SP: Casa Publicadora Brasileira, 2013.

AGRADECIMENTOS

Agradeço a Deus, o Supremo Comandante, que em Cristo nos arregimentou para sua tropa.

Agradeço aos meus pais, Iraci Alves de Sousa e Ilda Gomes de Faria Alves, à minha esposa, Amanda Mendes Brandão de Faria, e aos meus filhos, Matheus, Estêvão e Pietro de Faria, por tudo que representam na minha vida e no meu ministério.

Agradeço aos meus mentores, intercessores e colaboradores no serviço de capelania, que por serem um grande número não me arrisco a nomear.

Agradeço aos demais autores, reverendo Aluísio Laurindo, reverendo Walter Mello, reverendo Jorge Lacerda, reverendo Edimilton Pontes e reverendo Edmilson Gouveia, pela dedicação e pela humildade de aceitarem participar desta obra ao meu lado.

Agradeço à Polícia Militar do Distrito Federal, em especial ao Instituto Superior de Ciências Policiais, à Aliança Pró-capelania Militar Evangélica do Brasil, à União dos Militares Cristãos Evangélicos do Brasil e à Ação Missionária dos Militares Evangélicos por todo apoio e por me receberem de braços abertos.

Agradeço ao Coronel Alexandre Terra, presidente dos PMs de Cristo do Estado de São Paulo e à Editora Hagnos por terem acreditado neste trabalho e investido neste ministério.

Agradeço ao reverendo Valdemar Arend (*in memorian*), por ter sido um grande incentivador deste projeto editorial.

Gisleno Gomes de Faria Alves

BREVE BIOGRAFIA DOS AUTORES

Gisleno Gomes de Faria Alves
Tenente-coronel capelão, chefe do Serviço de Assistência Religiosa da Polícia Militar do Distrito Federal, formado em Psicologia pela Universidade Católica de Brasília e em Teologia pela Faculdade Teológica Batista de Brasília, com convalidação pela Universidade Luterana do Brasil. É pastor e membro da Ordem dos Ministros Batistas Nacionais. Ex-secretário da União dos Militares Cristãos Evangélicos do Brasil (UMCEB), secretário da Aliança Pró-capelania Militar Evangélica do Brasil (ACMEB) e Conselheiro da Ação Missionária dos Militares Evangélicos (AMME).

Aluísio Laurindo da Silva
Capitão capelão reformado do Corpo de Bombeiros Militar do Estado do Pará, graduado em Teologia pelo Seminário Teológico Evangélico do Brasil (STEB) e em Letras (Licenciatura Plena em Português-Francês) pela Universidade Federal do Espírito Santo (UFES), especialista em Estudos Wesleyanos pela Universidade Metodista de São Paulo (UMESP), mestre em Teologia e doutor em Ministério pelo *Landmark Baptist Theological Seminary*, em parceria com o Seminário Bíblico Batista de Benevides-PA. É pastor há décadas, atualmente servindo na Igreja Metodista. É o presidente da Aliança Pró-capelania

Militar Evangélica do Brasil (ACMEB) e membro da Associação dos Diplomados da Escola Superior de Guerra (ADESG).

Edmilson Alves Gouveia
Major capelão Militar do Corpo de Bombeiros Militar do Distrito Federal, bacharel em Teologia pela Universidade Luterana do Brasil e bacharel em Direito pelo UNIPLAN. É pastor da Igreja de Cristo.

Edimilton Carvalho Pontes
Primeiro-tenente capelão da Força Aérea Brasileira em Recife, pastor, formado em Teologia pela Faculdade Teológica Batista de Brasília (FTBB) com convalidação pela Faculdade Teológica Sul-americana (FTSA). Pós-graduado em Aconselhamento Pastoral pela Universidade Metodista de São Paulo (UMESP) e mestre em Teologia pela Escola Superior de Teologia em São Leopoldo-RS (EST).

Jorge Luís dos Santos Lacerda
Tenente-coronel capelão da Polícia Militar do Estado do Rio de Janeiro (PMERJ), presidente da União dos Evangélicos da PMERJ (UEPMERJ). É pastor da Convenção Batista Brasileira (CBB). Bacharel em Teologia pelo Seminário Teológico Batista do Sul do Brasil, bacharel e licenciado em Filosofia pela UERJ, pós-graduado em Psicanálise Clínica e em capelania; mestre em Teologia, mestrando em Ciências Políticas, Cidadania e Governação e doutorando em Teologia.

Walter Pereira de Mello
Tenente-coronel capelão da reserva do Exército Brasileiro, ex-presidente da Aliança Pró-capelania Militar Evangélica do Brasil (ACMEB). Bacharel em Teologia pelo Seminário Teológico Betel no Rio de Janeiro e mestre em Ciências da

Religião pela PUC em Goiás. Pastor da Igreja Presbiteriana do Brasil e presidente do Conselho Presbiteriano de Capelania.